"十四五"职业教育国家规划教材

| 学前教师教育系列教材 |

幼儿社会教育与活动指导 第3版

主 编：李焕稳 焦 敏 毛秀芹

YOU'ER SHEHUI
JIAOYU YU
HUODONG ZHIDAO

北京师范大学出版集团
BEIJING NORMAL UNIVERSITY PUBLISHING GROUP
北京师范大学出版社

图书在版编目（CIP）数据

幼儿社会教育与活动指导/李焕稳，焦敏，毛秀芹主编.
—3 版. —北京：北京师范大学出版社，2021.8（2025.8 重印）
　　ISBN 978-7-303-27073-6

　　Ⅰ．①幼…　Ⅱ．①李…　②焦…　③毛…　Ⅲ．①学前教育－
社会教育－高等职业教育－教材　Ⅳ.①G611

中国版本图书馆 CIP 数据核字（2021）第 122269 号

出版发行：北京师范大学出版社 https://www.bnupg.com
　　　　　北京市西城区新街口外大街 12-3 号
　　　　　邮政编码：100088
印　　刷：北京溢漾印刷有限公司
经　　销：全国新华书店
开　　本：787 mm×1092 mm　1/16
印　　张：14
插　　页：1
字　　数：370 千字
版　　次：2021 年 8 月第 3 版
印　　次：2025 年 8 月第 21 次印刷
定　　价：43.80 元

策划编辑：张丽娟　王　超　苏丽娅　　责任编辑：马力敏
美术编辑：焦　丽　　　　　　　　　　装帧设计：焦　丽
责任校对：段立超　　　　　　　　　　责任印制：赵　龙

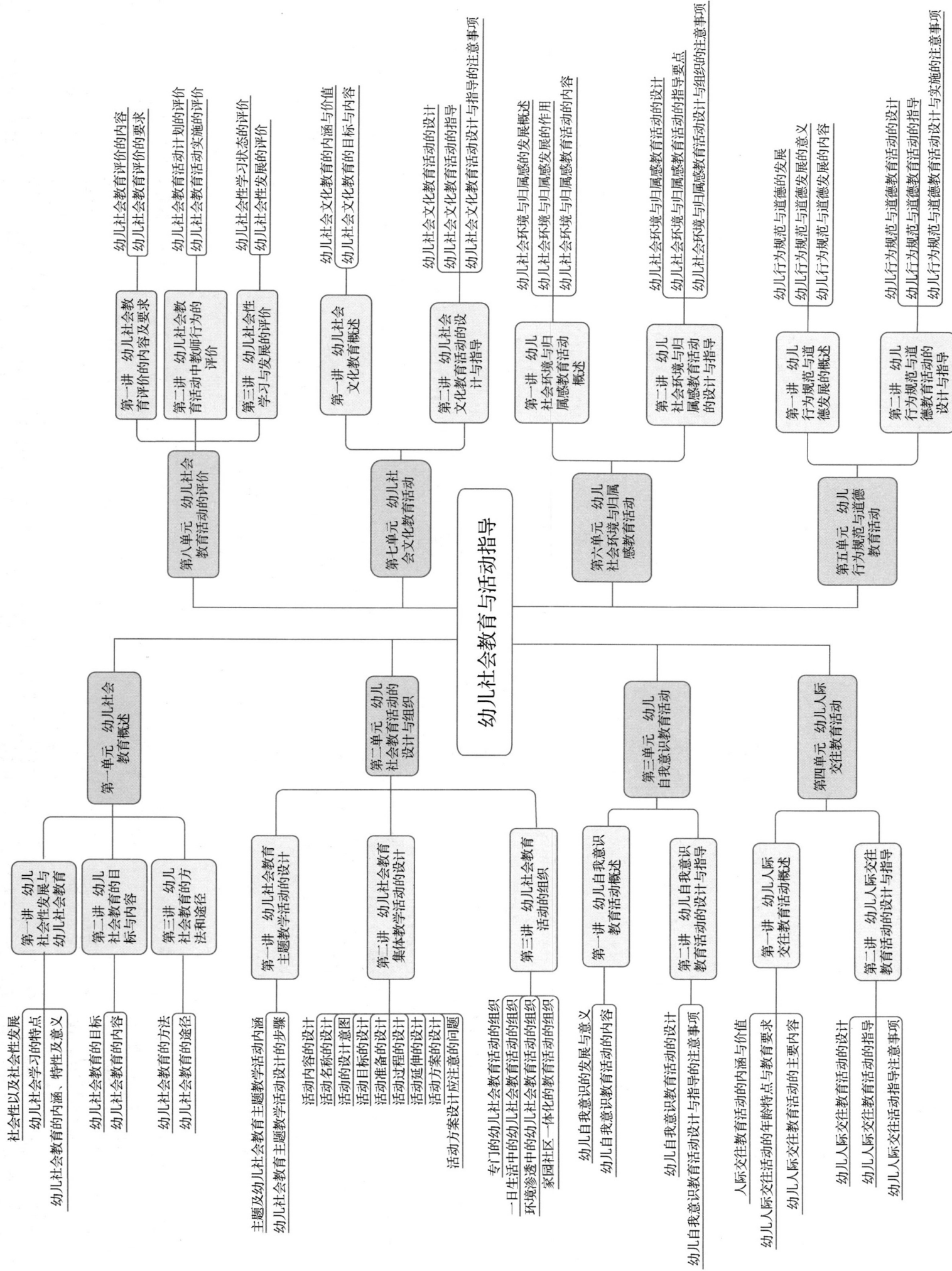

思维导图

幼儿社会教育与活动指导

第一单元 幼儿社会教育概述

- 第一讲 幼儿社会性发展与幼儿社会教育
  - 社会性以及社会性发展
  - 幼儿社会性学习的内涵、特性及意义
  - 幼儿社会教育的内涵
- 第二讲 幼儿社会教育的目标与内容
  - 幼儿社会教育的目标
  - 幼儿社会教育的内容
- 第三讲 幼儿社会教育的方法和途径
  - 幼儿社会教育的方法
  - 幼儿社会教育的途径

第二单元 幼儿社会教育活动的设计与组织

- 第一讲 幼儿社会教育主题教学活动的设计
  - 主题及幼儿社会教育主题教学活动内涵
  - 幼儿社会教育主题教学活动设计的步骤
- 第二讲 幼儿社会教育集体教学活动的设计
  - 活动内容的设计
  - 活动名称的设计
  - 活动的设计意图
  - 活动目标的设计
  - 活动准备的设计
  - 活动过程的设计
  - 活动延伸的设计
  - 活动方案设计应注意的问题
- 第三讲 幼儿社会教育活动的组织
  - 专门的幼儿社会教育活动的组织
  - 一日生活中的幼儿社会教育活动的组织
  - 环境渗透中的幼儿社会教育活动的组织
  - 家园社区一体化的教育活动的组织

第三单元 幼儿自我意识教育活动

- 第一讲 幼儿自我意识教育活动概述
  - 幼儿自我意识的发展与意义
  - 幼儿自我意识教育活动的内容
- 第二讲 幼儿自我意识教育活动的设计与指导
  - 幼儿自我意识教育活动的设计
  - 幼儿自我意识教育活动设计与指导的注意事项

第四单元 幼儿人际交往活动

- 第一讲 幼儿人际交往教育活动概述
  - 人际交往教育活动的内涵与价值
  - 幼儿人际交往活动的年龄特点与教育要求
  - 幼儿人际交往教育活动的主要内容
- 第二讲 幼儿人际交往活动的设计与指导
  - 幼儿人际交往教育活动的设计
  - 幼儿人际交往活动的指导
  - 幼儿人际交往活动的设计与指导注意事项

第五单元 幼儿行为规范与道德教育活动

- 第一讲 幼儿行为规范与道德发展的概述
  - 幼儿行为规范与道德的发展
  - 幼儿行为规范与道德发展的意义
  - 幼儿行为规范与道德发展的内容
- 第二讲 幼儿行为规范与道德教育活动的设计与指导
  - 幼儿行为规范与道德教育活动的设计
  - 幼儿行为规范与道德教育活动的指导
  - 幼儿行为规范与道德教育活动设计与实施的注意事项

第六单元 幼儿社会环境与归属感教育活动

- 第一讲 幼儿社会环境与归属感教育活动概述
  - 幼儿社会环境与归属感的发展概述
  - 幼儿社会环境与归属感发展的作用
  - 幼儿社会环境与归属感教育活动的内容
- 第二讲 幼儿社会环境与归属感教育活动的设计与指导
  - 幼儿社会环境与归属感教育活动的设计
  - 幼儿社会环境与归属感教育活动的指导要点
  - 幼儿社会环境与归属感教育活动设计与组织的注意事项

第七单元 幼儿社会文化教育活动

- 第一讲 幼儿社会文化教育概述
  - 幼儿社会文化教育内涵与价值
  - 幼儿社会文化教育的目标与内容
- 第二讲 幼儿社会文化教育活动计划与指导
  - 幼儿社会文化教育活动的设计
  - 幼儿社会文化教育活动设计与指导的注意事项

第八单元 幼儿社会教育活动的评价

- 第一讲 幼儿社会教育评价的内容及要求
  - 幼儿社会教育评价的内容
  - 幼儿社会教育评价的要求
- 第二讲 幼儿社会教育活动中教师行为的评价
  - 幼儿社会教育活动计划的评价
  - 幼儿社会教育活动实施的评价
- 第三讲 幼儿社会性发展与学习的评价
  - 幼儿社会性学习状态的评价
  - 幼儿社会性发展的评价

前　言

　　走入新时代，迈向建设社会主义现代化强国的新征程，办好学前教育，让幼有所育，是以习近平同志为核心的党中央回应民生关切、增进民生福祉的美好期待和科学构想。随着党的二十大的召开，在开启全面建设中国式现代化国家，全面推进中华民族伟大复兴的新征程中，教育作为实现中国式现代化国家建设的基础性、战略性支撑，贯彻执行二十大精神，实现教育高质量发展是教育人的使命与责任，同时党的二十大报告中也指出要在幼有所育等方面持续用力，使人民生活全方位改善。目前，随着我国学前教育的飞速发展以及国家对学前教育事业的重视，学前教育领域教师队伍的培养成为学前教育高质量发展的关键因素。党的二十大报告指出，"坚持尊重劳动、尊重知识、尊重人才、尊重创造""完善人才战略布局，坚持各方面人才一起抓，建设规模宏大、结构合理、素质优良的人才队伍"。为此，许多高校纷纷开设学前教育专业以满足社会对幼儿园教师的需求。然而，传统理论取向的学前教育专业人才培养模式使得众多高校学前教育专业毕业生理论有余而实践能力不足，无法很快地适应幼儿园教师工作岗位的要求。这种状况既使毕业生感到压力很大，也使用人单位叫苦连连。所以，职业院校学前教育专业应定位于价值引领、能力为本、实践取向的人才培养模式，其相关专业的教材也应是基于幼儿教师岗位能力需求的实践取向教材。

　　本教材在党的二十大精神指导下，坚持新时代党的创新理论深入人心，社会主义核心价值观广泛传播，中华优秀传统文化得到创造性转化、创新性发展要求，以习近平新时代中国特色社会主义思想为指导，依据教育部《高等学校课程思政建设指导纲要》的有关要求，依据《幼儿园教育指导纲要(试行)》《幼儿教师专业标准(试行)》和《3—6岁儿童学习与发展指南》等文件精神，突出社会主义核心价值观引领、能力为本、实践导向的新时代职业教育观，以此形成本教材的建设与开发理念。在吸收幼儿社会教育相关领域研究成果的基础上，从学前教育专业学生的学习认知规律、幼儿园教师岗位相关能力的形成过程入手，加强理想信念教育，传承中华文明。牢记教育是国之大计、党之大计。为党育人，为国育才是教师的使命与责任。在课程的内容与教学活动中优化课程思政内容供给，选择具有中国特色社会主义核心价值观、劳动教育、中国优秀传统文化等的内容，将价值塑造、知识传授和能力培养紧密融合。以任务驱动的模式，形成本教材的结构：第一单元"幼儿社会教育概述"；第二单元"幼儿社会教育活动的设计与组织"；第三单元"幼儿自我意识教育活动"；第四单元"幼儿人际交往教育活动"；第五单元"幼儿行为规范与道德教育活动"；第六单元"幼儿社会环境与归属感教育活动"；第七单元"幼儿社会文化教育活动"；第八单元"幼儿社会教育活动的评价"。

　　每一单元以"单元导入—思维导图—学习目标—典型案例—基本知识—本讲练习—单元检测"的模式，架构学生社会教育课程教育技能的掌握路径。其中"单元导入"使学生带着思考与问题参与学习。"思维导图"帮助学生在学习前对本单元的要点有基本的认知。"学习目标"让学生在学习前就明确自己的学习任务，以任务驱动的方式开启学习的历程。"典型案例"是让学生在具象的情境中感知与本单元所学内容相关联的典型问题。"基本知识"是让学生了解社会教育是什么，为什么，怎么做，结果如何。"本讲练习"是学生在课堂之外对已学知识技能的理论与实践练习，其中，实践练习既有个人的独立操作也有小组的合作完成。"单元检测"是让学生在本单元学习与练习后，进一步梳理自己已有的知识与经验，同时对下一环节的学习建立起新的期待与学习准备。

本教材本着基本理论够用、教育技能适用的基本原则来编写，目的就是让学生从多角度、多层面熟练掌握该领域的教育技能，融合工匠精神，培养学生的创新能力、解决问题能力、独立思考能力、合作能力，使学生成长为有一定理论素养的高素质实践应用型人才。同时丰富的融媒体学习资源不仅有利于学生调动学生的学习积极性和自主性，也更加便于任教教师的使用。

本教材适合作为高职高专学前教育专业社会教育领域的教材。可根据各院校人才培养方案对知识性的学习和实践技能的学习要求，做5：5的课时分配与要求。考试以实践应用为主，基本知识的掌握检测次之，比例分配为6：4。

参加本书编写的八位作者来自全国不同师范院校，分别负责不同单元。郑州幼儿师范高等专科学校魏艳红负责第一单元，贵州铜仁幼儿师范高等专科学校高曲负责第二单元，济南幼儿师范高等专科学校毛秀芹负责第三单元，湖北幼儿师范高等专科学校焦敏负责第四单元，安徽阜阳幼儿师范高等专科学校朱龙凤、天津师范大学李焕稳负责第五单元，湖南幼儿师范高等专科学校刘映含、天津师范大学李焕稳负责第六单元，合肥幼儿师范高等专科学校陈睿负责第七单元，天津师范大学李焕稳负责第八单元。全书由李焕稳、焦敏和毛秀芹统稿。

本书的编写参阅、借鉴、引用了许多国内外学者专家的最新研究成果和幼儿园教师的教育案例，同时也借鉴、参考了诸多同类教材和许多学校的相关精品课，在此一并表示感谢。

由于编写人员的水平有限，书中的疏漏之处，恳请广大读者批评、指正，以便于改进、修正和补充本教材。

编者

目　　　录

CONTENTS

● ● ●

CONTENTS

▶ 第一单元

▶ 幼儿社会教育概述

▶ 单元导入

图 1-1 上幼儿园

在幼儿园里，有的刚入园的幼儿不适应新环境，常常会焦虑、大哭，甚至大闹；即使已是中班、大班的幼儿，有的也与同伴关系不和谐，难以适应集体生活。其实，幼儿从出生的那一刻起就处于一定的社会环境和社会关系中，不管是在幼儿园还是在其他环境中，幼儿都需要学会在群体中生活，学会适应社会。所以，要真正帮助幼儿积极地在社会中生活并不是一件简单的事情，这需要我们对幼儿社会性发展及幼儿社会教育等相关知识有充分的了解，幼儿社会教育这门课将帮助我们探究和理解这些相关知识。

▶ 思维导图

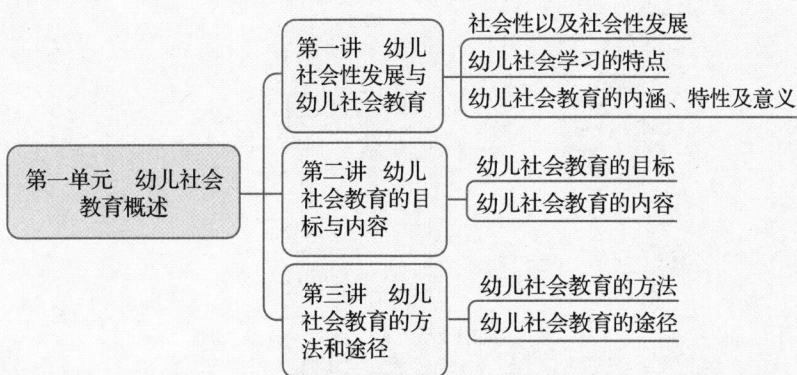

1. 树立正确的儿童观、坚定为党育人、为国育才的理想信念、坚定做"四有"好老师的职业信念。

2. 了解社会性及社会性发展，领会幼儿社会教育的内涵与幼儿社会学习的特点。

3. 掌握幼儿社会教育的方法和途径，并能根据不同的情况选择恰当的方法和途径。

4. 了解幼儿社会教育目标与内容制定的依据，掌握幼儿社会教育目标的层次及分类结构，以及幼儿社会教育内容体系。

▶典型案例

在幼儿园，涵涵表现得很胆小、内向，很长一段时间里都不能主动参与各种活动，他总是最后一个吃完点心，当其他小朋友都在走廊上玩耍时，他一个人站着。我提议涵涵和大家一起玩。涵涵没有回答，慢慢挪动着步子走到门口，当有几个男孩从门口经过时，他又往后退了几步。教学活动时，每次都等到大家都坐好了，他才搬起小椅子站在一旁，不知道该坐在哪里。角色游戏时，他站在旁边，不知道该玩什么，直到老师给他安排一个角色，他才开始玩起来。吃饭时，他一会儿用左手拿勺，一会儿用右手抓菜，米饭撒了很多，当所有小朋友都吃完时，他还有满满一碗菜，没有吃多少……他在幼儿园没有找到归属感，缺乏安全感。①

从这个案例中你看到了什么？当幼儿来到陌生的环境时，我们应如何帮助幼儿适应新的生活环境和集体生活？

① 管旅华：《〈3—6岁儿童学习与发展指南〉案例式解读》，137页，上海，华东师范大学出版社，2013。

第一讲

幼儿社会性发展与幼儿社会教育

本讲微课

人的生存离不开社会，社会是人的各种关系的集合体。人在这个社会群体中，学习并表现出社会所认可的行为方式、价值取向等，逐渐使自己适应社会，完成个体从自然人到社会人的转化。在任何社会条件下，个体的行为都必然直接或间接地受到周围环境的影响和限制。所以，人要在一定社会条件下生存，必须学会适应社会、参与社会生活，这样才能融入社会、被社会接纳。

一、社会性以及社会性发展 ●●●

幼儿阶段是人社会性发展的重要时期，因此，幼儿社会教育的目的是促进幼儿社会性的发展，使幼儿成为一个健康、乐观和幸福的人。

(一)社会性

社会性是相对于个体的生物性而言的。具体讲，它是个体在适应社会环境、掌握社会规范、形成社会技能、学习社会角色、获得社会情感态度过程中形成的心理特征或行为方式。比如，与同伴的交往能力、遵守规则、合群性、归属感等。社会性是个体在社会生活中交往的产物，也是人在发展过程中的内容和结果。

拓展阅读：教育实验：如何出瓶子

瓶子里放置 3 个小球，分别用线系好，瓶口大小正好与球大小相同。将 3 条线分别交给 3 名幼儿，要求在 10 秒内必须将球拉出来。如何将球拉出瓶子？

在这个教育实验中，要想快速将小球拉出瓶子，需要 3 名幼儿有秩序地协商合作，这就是我们所说的社会性表现。

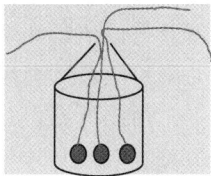

图 1-2 从瓶中拉球

社会性的产生源于个体的社会需要。人的需要有很多，可以分为生物性需要和社会性需要。生物性需要是保存、维持有机体生命和延续种族的需要，如饮食、休息、排泄、性等需要；社会性需要是与人的社会生活相联系的需要，如交往、劳动、成就、归属的需要。社会需要是人类区别于动物的一种根本特征，如个体在幼儿期，就表现出想与他人亲近、交往的需要，希望得到他人关注和赞许。

(二)社会性发展

社会性发展是对个体心理特征变化的一种描述，指幼儿在与他人关系中表现出来的行为模式、情感态度和观念随年龄增长所发生的变化。社会性不是一蹴而就的，而是幼儿在社会生活中通过接受教育和社会影响而逐步习得的，这个过程就是社会性发展的过程。在这个过程中，幼儿学习怎样与人相处，怎样看待自己；逐步认识周围的社会环境，内化社会行为规范；逐渐形成对所在群体及其文化的认同感和归属感，发展适应社会生活的能力。社会性发展是贯穿人的一生的，因为社会在不断发展变化，个体在适应社会的过程中需要发展社会性。幼儿期是社会性发展的上升时期，学前期是社会性发展的关键时期；同时社会性发展具有阶段性和连续性，不同年龄段有着不同的内容和任务；个体社会性发展需要在与他人和团体相互作用中才能实现，如"狼孩"的案例就说明了当个体在没有与他人或团体相互作用时，其社会性发展是停滞的。

二、幼儿社会学习的特点 ●●●

幼儿是在与周围环境相互作用的过程中不断进行社会性发展的，由于自身生理、心理发展特点，社会学习的能力和水平不同等因素的影响，幼儿社会学习呈现出一定的特点。

(一)长期性和反复性

社会性的发展是一个终身的历程，人在不同的年龄段、不同的社会群体中担当着不同的角色，并按社会对各种角色的要求来适应这个社会，因此，这就需要每个人不断地进行社会学习。同时，就某一个社会行为或某一种社会情感的学习和获得而言，也需要长期练习和体验才能转化为自觉行为和内在情感。在这长期的学习过程中，幼儿处在人生的初始阶段，其身心发展不成熟，自我意识、各种行为正在形成中，虽然具有很强的可塑性，但同时缺乏稳定性，当环境发生变化时，已形成的良好观念和行为可能反复。比如，在幼儿园习得的良好行为习惯和规则意识，随着假期在家父母的放任或疏忽教育，先前培养起来的社会行为可能会消失。

(二)随机性和无意性

幼儿的社会学习常常不是刻意进行的，社会性的很多方面是幼儿在生活过程中随机、无意习得的。班杜拉的社会学习理论认为，人的行为可以通过观察学习而获得。幼儿的生活中处处蕴藏着、渗透着社会教育的内容，幼儿在日常生活中，随时都在无意中观察和学习成人的言行举止。比如，在家庭中，家庭成员的关系和活动可以使幼儿在无意中学习尊敬和关爱，与亲戚朋友的交往可以使幼儿学习热情待客之道；在幼儿园里，与同伴、老师的交往、游戏可以使幼儿学习交往的规则和技能；在社区里，公共场所的活动、社会事件等可以使幼儿随机学习社会规则；在外出游览祖国的大好河山时，增进爱家乡、爱党、爱祖国的情感等。由此可见，社会学习无处不在，无处不有。

✎ 教育故事

会关心人的西西[①]

有一天早上，西西刚来到幼儿园就咳嗽不停，他妈妈说是晚上着凉了。我摸了摸他的额头，确定不发烧后，就给他倒了一杯热水，然后送到他座位上说："西西，没事的，只要你多喝水，就不会咳嗽了，不能不喝水哦。"过了几天，我着凉感冒了，也在咳嗽，西西踮着脚尖伸手摸我的额头，然后端来一杯水对我说："老师，没事的，你多喝水，就不会咳嗽了，不能不喝水哦。"

案例点评：西西给老师安慰、端水的行为，其实是在观察学习老师的行为，也就是说西西关心他人的行为是随机、无意习得的。

---

① 王晓戎：《学前儿童社会教育》，31页，西安，陕西师范大学出版社，2018。

（三）实践性和情感驱动性

幼儿的社会学习是一种不断内化的过程，幼儿的思维特点决定了这种内化的过程需要在实践中实现，让幼儿在"做中学"，通过多种感官参与并进行体验，达到内化的效果。特别是社会道德规范、行为准则对幼儿来说是抽象的，幼儿需要在实践中亲身体验才能内化为自己的行为，形成个人道德品质。同时，幼儿社会学习带有很大的情绪性，他们常常是因为信任和爱这个世界才产生丰富的模仿行为，也常常根据自己的个人需要是否得到了满足来对行为的是非进行判断。所以，让幼儿处在良好的情绪状态和情感氛围下，就很容易产生认同和共鸣，并能够积极地模仿和产生亲社会行为。

三、幼儿社会教育的内涵、特性及意义 ●●●

什么是幼儿社会教育？我们只有在对它的概念进行理解和界定的基础上，才能把握它的特性，进而才能深刻理解它的意义。

（一）幼儿社会教育的内涵

关于幼儿社会教育的内涵，不同学者从不同的角度进行了表述，目前还没形成统一、确定的说法。尽管描述不同，但内容实质是一样的。结合《幼儿园教育指导纲要（试行）》（以下简称《纲要》）和《3—6岁儿童学习与发展指南》（以下简称《指南》）等文件，本书认为，幼儿社会教育主要是指在成人的引导和良好环境的陶冶下，以培养幼儿良好的人际交往能力和社会适应能力为目标，以促进幼儿的自我意识、增进幼儿的社会认知、激发幼儿的社会情感、引导幼儿的社会行为、提高幼儿的社会适应能力、培养幼儿良好的道德品质为主要内容的教育。简言之，幼儿社会教育就是做人的教育，旨在帮助幼儿成为一个健康、乐观、幸福的人。

由于幼儿社会教育领域是一个新兴的领域，所以，对幼儿社会教育的认识常常存在认识上的偏差。有人将幼儿社会教育等同于常识教育。但是社会常识，主要是指对社会环境的认识，更多地体现了社会内容中的知识层面，它不能完整地培养幼儿的社会认知，更忽略了社会情感、社会行为和道德品质的培养，因而不能全面地促进幼儿社会性的发展。

也有人将幼儿社会教育等同于幼儿品德教育。品德是个人依据一定的社会道德行为准则行动时所表现出来的某些稳定的特征，是社会道德在人身上的具体化，是在个体社会性发展的基础上对社会道德行为规范不断内化的结果，所以，品德涉及是非善恶的价值问题，而社会性涉及生存和生活的问题。因此，品德不可能泛指或涉及所有个人生活的社会属性，它只能包含在社会性中。所以，社会性发展良好的人，也必然是具有良好品德的人，但品德良好的人其社会性发展不一定良好。

（二）幼儿社会教育的特性

幼儿社会学习的特点决定了幼儿社会教育呈现以下特性。

1. 潜移默化性

《纲要》指出社会领域的教育具有潜移默化的特点。幼儿是在与周围的环境相互作用中不断进行社会性发展的，所以，社会教育的途径是多种多样的，除了专门的社会教育活动外，在幼儿的日常生活、自由活动、意外突发事件以及其他领域的教育活动中都可能蕴含社会教育的契机，教师可以进行随机教育；社会教育的主体是多元的，幼儿园教师、家长、社区相关人员共同合作形成教育合力，共同为幼儿创设社会学习的适宜环境。

2. 长期性和细致性

对于教师来说，任何揠苗助长、急功近利的行为都可能影响幼儿的一生。所以，在幼儿的社会教育过程中教师要有高度的责任感，耐心、细心地正面引导幼儿在社会学习中出现的问题。

3. 实践性和正面性

模仿是幼儿社会学习的重要方式，所以幼儿社会教育在方式上更强调利用和创造各种积极情境，组织多种多样的活动，为幼儿树立正面榜样，让幼儿去实践和体验。

(三)幼儿社会教育的意义

社会教育对幼儿自身以及社会发展，都有重要的意义。幼儿作为一个发展中的人，虽然还没有能力承担起社会责任，但必须按照一个合格的社会成员的要求得到培养。对于幼儿来说，社会教育能使幼儿真切地体会到作为一个公民的责任和义务，并积极社会化，从而完善其人格，为成为德、智、体、美、劳全面发展的社会主义建设者和接班人打下良好的基础。

1. 促进幼儿积极社会化，成为合格的社会公民

幼儿的社会化是一个复杂的过程，是幼儿在与社会环境的相互作用下，通过直接或间接的方式来了解社会环境与文化，学习社会生活技能，从而适应社会的。环境对幼儿社会化的作用是潜移默化和难以抗拒的，环境的作用可能是积极的，也可能是消极的。当环境的影响是消极的，就可能导致幼儿社会化不足或反社会化。幼儿社会教育承担着一个重要的任务，就是按照社会生活的积极价值取向，为幼儿营造有教育意义的环境，有意识地引导幼儿实现积极的社会化，让他们形成正面的价值观和良好的行为习惯。①

社会教育将新时代的要求、社会发展成就反映在课程内容中，通过这些内容的学习，使幼儿了解自己的社会，了解自己与社会的关系，了解社会中人们之间的关系，从而造就特定的社会成员。比如，在社会规则中，让幼儿了解并初步掌握基本的公共规则、集体规则及交往规则等；社会教育的目标和内容本身就是在特定文化的影响下形成的，社会教育可以将传统文化和习俗传递给幼儿，从而造就具有中华民族优秀文化特质的人。比如，引导幼儿感知体验传统节日、民间艺术、文化精品等，使幼儿感受中华民族文化的魅力，热爱自己民族的文化，更好地适应自己的文化。

2. 完善人格，促进幼儿全面、健康发展

幼儿社会教育在完善幼儿人格，促进幼儿全面健康发展上主要体现在以下两个方面。

(1)社会教育注重促进幼儿德、智、体、美、劳全面发展。社会教育不仅重视智力因素的发展，同时也重视其他非智力因素的培养。我们常常看到一些智商高的人并不见得事业成功，而情商高的人则事业有成，情商的核心就是与别人进行情感交流的社会交往能力，即社会性发展。所以，社会教育注重发展智力的同时，更要关注情意与德行的培养，这些发展的好坏更能决定幼儿未来生活中能否获取幸福和成功。同时，社会教育在促进幼儿社会性发展中，间接对幼儿身体健康等方面产生重要影响。研究发现，社会性方面发展得好的幼儿可避免因精神因素引发的身体疾病。生活在社会中的人，时刻接收着来自周围的人、事或自身内部的各种信息，这些信息经过大脑的整理和分析，会对我们产生影响。幼儿如果和小朋友玩得高兴，说明他的行为被别人接纳，此时开心、愉快的情绪能使他的内分泌系统处于平衡状

---

① 甘剑梅：《学前儿童社会教育》，第 30 页，北京，中央广播电视大学出版社，2007。

态，全身的各种腺体正常工作，这样有利于他的生长发育。相反，如果幼儿与周围人总发生冲突、对抗，产生发火、生闷气的消极情绪，会使他的内分泌系统产生某种程度的紊乱，这种紊乱将对他的生长发育产生消极的影响。

（2）社会教育促进幼儿认知、情感和意志的统整发展。有研究发现，社会性发展得较好的幼儿，适应能力和自制力都比较强，他们更容易与老师、同伴融洽相处，并且心态积极、情绪稳定、自信心强，比其他幼儿表现得更有毅力，能最大限度地发挥自己的能力。比如，在做手工或进行科学探索活动时，他们能较长时间专注地"工作"，当遇到小小的困难时也能寻找原因克服困难，而不轻易放弃。

▶ **本讲练习**

【理论练习】

1. 简述社会性及社会性发展的含义。
2. 简述你对幼儿社会教育内涵的理解。
3. 简述幼儿社会学习的特点。
4. 简述幼儿社会教育的特性。

【实践练习】

1. 考察并了解你所实习幼儿园的社会教育活动开展的情况。
2. 结合实际，论述幼儿社会教育对幼儿发展的意义。
3. 案例分析。

这是从哪儿学来的？

在家人眼里，小雅虽然只有 3 岁，但已经像个小淑女了，文文静静的。

开学了，小雅上了一所条件不错的幼儿园。不到 2 个月，小雅做了一件让妈妈大吃一惊的事。

星期六下午，妈妈正在把一些暂时不用的塑料袋折叠成小三角，准备以后再用。这时，小雅走过来，先把自己的三个娃娃摆在沙发上坐好，然后对妈妈说："妈妈，我们来玩上课的游戏吧！你也坐到沙发上当小朋友吧！"妈妈边答应边走到沙发上坐下，但手里还在折着最后一个塑料袋。

"你是怎么回事！没听见我说上课了吗？"突然一个凶巴巴的声音传过来，妈妈吓了一跳，抬头一看，小雅正瞪着眼睛看自己。她不由自主地赶快把塑料袋放到一边。"你！请把嘴闭上！"小雅的脸转向一个娃娃，"没听见啊！说他也是在说你啊！"……

"小雅这是怎么啦？这都从哪儿学的啊？"妈妈真是弄不明白。

问题：结合幼儿社会学习的特点分析小雅该行为的获得，请分析事件背后的教育启示。

■
第二讲
■
幼儿社会教育的目标与内容

幼儿社会教育是教师有目的、有计划地对幼儿施加教育影响，引导他们积极主动地参与活动，从而促进其人际交往和社会适应能力的发展。其目的性和计划性主要表现在教师在开展幼儿教育时制定教育目标、确定教育内容、选择教育方法，以及对教育效果的评价等方面。幼儿社会教育的目标和内容是幼儿社会教育实践的基本依据。

一、幼儿社会教育的目标 ●●●

幼儿社会领域教育目标的制定，是社会教育开展的起点和归宿，也是整个社会教育课程设计的首要环节。只有明确了培养目标，才能选择恰当的内容与方法去实现这一目标。要提高幼儿社会教育的质量，就要做到"眼中有幼儿，心中有目标"。

(一)目标制定的依据

幼儿社会教育目标是幼儿教育总目标在社会教育中的具体体现。在制定幼儿社会教育目标时，我们不仅要考虑国家方针政策的需要、社会发展的需要，也要考虑幼儿的发展需要。

1. 国家方针政策的需要

为促进幼儿教育的发展，对幼儿园进行教育管理和指导，我国在不同的时期出台了一些政策法规，如《幼儿园工作规程》(以下简称《规程》)、《幼儿园教育指导纲要(试行)》(以下简称《纲要》)、《3—6岁儿童学习与发展指南》(以下简称《指南》)、《幼儿园保育教育质量评估指南》等，这些政策法规遵循了《中华人民共和国宪法》和《中华人民共和国教育法》的精神，体现了国家对幼儿园教育的要求。所以，在制定幼儿社会教育目标时，我们要充分考虑政策法规的精神，科学地进行设置。

比如，《规程》中提出幼儿园要遵循保育和教育的原则，并在保教目标中提出，萌发幼儿爱祖国、爱家乡、爱集体、爱劳动、爱科学的情感，培养诚实、自信、友爱、勇敢、勤学、好问、爱护公物、克服困难、讲礼貌、守纪律等良好的品德行为和习惯，以及活泼开朗的性格。《纲要》作为幼儿园教育工作的纲领性文件，对社会领域发展目标做了阐述，要求为幼儿一生的发展打好基础。《指南》作为我国幼儿发展的指导性文件，对社会部分指出："幼儿社会领域的学习与发展过程是其社会性不断完善并奠定健全人格基础的过程。"因此，实施幼儿园社会教育时，目标应始终指向幼儿当前的和未来长远的发展。幼儿教师在制定具体教学活动目标时，要对这些文件进行充分学习和解读，做到心中有数，以这些文件为依据，制定具体可行的目标。

2. 社会发展的需要

党的二十大报告中指出：培养什么人、怎样培养人、为谁培养人是教育的根本问题。培养德、智、体、美、劳全面发展的社会主义建设者和接班人是我们教育的使命，也是幼儿园社会教育应担负的责任。在制定目标时，我们追求能为幼儿终身发展奠定良好社会性品质和行为基础的长远目标。社会在不断变化，社会在不同发展时期对人的要求也是不同的，计划经济时期，更需要服从型的人，人们对幼儿要求主要是听话，忽视了对幼儿自我意识的培养，轻视了人的自身价值。如今，时代呼唤人的主动性、创造性、乐学的态度、合作的意识和自觉的责任感、团队精神等。这些社会的变化需要幼儿园社会教育做出调整，使人类的下一代了解这个世界、关注这个世界，进而理解这个世界。因此，幼儿园社会教育目标要反映社会的要求和愿望，并关注社会的变化，关注社会的未来和世界的未来。因此，在制定幼儿园课程目标时要充分考虑社会发展的需要，以提高幼儿园教育的社会适应性，培养既符合社会需要，又能主动适应社会并因此体验到成功、自主和自信的人。

3. 幼儿发展的需要

幼儿是接受教育的主体，幼儿社会教育必须注重幼儿的发展，将幼儿的发展作为制定课程目标的主要依据。幼儿社会认知、社会情感和社会行为技能的发展表现出的规律和特点，反映了某个时期幼儿社会性发展的总体水平。因此，制定幼儿社会教育的目标必须依据幼儿社会性发展的大致特征，注意考虑不同年龄幼儿的心理发展特点，进行有差异的设计。一般来说，小班、中班以情感体验为主，辅以行为技能训练及习惯养成；大班则以社会体验和行为习惯养成为主，同时还要注意促进幼儿的社会认知发展。

以社会教育活动"特别的爱给特别的你"为例，考虑幼儿的年龄特点，中班的重难点是体验残疾人的情感，大班的重难点则是体验残疾人所遇到的困难及其心理需求。[①] 所以，在制定社会教育目标时，尤其是对于制定具体教育活动目标的教师来说，需要经常观察幼儿，以便真正地了解幼儿的社会性发展水平，从而制定出科学、合理的社会教育目标。

(二)目标层次结构与分类结构

幼儿社会教育目标是一个由多层次、多种内容构成的体系。从纵向的角度来看，幼儿社会教育由总目标(即社会领域目标)、年龄阶段目标(学年目标和学期目标)、活动目标(单元教育活动目标和具体的教育活动目标)几个层次构成。从横向的角度来看，幼儿社会教育目标可以从内容板块角度来进行分类。

1. 纵向角度目标层次结构

从纵向角度，按时间的顺序来看社会教育目标的层次结构。

(1)社会领域总目标。总目标是幼儿社会教育的最终目的，是制定其他所有社会教育活动目标的重要依据。《纲要》中提出社会领域目标包括：①能主动地参与各项活动，有自信心；②乐意与人交往，学习互助、合作和分享，有同情心；③理解并遵守日常生活中基本的社会行为规则；④能努力做好力所能及的事，不怕困难，有初步的责任感；⑤爱父母长辈、老师和同伴，爱集体、爱家乡、爱祖国。

幼儿社会教育总目标体现了两个维度。一是社会关系的维度，包括幼儿与自身的关系(自信、主动、自觉、坚持等)，幼儿与他人的关系(乐群、互动、合作、分享、同情等)，幼儿与群体或集体的关系(遵守规则、爱护公物和环境等)，幼儿和社会的关系(社会职业、家乡、祖国、世界文化等)。二是心理结构的维度，包括认知(指幼儿对自我与社会中的人、社会环境、社会规范等方面的社会认知)，情感态度(指幼儿在社会生活、社会交往中的情感体验，包括积极情绪、情绪表达与控制、依恋感、愉快感、羞愧感、同情心、责任感等)，行为技能(指幼儿在与人交往，参与社会活动时表现的行为技能，包括交往的技能、倾听的技能、非语言交往技能、辨别的技能和表达自己感情的技能，合作、交流、遵守规则、解决冲突等技能)。[②]

《指南》指出，幼儿社会领域的学习与发展过程是幼儿社会性不断完善并奠定健全人格基

① 邹晓燕：《幼儿园社会教育活动的目标设计》，载《幼儿教育》，2010(18)。
② 教育部基础教育司：《幼儿园教育指导纲要(试行)解读》，120 页，南京，江苏教育出版社，2002。

础的过程，主要包括人际交往与社会适应。具体而言包括人际交往和社会适应两大方面（如表 1-1）。

表 1-1 《指南》社会领域目标

《指南》社会领域	人际交往	①愿意与人交往 ②能与同伴友好相处 ③具有自尊、自信、自主的表现 ④关心尊重他人
	社会适应	①喜欢并适应群体生活 ②遵守基本的行为规范 ③具有初步的归属感

《纲要》和《指南》的学习与发展目标内容基本一致。《指南》对目标的表述更加提纲挈领，条理更加清楚，重点更加突出，更能反映社会领域对幼儿学习与发展的核心价值。

（2）幼儿社会教育年龄段目标。社会领域的总体目标是我国幼儿社会教育对幼儿的总体要求，但表述过于笼统，可操作性差，需要具体为年龄段目标。幼儿社会教育的年龄段目标应服从于总目标，是总目标的具体化，反映幼儿社会性发展目标的年龄差异性和连续性。比如，同样是培养幼儿与同伴交往的能力，但是不同年龄段的要求是不一样的。小班时，只要求能与同伴友好相处，主动礼貌地问候小朋友；中班时，希望幼儿逐渐喜欢和同伴游戏，关心弱小同伴；到大班时的目标则是能够主动带年幼的同伴共同游戏，体验"大带小"的快乐，愿意与多数同伴合作游戏。

《指南》将社会领域的七项目标按照幼儿各年龄段的需求和特点进行细化（如表 1-2 至表 1-8）。

①人际交往

表 1-2 目标 1 愿意与人交往

3～4 岁	4～5 岁	5～6 岁
1. 愿意和小朋友一起游戏。 2. 愿意与熟悉的长辈一起活动。	1. 喜欢和小朋友一起游戏，有经常一起玩的小伙伴。 2. 喜欢和长辈交谈，有事愿意告诉长辈。	1. 有自己的好朋友，也喜欢结交新朋友。 2. 有问题愿意向别人请教。 3. 有高兴的或有趣的事愿意与大家分享。

表 1-3 目标 2 能与同伴友好相处

3～4 岁	4～5 岁	5～6 岁
1. 想加入同伴的游戏时，能友好地提出请求。 2. 在成人指导下，不争抢、不独霸玩具。 3. 与同伴发生冲突时，能听从成人的劝解。	1. 会运用介绍自己、交换玩具等简单技巧加入同伴游戏。 2. 对大家都喜欢的东西能轮流、分享。 3. 与同伴发生冲突时，能在他人帮助下和平解决。 4. 活动时愿意接受同伴的意见和建议。 5. 不欺负弱小。	1. 能想办法吸引同伴和自己一起游戏。 2. 活动时能与同伴分工合作，遇到困难能一起克服。 3. 与同伴发生冲突时能自己协商解决。 4. 知道别人的想法有时和自己不一样，能倾听和接受别人的意见，不能接受时会说明理由。 5. 不欺负别人，也不允许别人欺负自己。

表 1-4　目标 3　具有自尊、自信、自主的表现

3～4 岁	4～5 岁	5～6 岁
1. 能根据自己的兴趣选择游戏或其他活动。 2. 为自己的好行为或活动成果感到高兴。 3. 自己能做的事情，愿意自己做。 4. 喜欢承担一些小任务。	1. 能按自己的想法进行游戏或其他活动。 2. 知道自己的一些优点和长处，对此感到满意。 3. 自己的事情尽量自己做，不愿意依赖别人。 4. 敢于尝试有一定难度的活动和任务。	1. 能主动发起活动或在活动中出主意、想办法。 2. 做了好事或取得了成功后还想做得更好。 3. 自己的事情自己做，不会的愿意学。 4. 主动承担任务，遇到困难能够坚持而不轻易求助。 5. 与别人的看法不同时，敢于坚持自己的意见并说出理由。

表 1-5　目标 4　关心尊重他人

3～4 岁	4～5 岁	5～6 岁
1. 长辈讲话时能认真听，并能听从长辈的要求。 2. 身边的人生病或不开心时表示同情。 3. 在提醒下能做到不打扰别人。	1. 会用礼貌的方式向长辈表达自己的要求和想法。 2. 能注意到别人的情绪，并有关心、体贴的表现。 3. 知道父母的职业，能体会到父母为养育自己所付出的辛劳。	1. 能有礼貌地与人交往。 2. 能关注别人的情绪和需要，并能给予力所能及的帮助。 3. 尊重为大家提供服务的人，珍惜他们的劳动成果。 4. 接纳、尊重与自己的生活方式或习惯不同的人。

②社会适应

表 1-6　目标 1　喜欢并适应群体生活

3～4 岁	4～5 岁	5～6 岁
1. 对群体活动有兴趣。 2. 对幼儿园的生活好奇，喜欢上幼儿园。	1. 愿意并主动参加群体活动。 2. 愿意与家长一起参加社区的一些群体活动。	1. 群体活动中积极、快乐。 2. 对小学生活有好奇和向往。

表 1-7　目标 2　遵守基本的行为规范

3～4 岁	4～5 岁	5～6 岁
1. 在提醒下，能遵守游戏和公共场所的规则。 2. 知道不经允许不能拿别人的东西，借别人的东西要归还。 3. 在成人提醒下，爱护玩具和其他物品。	1. 感受规则的意义，并能基本遵守规则。 2. 不私自拿不属于自己的东西。 3. 知道说谎是不对的。 4. 知道接受了的任务一定要完成。 5. 在提醒下，能节约粮食、水电等。	1. 理解规则的意义，能与同伴协商制定游戏和活动规则。 2. 爱惜物品，用别人的东西时也知道爱护。 3. 做了错事敢于承认，不说谎。 4. 能认真负责地完成自己所接受的任务。 5. 爱护身边的环境，注意节约资源。

表 1-8　目标 3　具有初步的归属感

3～4 岁	4～5 岁	5～6 岁
1. 知道和自己一起生活的家庭成员及与自己的关系，体会到自己是家庭的一员。 2. 能感受到家庭生活的温暖，爱父母，亲近与信赖长辈。 3. 能说出自己家所在街道、小区（乡镇）的名称。 4. 认识国旗，知道国歌。	1. 喜欢自己所在的幼儿园和班级，积极参加集体活动。 2. 能说出自己家所在地的省、市、县（区）名称，知道当地有代表性的物产或景观。 3. 知道自己是中国人。 4. 奏国歌、升国旗时能自动站好。	1. 愿意为集体做事，为集体的成绩感到高兴。 2. 能感受到家乡的发展变化并为此感到高兴。 3. 知道自己的民族，知道中国是一个多民族的大家庭，各民族之间要互相尊重，团结友爱。 4. 知道国家一些重大成就，爱祖国，为自己是中国人感到自豪。

《指南》中的各年龄段目标只是为教师和家长提供一个观察、了解幼儿发展状况的参照，不是衡量幼儿发展好与坏、快与慢的标尺，教师也不能将其简单、直接地用于幼儿园具体教育活动目标中。

（3）幼儿社会教育活动目标。教育活动目标是总目标和年龄段目标的具体化，是最具体的目标，具有较强的操作性，一般由教师制定。为确保实现领域目标，教师一定要结合本班幼儿的实际发展水平和特点、幼儿的不同兴趣需要及幼儿的个性特点，将领域目标（也称课程目标）逐层分解为学年目标、学期目标、月目标、单元教育活动目标（周目标）、具体教育活动目标，最终落实到每个幼儿在不同阶段的发展水平上。

具体活动目标是对具体的一个活动所要达到的要求的描述，应结合该具体活动内容和幼儿特点，体现针对性和可操作性。

比如，"快乐的中秋节"活动目标：①乐于与同伴交流、分享，体验集体过节的快乐；②知道中秋节的来历以及有关文化，进一步加深对传统节日的了解；③能大胆地表现、讲述收集的信息，产生对传统文化的兴趣。

2. 横向角度的目标分类结构

分类结构是指对社会教育目标进行横向的归聚和划分，从而确定相对独立的类别，再对每一个类别进行深入的分析研究，是总体目标的具体化。它反映了幼儿社会性发展内容的全面性与完整性。我们结合总目标和幼儿社会性发展的结构，从总体目标中分化出自我意识、人际交往、社会规范与道德发展、社会环境与归属感、多元文化五大类别。

（1）自我意识

①初步了解有关自己成长的最基本的知识。②初步具有幼儿的自信心、自尊心及独立性，以及最基本的自我控制和应变能力。③正确认识自己，能够进行准确的自我评价。④学会用恰当的方法表达自己的爱好、需求、情绪和情感。

（2）人际交往

①愿意与他人共同游戏、活动并友好相处。②善于与人交往，懂得问候、交谈、与人合作及参与活动的技巧，掌握几种交往策略。③能主动帮助弱小同伴，乐于帮助有困难的小朋友、老人和残疾人，愿意与他人分享玩具、食物等。④能主动地参与各项活动，养成诚实、勇敢、守纪等基本品质和开朗的性格。⑤初步了解自己所在的集体，逐步适应并喜欢集体生活，初步产生对集体的关心和喜爱之情。

（3）社会规范与道德发展

①初步了解并逐步掌握基本的交通规则、学习活动规则、生活规则等。②初步了解并掌握基本的公共卫生规则，树立环境保护意识。③逐步懂得正确与错误之分，激发初步的是非感和爱憎感。

（4）社会环境与归属感

①了解家庭，知道自己的成长与家人的关系，感激父母长辈的辛勤养育之恩。②逐步熟悉幼儿园环境和班级环境，热爱幼儿园和班集体。③了解周围的社会机构和公共设施，了解周围不同职业人们的劳动及其与自己生活的关系，尊重他们的劳动，产生初步的热爱劳动者的情感。④了解自己所在社区、城市和乡村、国家，激发爱家乡、爱党、爱祖国的情感。

（5）多元文化

①初步感受具有代表性的社区文化，感受红色文化，深化爱国主义、集体主义、社会主义情感。②了解祖国传统的民俗节日、人文景观、少数民族和文化精品等，对祖国的优秀传统文化感兴趣，产生文化自信和民族自豪感。③初步感受世界著名的人文景观及优秀的艺术作品，对世界文化感兴趣。④了解世界是由许多国家和民族组成的，萌发热爱和平的情感。⑤愿意接触或了解不同国家、不同种族的外国人，感受他们的风俗习惯。

（三）《指南》目标解读

1.《指南》子领域及目标[①]

《指南》将幼儿社会领域的学习与发展分为人际交往和社会适应两个子领域。为什么要这样划分领域？

社会从一定意义上看是一个关系系统，可粗略地分为人与人的关系和人与社会（群体、组织）的关系。人与人的关系通过交往实现，人与社会的关系则是一个认同与适应的过程。幼儿社会领域学习与发展的实质是促进幼儿社会化，使幼儿形成良好的社会性与个性。社会化是在社会关系系统中通过人际交往和社会生活的主动适应进行的。人际交往和社会适应既可以说是幼儿社会学习与发展的基本途径，也可以说是基本内容。

下面，我们具体来看这两个子领域及目标。

（1）人际交往

从心理学的角度看，人际交往有如下基本功能：交流信息；组织共同活动；形成和发展人与人之间的关系；增进人们之间的相互了解。鉴于交往对幼儿发展的重要性，《指南》将人际交往列为社会领域的重要子领域，将愿意与人交往，能与同伴友好相处，具有自尊、自信、自主的表现，关心尊重他人四个目标归入这一子领域。

幼儿自我意识的产生和发展是在人际交往中实现的，源于他人或社会对他的评价，所以将"具有自尊、自信、自主的表现"放在"人际交往"子领域中"愿意与人交往""能与同伴友好相处"之后。

（2）社会适应

社会适应，即幼儿与社会环境建立起和谐关系的过程。幼儿生活的社会群体和机构（家庭、幼儿园、社区等）常常具有一定的组织结构、行为规范和文化特征，会通过角色期望、行为规范、习俗传统等方式影响幼儿。幼儿作为一个具有主体性的成员也会有选择地接受这些影响，积极地适应社会。

---

① 李季湄、冯晓霞：《〈3—6岁儿童学习与发展指南〉解读》，89～93页，北京，人民教育出版社，2013。

对幼儿来说，与周围的社会环境建立和谐关系，即适应社会是社会学习的重要内容之一，而喜欢并适应群体生活、遵守基本的行为规范、具有初步的归属感是社会适应的基本内涵。因此，《指南》将其作为社会适应子领域的三个目标提出来。

2.《指南》具体目标分析

《指南》社会领域目标在表述上和《纲要》一致，都是以幼儿为第一人称来表述的，从幼儿发展的角度切入，充分体现了尊重幼儿、突出幼儿主体地位的精神。

《指南》中社会领域各具体目标，体现了幼儿社会领域学习与发展的特点，从他律逐步走向自律。[①] 例如，子领域"人际交往"目标4"关心尊重他人"中"在提醒下能做到不打扰别人"到"能注意到别人的情绪，并有关心、体贴的表现"再到"能关注别人的情绪和需要，并能给予力所能及的帮助"，类似的发展路线图在《指南》社会领域目标中较多。这些目标体现了幼儿从他律到自律是一个逐步发展的过程，教师要逐步引导幼儿学会自律。

从心理结构角度来分析社会领域的具体目标发现，《指南》的重点是幼儿情感态度的养成和行为技能的习得。在每个目标下的各年龄段的表现中，经常出现"愿意""喜欢""会""能"等字词，情感态度和行为技能的目标几乎各占一半，认知目标的内容非常少，这反映了目标侧重点是激发幼儿的社会情感和引导幼儿形成特定的社会行为。不过，在子领域"社会适应"目标3"具有初步的归属感"中，如"能说出自己家所在街道、小区（乡镇）的名称""知道自己是中国人""知道国家一些重大成就，爱祖国，为自己是中国人感到自豪"，体现了认知目标比较多。这是因为归属感的产生首先要对自己所隶属的群体有所感知，对国家新时代发展变化和取得成就的感知。

二、幼儿社会教育的内容 ●●●

幼儿社会教育内容指的是社会教育教或学什么，它是实现社会教育目标的重要载体和保证。如果说目标是课程的灵魂，那么内容可以说是课程的心脏，是课程生命力的源泉。

（一）幼儿社会教育内容选择的依据

教育内容的选择常常是教育活动设计的一个难点，因为幼儿"应该学"的东西总比"能够学"的东西要多得多。所以，在幼儿经验和学习能力有限的情况下，选择适宜的社会教育内容显得十分重要。

首先，教育内容的选择要依据社会主义核心价值观的要求。社会主义核心价值观一方面体现在社会领域的教育目标中，另一方面体现在现实社会生活中。教育目标体现了国家和社会对幼儿的期望和要求，在选择社会教育内容时，要依据社会领域的教育目标，为社会教育目标的实现服务。同时，蕴含社会价值观的现实社会生活也是内容选择的依据，幼儿是在了解与掌握社会生活的现实状况和发展变化趋势的情况下来适应社会的，所以应从现实生活中选择幼儿身边的、熟悉的、反映社会发展与变化的教育内容，使教育内容既能反映时代、社会的内容，又能起到引导幼儿主动适应变化着的社会的作用。

其次，教育内容的选择要依据幼儿身心发展的特点和需要，这是幼儿社会教育内容选择的内在依据。幼儿的身心发展水平制约着幼儿社会教育内容的深度和广度。例如，幼儿的心理发展表现出从具体到抽象、从简单到复杂的特点，决定了在选择教育内容时，要选择具体、形象、浅显、基础性的知识。

---

① 林家靖：《〈3—6岁儿童学习与发展指南〉社会领域部分的理解与思考》，载《福建教育》，2013(C3)。

(二)幼儿社会教育内容

幼儿社会教育内容从不同的角度分析有不同的阐释方式。根据社会教育的总目标和分类目标，幼儿社会教育内容可以是纲领性的描述，也可以是便于操作的具体分类描述。

1.《纲要》对幼儿社会教育内容的表述

《纲要》对幼儿社会领域的内容与要求提出了八条纲领性的描述。

第一，引导幼儿参加各种集体活动，体验与教师、同伴等共同生活的乐趣，帮助他们正确认识自己和他人，养成对他人和对社会亲近、合作的态度，学习初步的人际交往技能。

第二，为每个幼儿提供表现自己长处和获得成功的机会，增强其自尊心和自信心。

第三，提供自由活动的机会，支持幼儿自主地选择、计划活动，鼓励他们通过多方面的努力解决问题，不轻易放弃克服困难的尝试。

第四，在共同的生活和活动中，以多种方式引导幼儿认识、体验并理解基本的社会行为规则，学习自律和尊重他人。

第五，教育幼儿爱护玩具和其他物品，爱护公物和公共环境。

第六，与家庭、社区合作，引导幼儿了解自己的亲人以及与自己生活有关的各行各业人们的劳动，培养其对劳动者的热爱和对劳动成果的尊重。

第七，充分利用社会资源，引导幼儿实际感受祖国文化的丰富与优秀，感受家乡的变化和发展，激发幼儿爱家乡、爱祖国的情感。

第八，适当向幼儿介绍我国各民族和世界其他国家、民族的文化，使其感知人类文化的多样性和差异性，养成理解、尊重、平等的态度。

这八条纲领性描述指明了幼儿社会教育在促进幼儿认识、情感、行为能力发展方面的内容，也指明了幼儿社会教育要建构幼儿园、家庭、社会三维空间的教育合力。因为是纲领性的文件，并没有具体的描述和要求，为每一位教育者留下了创造的空间。

2.幼儿社会教育的分类内容范围

幼儿社会教育的内容非常丰富，涉及幼儿生活的方方面面。从分类的角度，我们将幼儿社会教育分为五个方面，即自我意识、人际交往、行为规范与道德、社会环境与归属感、社会文化。这五个方面将在第三单元至第七单元进行详细讲述。

▶ **本讲练习**

【理论练习】

1. 简述幼儿社会教育目标制定的依据。

2. 简述《纲要》中社会领域的总目标。

3. 简述幼儿社会教育内容选择的依据。

【实践练习】

1. 观摩一节幼儿园的社会教育活动，访问教师此活动在目标设计、内容选择上的依据。

2. 家长总是付出一切地去关怀孩子，但孩子却对此习以为常、认为一切都是应该的，久而久之，孩子有可能变得自私、任性无理。如果你是教师，为培养幼儿的感恩之心而开展教育活动，你会给活动起什么名称，要达到的教育目标属于哪类目标(结合《指南》分析)？

3. 根据幼儿社会教育内容的分类，分析并归类下面的活动。

十二生肖；我是男孩女孩；老师我爱您；做个笑娃娃；过年啦；团结力量大；祖国妈妈特有的；大家一起玩；有用的筷子；班级规则我们定；我升中班了；公共场所不吵闹；爷爷

奶奶我爱您；我长大了；我的家乡美；生活中的标志；大家合作才能赢；我的名字真好听；参观超市；我是中国娃；环保小卫士；我的优缺点；我爱幼儿园；团团圆圆过中秋；物品归类整理好。

反映自我意识的活动名称有（　　）。

反映人际交往的活动名称有（　　）。

反映行为规范与道德的活动名称有（　　）。

反映社会环境与归属的活动名称有（　　）。

反映社会文化的活动名称有（　　）。

4.案例分析。

幼儿园李老师设计了"快乐交换（小班）"社会教育活动方案，目标如下。

①体会与同伴互换玩具时的快乐。

②在交换活动中，学习通过运用与同伴协商、换位思考等方法来实现互换成功。

③知道一诺千金的道理，即知道物品在交换后不能反悔。

请问：（1）李老师设计的目标合理吗？为什么？

（2）请尝试设计你认为更合适的目标。

第三讲

幼儿社会教育的方法和途径

幼儿社会教育需要教师在明确教育目标和内容的基础上，灵活选择、创造性地运用教育方法，利用各种途径来有意识地加以引导，来帮助幼儿获得最佳的发展。

一、幼儿社会教育的方法 ●●●

幼儿社会教育是教育者和受教育者围绕共同的目标，通过一定的内容，在相应方法的指导下展开的。所以，教育目标的实现、教育内容的实施，都离不开教育方法参与其中，教育方法是教育过程的纽带，在教育活动中起着非常重要的作用。只有选择运用科学、合理、灵活且创造性的教育方法，才能使幼儿的社会教育顺利开展，才能实现幼儿社会教育活动的目标，才能取得良好的教育效果。社会教育方法除了谈话法、讨论法这些常用的方法以外，还有以下几种方法。

（一）讲解演示法

讲解演示法是教师通过有计划、有目的地向幼儿出示实物、图片、教具、录像等直观材料，并配合语言的生动讲解，帮助幼儿认识、领会、体验和表现相应知识、情感和行为的教育方法。讲解演示法充分调动了幼儿的视觉、听觉、触觉，使幼儿的感知与理解相结合，引起幼儿的学习兴趣和积极性。材料的演示具有形象性、真实性和直观性，符合幼儿思维形象性的特点，使一些抽象的规则变得容易理解，便于记忆，容易巩固；生动的讲解避免了幼儿只停留在感知观察上，加深了幼儿对事物的理解，使幼儿对事物有更全面的认识，从而获得深刻印象。例如，在认识少数民族时，可以通过一些有关少数民族的图片、实物、录像等向幼儿介绍少数民族的服饰、风俗习惯、特色文化等，使幼儿在边看边听的过程中对少数民族有更直观形象的认识。又如，认识春节的来历，可以借助年的图片或动画故事，配上教师的讲解，让幼儿了解年的传说。

运用讲解演示法时应注意以下三点。

第一，演示要有明确的目的，不能只为引起幼儿兴趣而演示，要有目的、有针对性地运用演示法，同时演示要尽可能使每个幼儿都观察到演示的对象与过程。

第二，把握讲解和演示的节奏，避免幼儿将注意力都放在演示材料上，而忽视了语言的讲解和理解。展示时，让全体幼儿都看清楚，不需要时便把它们收起来，以便不影响后面的讲解、讨论和总结。

活动案例

各族儿童是一家(大班)

活动过程

一、介绍蒙古族客人的服饰、民俗、地理位置及特产

师：(出示蒙古族客人图片)今天老师给你们带来了几位少数民族的客人，你们看看他们是哪个民族的？(蒙古族)

师：他们是来自内蒙古大草原的蒙古族客人。他们的服装和我们汉族的服装有什么不一样？

(引导幼儿观察)回答：蒙古族人喜欢扎头巾或戴皮帽子，穿长袍，腰系腰带，脚穿皮靴"松巴鞋"；蒙古族人民世居草原，以畜牧为生计。

师：蒙古族人爱喝奶茶，吃牛、羊肉，喜欢唱歌、弹马头琴、摔跤和骑马。蒙古族人也非常好客，你们到大草原做客的时候，一定会品尝到香甜的奶茶。

师：蒙古族也是一个能歌善舞的民族，蒙古族的舞蹈非常强劲有力。(放音乐，让幼儿欣赏教师跳的蒙古族舞蹈，可以请幼儿学骑马和挤牛奶的动作)我国的蒙古族人民主要分布在我国的内蒙古自治区和东北地区。(教师在中国地图相应的位置上贴上蒙古族小卡片)

二、介绍藏族客人的服饰、民俗、地理位置及特产

师：他们是哪个民族的客人？(出示藏族客人图片)小朋友仔细看看他们的服装和我们的服装有什么不一样？

(引导幼儿观察)回答：藏族的女孩儿身穿斜襟长袍，长发盘在头上，脚穿皮靴。男孩儿戴有沿儿的毡帽，扎条腰带，他手里拿的是一条长长的哈达，献哈达是藏族人民迎接客人时的一种礼节，各种大型活动迎接客人都要献哈达。

师：刚才小朋友们认识了藏族小朋友。藏族是一个能歌善舞的民族，他们的舞蹈特别好看，老师给你们跳一段藏族舞。（放音乐，幼儿欣赏教师跳的藏族舞，可以请幼儿学跳藏族舞的动作）

师：如果你们去藏族同胞家做客，他们一定会非常热情地招待你们，请你们吃他们的特产酥油饼，喝他们喜欢喝的青稞酒、酥油茶，还会给你们献上一条长长的哈达。好客的藏族人民，他们的家乡在哪里呢？藏族人民主要生活在西藏自治区、青海省和四川省西部。（教师在中国地图相应的位置上贴上藏族小卡片）

教师小结：今天我们认识了两个少数民族的客人，我们都是中国人，我们五十六个民族生活在一个大家庭，我们要互相尊重、互相爱护，团结在一起，这样才能把祖国建设得更加强大。

在这个社会活动中，教师通过有计划、有目的地向幼儿展示少数民族图片并配合生动的讲解，帮助幼儿了解、认识少数民族。

（二）观察访问法

观察访问法是在幼儿社会教育过程中，教师根据一定的教育目标和要求组织幼儿到园外的一些场所，对实际事物或现象进行观察、访问、思考，从中获得新的社会知识的教育方法。例如，组织幼儿参观访问一些社会公共服务机构如商店、快递公司、学校、图书馆等，观察人们工作、生活的状态，如售货员在商店里卖东西，顾客买东西；快递工作人员分发物件、投放快递；小学生们在课间游戏、在课堂上学习等。

观察访问法是引导幼儿认识社会的主要方法，也是幼儿观察、了解成人社会，获得社会知识经验的重要保证。这种方法能把幼儿社会教育活动与社会生活紧密地联系起来，通过让幼儿接触社会，亲身体验，从而接受生动实际的教育。

运用观察访问法时应注意以下三个问题。

第一，观察访问前的准备工作。教师要选择和确定访问的具体目标、对象、时间和地点；制订计划，包括在访问中教师应如何引导幼儿观察、参观后幼儿应获得的知识，等等；做好物质方面准备，如水、纸等；教师提前到访问的地方察看，和有关人员商量好参观安排。

教师要提前通过简单的谈话让幼儿获取相关的必要知识，让幼儿做好心理上的准备，同时激发幼儿参加活动的兴趣。

第二，观察访问中的指导工作。教师或工作人员要因势利导地进行讲解，引导幼儿注意观察，启发幼儿主动联想过去的知识经验去思考。教师时时处处都要做好过程的组织工作，维持好秩序并注意保障幼儿的安全。

第三，观察访问后的总结工作。总结是非常必要的，能使幼儿获得的零散知识更有条理。总结可选用适当的方法。若不忙，教师可请工作人员现场总结，用联欢和实践的方式体验和结束活动；若考虑到工作人员忙，可自然结束活动。

在观察访问过程中还要注意观察访问的内容要与幼儿的生活紧密联系，地点不要太远，时间最好选在上午，并适当增加组织人员。观察访问后，可组织谈话或开设相应的活动（延伸活动），以便巩固幼儿新知。

活动案例

参观图书馆(中班)①

活动过程

1. 参观前向幼儿介绍参观的地点，并提出参观的要求。告诉幼儿图书馆是个安静的地方，进入图书馆后要保持安静，认真听解说员的介绍。

2. 带幼儿参观图书馆。

(1)到图书馆门口，引导幼儿注意大门口上"图书馆"三个字，提醒幼儿轻轻地走进图书馆，有礼貌地与工作人员打招呼。

(2)在解说员的带领下，让幼儿边观察边听介绍。

①带幼儿参观阅览室，引导幼儿观察人们是怎样认真、专注地看书的，感受阅览室安静的气氛。

②请解说员介绍电子借书处、微缩卡片等先进技术。

3. 参观结束，告别图书馆的工作人员，组织幼儿返园。

4. 参观后和幼儿讨论图书馆的用处，使幼儿知道人们看书是为了获得知识、增长智慧，从而激发幼儿的求知欲。

在这个社会活动中，教师带领幼儿去图书馆实地观察、访问，从中获得对图书馆这一社会机构的了解和认识，获得新的社会知识。

(三)角色扮演法

角色扮演法是教师创设现实生活或故事中的某种情境，让幼儿通过角色扮演，表现出与该角色一致的社会行为，亲自体验他人的角色，以增进对他人社会角色及自身原有角色的理解，从而更好地履行自己角色的教育方法。

角色扮演的途径很多，可以是情境分析扮演，教师先举几个典型事例，让幼儿分析后扮演，如在中班"我来帮助你"的活动中，教师设置几个情境"奶奶提着重重的东西，你会怎么做?""丁丁不小心摔倒了，你会怎么做?"……也可以选取儿歌或故事内容进行角色扮演，教师让幼儿根据儿歌或故事扮演不同角色，如扮演故事《狼来了》、儿歌《拔萝卜》等以鼓励幼儿积极的情感体验，使之掌握正确的、积极的行为方式。在角色扮演中，教师可以鼓励幼儿进行角色互换表演，让幼儿在表演中尝试扮演不同角色，体验不同情感，如《大灰狼与小白兔》，让幼儿尝试扮演故事中的大灰狼和小白兔，体验不同角色的心理感受和动作特点，有助于幼儿理解故事的主题思想。

运用角色扮演法时，应注意以下几点。

第一，结合幼儿知识经验和理解能力，创设幼儿理解和喜爱的情境，让幼儿扮演所熟悉的角色。例如，扮演妈妈体会妈妈的辛苦;让乱扔纸屑的幼儿扮演环卫工，等等。

第二，角色扮演要依据幼儿社会性发展的水平，体现层次性和针对性。小班只能是动作的简单模仿;中班要求角色清晰，以角色的职能进行有序、规则的交往;大班，要求真实

---

① 刘吉祥、刘志宏:《幼儿园社会教育活动设计与指导》，17～18页，长沙，湖南大学出版社，2013。

性，游戏质量要求更高，注重游戏质量和表现形式的多样性。

第三，尊重幼儿的角色选择。角色扮演中要充分发挥幼儿的主动性、积极性和创造性，教师应鼓励和指导幼儿变化角色和创造角色，不应经常去分配角色和导演角色。

第四，扮演的内容应是亲社会行为，或能反映反社会行为带来危害的内容。应让幼儿以扮演正面角色为主，在反面角色的扮演中切忌让幼儿经常扮演反面角色，避免幼儿对其扮演现实化，同时也避免经常扮演反面角色的幼儿反社会行为习惯化。

第五，情节要简单，对话、动作要多，适于表演。幼儿的角色扮演不是演话剧，目的是让幼儿在体验与感知中了解社会规则，以丰富的社会认知与情感，培养良好行为。

活动案例

我爱爷爷奶奶

活动片段

师：你从图片中怎么看出他们年龄大了？

师：他们做事方便吗？哪些事情不方便，想一想！

请小朋友们两两结伴做一下。（幼儿自由结伴扮演）

师：我们可以做些什么来帮助他们？

师：你在家帮爷爷奶奶做过什么事，他们有什么反应？

师：爷爷奶奶年纪大了，我们要爱爷爷奶奶，多关心帮助他们，如扶爷爷奶奶走路，给爷爷奶奶捶捶背……做个尊敬老人的好宝宝。

活动中，教师出示爷爷奶奶图片，自然导入主题后，引发幼儿意识到"我们的爷爷奶奶年龄大了，需要我们小朋友来帮忙"。接下来，让幼儿通过角色扮演，体验老人的角色，更好地理解老人的感受和处境。

(四)情境体验法

情境体验法是体验式教学的一种方法，是教师运用多种教学媒体与教学资源，创设生动的社会情境，引导幼儿通过模仿、表演、交流、参观等去体验社会情境中的人、事、物，从而让他们获得深刻的社会认知，并丰富其社会情感态度，让他们掌握亲社会行为。有的幼儿园采用情境体验法将社会态度和社会情感的培养渗透在多种活动和一日生活的各个环节中，充分利用社会资源，让幼儿感受各行各业的劳动，以多种方式认识、体验并理解基本的社会行为，帮助幼儿养成亲近他人、亲近社会、乐于合作的积极态度。例如，开展形式多样的亲子活动，种树、收土豆、开展消防演练等。

在运用情境体验法时应注意以下几点。

第一，要让幼儿身临其境，在情境中观察、感知、操作、体验，在具体情境的熏陶下产生快乐或苦恼、爱或恨、喜悦或愤怒的情感。

第二，教师要根据需要做启发讲解、点拨总结，帮助幼儿将获得的感性经验进行概括、提取。

第三，要在情境中给予幼儿充分表达、表现和交往的机会，使他们成为活动的主体。

活动案例

节约用水

教师发现幼儿不懂得节约用水，经常忘了关水龙头，或者把水龙头开得很大。虽然教师经常提醒幼儿要节约用水，讲水对我们生活的重要性，但效果都不理想。后来，教师为此设计了一次情境体验教学。

下午进行区域活动时，有的幼儿在角色区游戏，有的幼儿在美工区画画，还有的在植物角给植物施肥……活动进行中，问题来了：角色区的幼儿发现他们的"娃娃"脏了，想给"她"洗洗澡；美工区的幼儿因为手上有颜料想洗洗手；植物角的幼儿想给植物浇浇水。可是，当他们去盥洗室打开水龙头的时候，却发现水龙头里没有水。（教师事先把水龙头的总阀门关闭了）

这时，幼儿纷纷找我寻求帮助。我趁机引导幼儿："水多么重要啊！看，我们想洗东西、洗手都需要它，我们的植物也需要它，我们离开水能生活吗？"通过亲身体验和教师的引导，幼儿深刻理解了水的宝贵。为了进一步引导幼儿关紧水龙头，我对幼儿说："水龙头昨天太累了，今天就生病了。它告诉我，昨天你们都回家休息睡觉了，可是你们没把它拧紧，它一直工作，累坏了，今天生病了，不能再工作了！"许多小朋友听了水龙头的"话"，都主动去给水龙头道歉。最后，我请幼儿耐心等待水龙头快快好起来，并带幼儿到户外水源处先进行了清洗。（等待也是一种教育）

等大家回班后，我悄悄把管道阀门打开，水龙头又流出水来了。小朋友们发现后欢呼雀跃，高兴极了！

这次活动后，幼儿再去洗手时，没有一个不关紧水龙头的。

在"节约用水"活动中，教师创设没有水的情境，引导幼儿体验水的重要性，让幼儿获得深刻的认知，产生节约用水的意识，并在日常生活中做到节约用水的亲社会行为。

（五）实践练习法

实践练习法是指在幼儿社会教育过程中，教师组织幼儿按照正确的社会行为规范进行练习，最终使幼儿形成良好行为习惯的方法。这是形成和巩固幼儿社会行为最有效的方法。

习惯的养成不是靠几次活动或说教就能实现的，需要经过反复练习。幼儿良好的行为习惯、生活习惯，以及人际交往的能力，需要经常进行实践练习，才能形成自觉行为。即使是幼儿在不懂得很多道理的情况下，也能自觉地按正确的方法去面对周围环境，并不断适应社会。实践练习的机会很多，幼儿的日常生活就是很好的途径。要坚持通过日常的生活、学习和劳动让幼儿进行反复练习，使其形成各种良好习惯，如照顾动植物、整理玩具，入园、离园的礼貌行为练习，喝水、下楼时的排队行为习惯，等等。

在运用实践练习法时，应注意以下三点。

第一，让幼儿明确实践练习的目的和要求，并发挥幼儿的主动性和积极性，在理解的情况下自觉练习，从而达到练习的目的和效果。

第二，实践练习要循序渐进，练习的内容和形式应为幼儿能接受的，以"趣练"为主，通过游戏、竞赛、日常生活等形式进行练习。比如，培养幼儿礼貌用语的习惯，可以通过在角色游戏的同伴互动中练习，也可以在一日生活的各个环节中练习。

第三，实践练习要前后一致，做到持之以恒，形成习惯。实践练习的目的是让幼儿形成习惯，如果今天练习，明天放松，就很难变成习惯。比如，幼儿入园、离园时礼貌行为习惯的培养，教师要引导幼儿每天练习；又如，收拾玩具习惯的培养，教师要引导幼儿在每次玩完玩具后将玩具分类并送回原来的地方。

活动案例

修补图书(大班)①

【活动目标】

让幼儿学习修补图书的几种基本方法，提高动手能力；让幼儿养成爱惜图书、不乱损坏图书的良好行为习惯。

【活动片段】

一、师生共同清理书籍

教师指导幼儿把读书角的书取出来，找出破的、折角的、缺页的书，并根据书本损坏的程度分类。

二、幼儿分成若干小组，修补图书

1. 各组先针对分配到自己小组的书籍进行讨论，看用什么方法修补效果最好(可先由一个小朋友按讨论好的方法尝试着修补一本，看看修补后的书是否整洁、美观)。

2. 定好修补办法后，各组成员自行修补分配到的书籍(可以直接黏合；剪出合适的白纸粘贴；破损厉害的书，把相同的几本书拆开，拼成一本；封面掉的补画封面等)。

收集修补好的图书，并组织幼儿讨论正确看书的方法，提问：为什么会有这么多的图书要修补，以后小朋友在看书的时候应注意些什么？

教师组织幼儿学习如何正确修补图书，并让幼儿按照正确的修补方法进行练习，在一次次这样的实践练习中幼儿培养了良好的社会行为习惯。

(六)榜样示范法

榜样示范法是教育者通过用他人优秀的思想或行为作为榜样去影响和教育幼儿，使幼儿具有良好社会行为和品质的教育方法。幼儿的可塑性大、模仿性强，给他们提供生动具体的榜样形象，有助于他们受到熏陶并领会社会道德标准和行为规范，养成良好的道德品质和社会行为习惯。

榜样可以是教师自身，因为教师在幼儿心目中有崇高的地位，是幼儿模仿的天然榜样；也可以是同班或年龄相近的幼儿，因为没有距离感，是幼儿榜样的主要来源；还可以是文学故事中的人物，如故事《小熊请客》中，让幼儿向故事中的小动物们学习，知道与同伴相处时应讲文明、懂礼貌。

榜样示范法在使用时应注意以下几点。

第一，应根据幼儿的社会性发展水平和需要，选择幼儿能理解和接受的榜样。

---

① 王载、朱静晶：《"21世纪幼儿园小书架"丛书 综合主题活动设计(大班)》，124页，桂林，广西师范大学出版社，2001。

第二，用正面榜样对幼儿进行教育，避免幼儿模仿错误行为。

第三，教师要善于挖掘幼儿的优点，以同伴为榜样的教育模仿效果更好。

第四，教师要严于律己，注意日常生活中自己的言行举止，用积极的言行影响幼儿。

教育故事

教师的"榜样"①

一名小班教师带领 4 名小朋友到厨房取本班消过毒的水杯。回班时，教师手捧着装满水杯的大托盘走在前面，4 名小朋友紧跟在她的身后。来到教室门口时，这名教师看到教室门是关着的，自己腾不出手开门，又不好在门外大声喊人帮助，就在小朋友面前一脚踢开门，带领小朋友进去。过了一段时间，有其他教师发现，这个班的很多小朋友经常踢门。

(七)价值澄清法

价值澄清法是幼儿在教师正确的教育引导下，通过引起自身内部心理活动矛盾冲突并不断解决，从而确立正确价值观的教育方法，是一种较为特殊的社会教育方法。

价值澄清法是美国心理学家、教育家路易斯·拉斯教授在对传统的价值观教育法进行研究分析的基础上，提出的一种新的价值观教育法。价值的形成是由个人经验产生的，而不是由成人传授和灌输的，但成人可以通过价值澄清的过程帮助幼儿形成自己的价值观，幼儿通过内部价值澄清，建立自己清晰的价值观。有理智的人应该有能力学会运用"评价过程"进行价值澄清，从而使某种观念、态度、兴趣或信念真正变为一个人的价值观。

拓展阅读：价值澄清理论的基本模式②

价值澄清理论的基本模式即价值形成过程(或称评价过程)的基本模式。该理论指出，任何外在的价值要变成某个人的价值，必须符合这一过程的七个标准，否则将不可能成为个体的价值观。拉斯等人研究认为，完整的过程分为三个阶段、七个步骤。

1. 选择

(1)自由选择。只有在自由的选择中，个体才能根据自己的价值观行事，被迫的选择是无法使这种价值观整合到他的价值体系中的。

(2)从多种可能中选择。提供多种可能让个体选择，有利于个体对选择进行分析思考。

(3)对结果深思熟虑的选择。对各种选择都做出理论的因果分析、反复衡量利弊后的选择，在此过程中，个体在意志、情感以及社会责任等方面都受到考验。

2. 珍视

(1)珍视与爱护。珍惜自己的选择，并为自己能有这种理性选择而感到自豪，并将它看作自己内在能力的表现和自己生活的一部分。

(2)确认。以充分的理由再次肯定这种选择，并乐意与别人分享而不会因这种选择而感到羞愧。

---

① 李叶兰：《幼儿社会教育活动设计与指导》，32 页，北京，中国劳动社会保障出版社，2006。

② 张丽丽、贾素宁：《学前儿童社会教育与活动设计》，44~45 页，北京，科学出版社，2016。

3. 行动

(1)依据选择行动。鼓励个体把信奉的价值观付诸行动、指导行动，使行动反映出所选择的价值取向。

(2)反复地行动。鼓励个体反复坚定地把价值观付诸行动，使之成为某种生活方式或行为模式。

幼儿价值观是指幼儿在日常生活中通过与周围人和事的接触，逐渐形成的较为稳定的待人接物的态度。价值澄清理论强调价值观的建立是由内到外的过程，即通过幼儿自身内部心理活动、内心情感体验主动建构价值的过程，并强调幼儿价值行为表现要在公众场合与个人独处时保持一致。不过对于幼儿来说，单靠自己建立价值观很难，需要在外部教育的影响下建构。价值澄清法在幼儿社会教育中常用的具体方法有四种。①

1. 澄清应答法

澄清应答法指教师通过与幼儿的交谈引起幼儿的思考，在相互交流中让幼儿不知不觉地进行内省与价值评价的方法。它是价值澄清法中最基本、最灵活的方法。澄清应答法关键是要让被问的人思索他所说的话或所做的事情，逐渐更好地认识自我，检查自己的选择。例如，一个幼儿在建构区玩积木，边玩边和教师交谈。

幼儿：老师，我喜欢搭城堡。

教师：是吗？你为什么喜欢搭城堡？

幼儿：让我想一想，嗯……要……我也说不清楚，反正我很喜欢。

教师：那你有没有想过长大后要做建筑师呢？

幼儿：没有。

教师：好，你接着搭吧。

师幼虽然交谈时间很短，但是留下了幼儿自己回味刚才谈话内容的机会，幼儿可能会进行更深入的思考，"我长大以后做什么呢，建筑师还是……"而这些思考对他的价值澄清、对他的个人追求，甚至对他将来的生活有着不可估量的作用。

教师在运用这一方法时应注意以下四点。

第一，教师要针对当时的具体情况适时、及时地与幼儿进行澄清问答，引导幼儿进行价值思考。

第二，问题要是开放性的，避免是非的判断。

第三，鼓励幼儿慎重思考与评价自己的兴趣、选择和行动，目的是促使幼儿对自己的选择做进一步思考，从而促进幼儿思维、情感和行为的发展。

第四，交谈时要营造宽松、平等、自由的氛围，尽量避免是非评判。

第五，澄清应答的时间不宜过长，只要触发了幼儿的价值思考就应适可而止，要给幼儿留下思考的机会。

2. 价值表决法

价值表决法是指教师事先拟定一系列幼儿关心的价值问题，让全体幼儿一起来表达自己意见的一种方法。其目的是向幼儿提供公开自己价值观的机会，如在培养幼儿独立解决问题的能力时，教师设计了以下 6 道价值判断题。

---

① 周梅林：《学前儿童社会教育活动设计与指导》(第三版)，70~71 页，上海，复旦大学出版社，2009。

(1)我想玩的玩具别的小朋友正在玩，怎么办？

(2)我想看的绘本别的小朋友正在看，怎么办？

(3)我想扮演的角色别的小朋友担任了，怎么办？

(4)我想去积木区，可人数满了怎么办？

(5)玩游戏时我的椅子被别的小朋友搬走了，怎么办？

(6)在玩滑梯时别的小朋友撞了我一下，怎么办？

教师在运用这一方法时应注意以下三点。

第一，要围绕一个主题来编制价值表决的问题。

第二，注意价值表决的问题数量，不能太多，一般要在十个以内。

第三，面向全体幼儿，让每个幼儿都有表决的机会。

3. 价值排队法

价值排队法是指让幼儿以三四种事物为对象，按自己认为重要的程度为它们排队并说明理由的一种方法。在日常生活中，幼儿经常会面临选择的情况，价值排队法就是训练幼儿对价值进行分析、比较、筛选，帮助幼儿进一步了解事物的价值。下面是一些可供幼儿进行价值排队的实例。

(1)哪一种情况你最不喜欢？（　　　）

A. 有玩具没同伴　　　　B. 有同伴没玩具　　　　C. 生病

(2)路上有一个西瓜皮，你认为哪种行为最好？（　　　）

A. 就像没看见一样　　　B. 一脚把它踢开　　　　C. 捡起来扔到垃圾箱里面

(3)下面你最喜欢哪一个？（　　　）

A. 好吃的　　　　　　　B. 好玩的　　　　　　　C. 好朋友

教师在设计题目时要注意以下三点。

第一，价值排队的事物不能太多，不能超过四个。

第二，价值排队的事物幼儿能够理解，不能太难。

第三，价值排队的事物在内涵上不能交叉或包含。

第四，要给幼儿充足时间思考。

4. 展示自我法

展示自我法是指教师为幼儿创造和提供自由发言的机会，让幼儿围绕某一话题进行充分表述。展示自我的目的是系统地为幼儿提供审视、思索自己的机会，使他们逐步学会分析自我、审视自我、发现自我。

下面提供几个可供参考的题目。

(1)我最大的优点是……

(2)假如我是园长……

(3)如果我有一个弟弟的话……

(4)假如我是妈妈……

(5)长大了我要当……

教师在运用这一方法时应注意以下三点。

第一，要创造平等、宽松的氛围，让幼儿大胆表述。

第二，选择的话题应是幼儿熟悉和感兴趣的，让幼儿有话可说。

第三，教师要避免对幼儿的表述进行简单的好坏判断。

二十大报告中指出，广泛践行社会主义核心价值观。社会主义核心价值观是凝聚人心、汇聚民力的强大力量。弘扬以伟大建党精神为源头的中国共产党人精神谱系，用好红色资源，深入开展社会主义核心价值观宣传教育，深化爱国主义、集体主义、社会主义教育，着力培养担当民族复兴大任的时代新人。推动理想信念教育常态化制度化，持续抓好党史、新中国史、改革开放史、社会主义发展史宣传教育，引导人民知史爱党、知史爱国，不断坚定中国特色社会主义共同理想。用社会主义核心价值观铸魂育人，完善思想政治工作体系，推进大中小学思想政治教育一体化建设。坚持依法治国和以德治国相结合，把社会主义核心价值观融入法治建设、融入社会发展、融入日常生活。

幼儿社会教育的方法各有不同的特点和作用，但它们之间是互相配合、互相补充的。教师在运用这些方法时，要考虑到教育对象的不同特点，依据教育活动本身所具有的规律性，发挥教师教育机制，对教育方法进行艺术性的再创造、再加工，做到灵活运用，从而形成自己的教学艺术和教学风格。

二、幼儿社会教育的途径 ●●●

幼儿的社会性发展和教育是一个长期的过程，幼儿生活在不同的家庭、幼儿园、社区中，在与周围环境的相互作用和影响下不断成长。我们应该坚持生态学的观点，结合幼儿成长的环境，运用多种途径对幼儿进行社会教育。我们可用以下三大途径开展：专门的教育活动，随机教育和家、园、社区合作。这三种途径的教育各有特色、各有专长，又互相联系、互相补充，为幼儿长期的社会性发展提供了很好的支持和保障。

(一)专门的社会教育活动

专门的社会教育活动是教师根据幼儿社会性发展的水平确定教育目标，选择教育内容，采用恰当的教育方法，在一个相对固定的时间段中完成的教育活动。这种社会教育活动具有明确的目的性、计划性、组织性。常见的形式主要有专门的集体社会教学活动、区域活动、游戏、参观、劳动等，也可以将多种形式综合运用。

1. 集体社会教学活动

集体社会教学活动即社会领域的课堂教学活动。它是幼儿园实施社会教育的主要手段，也是幼儿获得社会知识、社会技能、社会情感态度的重要途径。在集体社会教学活动中，教师要有明确的目标指导、清晰的设计思路、有条理的组织，以保证活动的顺利进行。例如，大班社会活动"我长大了"的活动目标：感受自己体形、容貌、能力等各方面的成长和变化；加深对自己的了解，进一步增强自我认识和自信心。通过让幼儿看一看、量一量、说一说等引导幼儿发现自己的成长和变化，最后用自我展示的方式来进一步增强自我认识和自信心。

2. 区域活动

区域活动是指教师在一定时间内设置各种活动区，让幼儿根据自己的兴趣和需要，选择活动内容和方式。区域活动为幼儿营造了一种宽松、自然的活动氛围，让他们在自主选择的活动区域内，通过与材料、环境、同伴的充分互动来获得学习与发展。因此，区域活动能增强幼儿的自我意识，使幼儿学会自己来选择安排自己的活动内容，学习如何与同伴交往并在交往中满足自我发展的需要。同时，幼儿在活动中自由分组、交流，从而认识到自己和集体的关系，增强幼儿集体荣誉感和责任感，培养幼儿团结合作的良好社会品质。

拓展阅读：图书区规则(小班)①

第一，坐在小椅子上看书，姿势要正确，椅子有一定排列顺序。(培养幼儿良好的阅读习惯及做事有序的意识)

第二，能自己选择喜爱的图书，谁先拿谁先看，不争抢，爱护图书，不撕不扔。(培养幼儿轮流意识及爱护物品、爱护公物的意识)

第三，看完一本书应放回原处码齐，再取另一本。(培养幼儿良好的行为习惯及社会公德)

第四，看书方法正确，一页一页地看。(培养幼儿良好的阅读习惯)

第五，幼儿可以相互交谈，但声音要小，不影响别人。(鼓励幼儿以书的内容为媒介进行交往，交往时去自我中心化，控制自己的行为)

3. 游戏

《纲要》强调寓教育于生活、游戏中，游戏是幼儿认识社会、学习社会规则、理解人与人之间关系的载体，是促进和提高幼儿全面素质的重要途径。

对幼儿社会性发展影响较大的游戏主要是角色游戏和表演游戏。游戏可以帮助幼儿了解人际关系，了解不同角色身份，体会并学习所扮演角色的社会行为和品质，学习如何表达个人意愿、情感和见解，并用恰当的方式沟通，解决社交问题等。例如，在角色游戏"娃娃医院"中，幼儿需要协商来分配游戏角色、选择材料，在扮演角色的过程中，扮演病人角色的幼儿体会到应该尊重医生，扮演医生角色的幼儿体会到应该关心、爱护病人等。

游戏对幼儿社会性发展的作用不是自然发生的，需要教师积极组织和引导，并且有意识地为幼儿设计相应的游戏活动，创设游戏情境，如"如何招待客人""玩具不够怎么玩"等，让幼儿通过游戏来找到处理问题的方法，提高人际交往能力。当然，在游戏中，我们要充分尊重并相信幼儿，发挥幼儿的主体性，如游戏内容的选择、角色的分配、游戏中问题的处理等可以依据幼儿的意见，既体现有目的地引导幼儿游戏，又不把自己的意图强加给幼儿。

活动案例

"老狼老狼几点了"游戏(小班)

一个幼儿扮演老狼，其余幼儿扮演小羊，老狼在前面走，后面的小羊与老狼保持一定的距离，并问："老狼老狼几点了?"老狼随意说时间，当老狼说到"12点"时，就回头抓小羊，抓住的小羊退出游戏。

案例点评：在这个游戏中，幼儿要进行角色扮演，体验作为"老狼"或是"小羊"的心理，如作为"老狼"会想：什么时候抓，抓谁更容易。作为"小羊"会想：什么时候跑，往哪跑。从而换位思考，逐渐去自我中心。

① 张丽丽、贾素宁：《学前儿童社会教育与活动设计》，154页，北京，科学出版社，2016。

4. 参观活动

参观活动是教师带领幼儿到某一社会机构或设施进行实地观看的活动，是丰富幼儿社会认知经验，培养幼儿积极的社会情感态度的重要途径。通过让幼儿亲身接触社会，从而接受社会教育。例如，带领幼儿参观菜市场，让幼儿了解菜市场中蔬菜如何摆放，人们是如何买菜的，还可以让幼儿了解营业员工作的辛苦及他们的工作与我们生活的关系，增强爱生活、爱社会的情感。

(二)幼儿园的随机教育活动

幼儿的社会性学习具有随机性，在幼儿的日常生活、自由活动、意外突发的事件以及其他领域的教育活动中，都蕴含了很多社会教育的机会，所以教师要抓住这一点，对幼儿进行随机教育。

1. 日常生活中的随机教育

幼儿的日常生活中蕴含着社会教育的许多因素，渗透着社会教育的机会。除了晨间活动、晚间活动、各类游戏、集中教学活动外，幼儿的日常生活包含了幼儿每天从入园到离园，如入(离)园、进餐、盥洗、如厕、做操、值日、娱乐等活动，可以在这些活动环节中渗透社会教育。

除了常规的活动外，偶发事件也是社会教育的契机。教师应增强随机教育意识，提高掌握随机教育契机的能力，针对生活中的偶发事件进行随机教育。例如，某幼儿生病了，教师可以引导其他幼儿对他进行关心和照顾，激发幼儿之间的友爱之情；某幼儿把他人的饭菜撞翻了，教师可以引导幼儿恰当处理，等等。

2. 其他领域活动中的随机教育

幼儿园五大领域教育的内容是相互渗透、相互联系的，其他领域的教育活动中蕴含着丰富的社会教育契机。教师应具有敏感的社会教育意识，善于在其他领域中挖掘社会教育内容并加以利用，注意在实现某一领域活动目标的同时，还要考虑到随机性的社会教育。

在健康领域可以通过各种活动培养幼儿勇敢、坚强、乐观的精神和互相配合的能力。例如，在抛球、跳绳、玩皮球等游戏活动中，可以教育幼儿要互相协助、互相体谅；在不慎摔倒或者产生畏惧情绪时，可以鼓励幼儿坚强、勇敢；在竞赛性的游戏中，可以教育幼儿团结一致和胜不骄、败不馁的精神。

在语言领域，很多文学作品和活动形式都包含了社会教育的内容。例如，《手捧空花盆的孩子》可以教育幼儿要诚实、不撒谎；故事表演《小熊请客》可以教育幼儿热爱劳动；儿歌《拔萝卜》可以教育幼儿合作战胜困难，等等。

(三)幼儿园、家庭、社区共育

《纲要》中明确指出，幼儿园应与家庭、社区密切合作，与小学相互衔接，综合利用各种教育资源，共同为幼儿的发展创造良好的条件。幼儿社会性的发展，是幼儿园、家庭、社会共同教育的结果。

1. 家园合作

家庭对幼儿社会化的影响是其他教育机构不可替代的，《纲要》指出，家庭是幼儿园重要的合作伙伴。应本着尊重、平等、合作的原则，争取家长的理解、支持和主动参与，并积极支持、帮助家长提高教育能力。家园合作的形式有很多，如家长会、家访、个别交谈、家园联系园地、家园联系手册、家长开放日、家长委员会、家长教育讲座、家长经验交流、亲子活动、教师信箱等，随着信息技术的发展，也可以通过电话、QQ群、微信、校信通等方式进行家园合作。

家园合作有利于教师对幼儿更有针对性地进行社会教育。因为家园合作方便教师了解每个幼儿的家庭教养情况，了解幼儿的生活习惯、兴趣爱好，及社会性方面的缺点和不足，以便进行个别教育。同时，作为幼儿社会教育的两个重要场所，家园合作有利于家庭教育和幼儿园教育保持一致，充分发挥教育的整体作用，避免出现削弱、抵消教育的效果。例如，教师比较注重发挥幼儿的独立性和主动性，鼓励他们自己的事情自己做，而家长对待幼儿时却常常包办代替；对待幼儿之间的争执、争吵，教师鼓励幼儿尝试自己解决，而家长却常常出面介入。

2. 幼儿园与社区共育

幼儿社会教育的另一种途径就是利用社区教育。社区环境蕴含着丰富的教育资源，既包括物质资源，如社区中的工厂、医院、超市、消防中心，以及一些公共设施等，又包括文化资源，如各种文化与传统习俗、展览馆、科技馆、少年宫、大中小学图书馆等文化设施。

《纲要》指出，充分利用社会资源，引导幼儿实际感受祖国文化的丰富与优秀，感受家乡的变化和发展，激发幼儿爱家乡、爱祖国的情感。社区资源的开发和利用，有利于幼儿形成良好的生活习惯，有利于幼儿情感态度和社会交往能力的形成和发展，是幼儿认识社会、学习社会行为的重要场地。通过社区物质资源的利用，幼儿可以在活动中学习如何利用这些社会服务机构和设施，学习技能技巧；通过文化资源的利用，可以让幼儿感受本土文化的独特气息和价值，感受祖国文化的悠久历史与博大精深，使幼儿产生对社区文化和祖国文化的自豪感。

社区资源在培养幼儿良好的社会适应能力的同时，也可以引导和激发幼儿为社区服务的意识和行为。例如，小区公园的环境遭到居民的破坏时，引导幼儿为保护环境献计献策，幼儿在参与活动中逐渐萌发保护环境的意识，在具体活动中形成良好的品德及行为习惯。

总之，专门的教育活动、随机教育活动、家园和社区教育活动在幼儿社会教育中都应受到重视。它们各有长短、相互补充，形成了完整的幼儿社会教育教学活动网络，承担了按社会需要塑造社会成员的艰巨任务。

▶ **本讲练习**

【理论练习】

1. 简述幼儿社会教育的方法及其使用注意事项。

2. 简述幼儿社会教育途径有哪些。

3. 简述如何在幼儿园进行随机社会教育。

【实践练习】

1. 请围绕"分享"设计6个价值判断题。

2. 结合所学内容，深入幼儿园观察记录社会教育开展的途径，并分析开展过程中具体使用的方法。

3. 案例分析。

娃娃家游戏中，三个5岁多的女孩儿为谁做"家"中的妈妈争执不休。忽然，A女孩找到了理由："今天老师表扬我是能干的人，只有能干的人才能做妈妈。"B女孩马上顿悟："今天老师也表扬了我，我也很能干，我也可以做妈妈。"C女孩只好认输："好吧，我做小孩，你们俩猜拳，谁赢了谁就做妈妈。"结果 B 赢了，A 很不服气地说："我当外婆，反正外婆是妈妈的妈妈。"

　　请分析在这个角色争执过程中她们能学到哪些能力？你认为角色扮演在运用时要注意的问题有哪些？

· 第一单元检测题 ·

▶ 第二单元

▶ 幼儿社会教育活动的设计与组织

▶ 单元导入

在幼儿园里，幼儿社会教育领域的教育教学形式多种多样，主要包括主题教学活动、集体教学活动、区域活动以及环境渗透教育、一日生活常规教育等。这些活动需要教师提前设计，做好准备，并结合实际情况开展不同类型的教育活动，使各种教学形式相互补充、相互渗透，以达到整体教育的效果。同时，还需要教师在理论上掌握幼儿社会教育的设计步骤与指导方法，通过鉴赏大量优秀的活动案例和活动方案，不断积累教学经验，将理论与实践相结合，逐步提高自己的教育教学能力。

▶ 思维导图

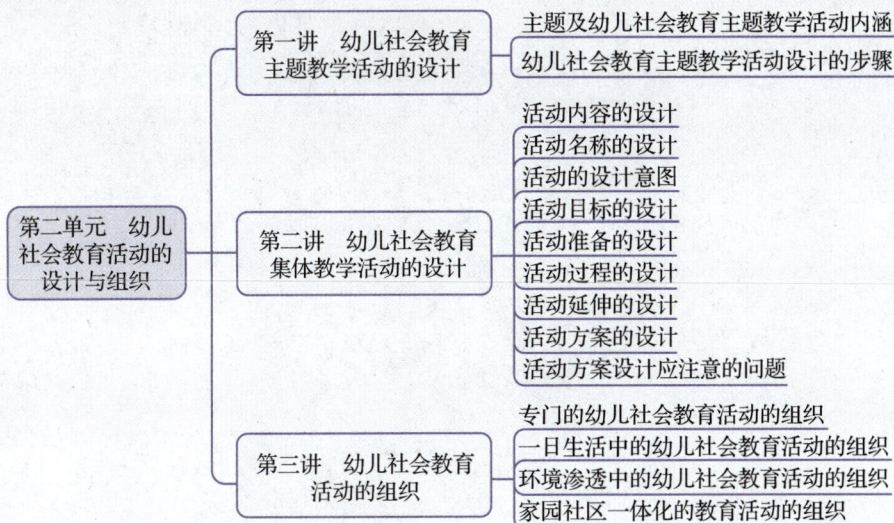

▶ 学习目标

1. 体验社会教育活动内容与组织的生活性、时代性、思想性。
2. 了解集体教育活动、主题教学活动的设计方法及指导策略。
3. 了解不同类型社会教育活动的设计及指导策略，组织和实施不同类型的社会教育活动。
4. 在了解不同类型的社会教育的组织时，能体会到生活中处处有社会教育。

　　欢欢老师是一个大专毕业后待业的社会青年，经过当地招募志愿者来到了一个山村幼儿园当老师，二十几个孩子只有她一个老师，在给孩子们定一日活动计划的时候，她犯难了：教育局没有给我教材，我怎么给孩子们安排课程呢？她在网上买了很多教师用书，但是很多地方都看不懂。指导她的教研员告诉她，幼儿园是没有教材的，幼儿园的活动可以根据幼儿的身心发展水平、学科知识、社会发展水平等来确定，这让欢欢老师更迷惑。其实，这就意味着老师要将目前幼儿最需要的、对幼儿最重要的、能为幼儿一生打下坚实基础的学习内容概括出来，这就是一个个的主题，在主题下面去开展和生成一个个的活动，安排幼儿的一日生活。

　　那么，究竟什么是主题教学活动呢？又该如何确定，如何实施呢？学完本单元，相信你一定能解开这个谜团。

第一讲
幼儿社会教育主题教学活动的设计

本讲微课

一、主题及幼儿社会教育主题教学活动内涵 ●●●

(一)主题

"主题"一词在《现代汉语词典》(第7版)中有两个意思:一是文学、艺术作品中所表现的中心思想,是作品思想内容的核心;二是泛指谈话、文件、会议等的主要内容。在日常生活中,"主题"通常是指我们讨论的话题和中心思想。

虞永平认为,"主题"意指课程的某一单元、某个时段讨论的中心话题。幼儿园课程中的主题不仅是中心议题本身,还包括中心议题蕴含的或与中心议题相关的问题、现象及事件等,其目的是使幼儿获得新的、整体的、联系的经验。①

(二)社会教育主题教学活动

社会教育主题教学活动是在一定时间内,围绕一个中心开展的幼儿园教育活动。社会教育主题教学活动是指在组织上以社会领域为中心,在内容上融合健康、语言、科学、艺术等学习领域,促进幼儿的情感、能力、知识、技能等方面发展的教育教学活动。

二、幼儿社会教育主题教学活动设计的步骤 ●●●

(一)确定主题

幼儿社会教育的主题教学活动是以社会领域为基础来设计的,主题名称往往是该学科领域中幼儿关注的话题。例如,"中秋节""家乡变化大"等,以社会领域的内容为主,围绕一个核心,把这个领域中与核心相关的内容组织在一起。主题的确定是活动设计的关键。

幼儿教师可以从以下四个方面来确定社会领域的主题。

1. 根据幼儿社会性发展的年龄阶段重点,即幼儿园的核心社会生活内容来确定主题

例如,小班幼儿初入幼儿园,面临着生活环境的变化,其学习的重点是入园适应和学习集体生活的基本行为规则等,可以设计"我的新家""我爱上幼儿园""一起玩游戏"等主题。中班幼儿更关注友谊的发展,但其交往能力有限,学习的重点是适宜的人际交往策略和同伴群体的形成,体验友谊和解决冲突等,可以设计"我们共同的班集体""我们都是好朋友""怎么办呢"等主题。大班幼儿社会视野更加开阔,其学习的重点是体验合作的意义、共同完成任务、掌握必要的社会技能等,可以设计"我是小老师""我们一起做""我要上小学"等主题。

2. 根据社会环境与文化生活内容来确定主题

为了帮助幼儿了解不同的环境和文化习俗,拓展幼儿的生活视野可以设计此类主题。例如,有关社区生活的主题(超市、医院、银行、邮局以及名胜古迹、特产、习俗等);有关节日的主题(春节、端午节、儿童节、中秋节等);有关国家与文化的主题(国旗、国

---

① 虞永平:《论幼儿园课程中的主题》,载《学前教育研究》,2002(6)。

歌、国徽以及长城、故宫、汉字等）；有关民族文化的主题（汉族、满族、回族、蒙古族、苗族等）。

3. 根据幼儿品格学习的需要来确定主题

渗透式德育的倡导使教师逐渐关注幼儿的品格教育。美国品格整合学习模式的提出者特蕾莎认为适合学前期学习的品格主要包括：尊重、善良、友谊、欣赏差异、忍耐、移情、奉献、合作、基于信念的行动、希望、创造力、爱。这些品格都可以成为教师确定此类主题的依据。教师还可以寻求家长的帮助，共同讨论本班幼儿急需掌握的重要的品格学习。例如，主题"奉献爱心""环保小卫士""我们的希望"等。①

4. 根据《纲要》与《指南》来确定活动主题

《纲要》与《指南》中都有培养幼儿积极的自我意识的相关内容，可以以此为基础开发"我是女孩（男孩）""我的爱好""我爱我自己"等主题活动。

（二）确定主题活动的目标

社会教育主题教学活动的总目标以社会教育领域的目标为切入点，渗透其他领域目标。每一个主题总目标从内容上来讲，一般都包含认知、情感和能力三个方面；从表征方式上来看，包括行为目标和表现性目标。设计主题目标时，教师应该考虑上一级的年龄目标、模块目标以及幼儿发展。主题活动的目标设计与集体教学活动目标的设计有共通性，但前者的目标更宽泛、更概括。下面的案例可以看出主题活动目标比较宽泛，集体活动目标比较聚焦的特点。

活动案例

大班社会领域主题活动：我爱我家乡②

主题活动的总目标：

1. 感知自己家乡的美好，并喜爱自己的家乡。
2. 活动中遇到问题能积极想办法协商解决，并能与同伴友好合作。
3. 能共同制订参观活动行程的计划并执行计划。
4. 在宣传家乡美景的过程中敢于大胆、自信地与人沟通和表达。

此主题活动共包含四次区域活动和十次集体教学活动，其中每一活动的活动目标是主题活动总目标的具体化，如下。

活动六："家乡美观景游——观景游小组在行动"

活动目标：

1. 能体验、欣赏家乡的美景，热爱自己的家乡。
2. 能按照自己的计划进行郊游活动，遇到问题能积极地想办法协商解决和调整计划。
3. 遇到陌生人及突发情况，能勇敢、自信地与之沟通和协商。

① 邢莉莉：《幼儿社会教育与活动指导》，152页，武汉，武汉大学出版社，2015。
② 赵旭莹、周立莉：《幼儿园综合主题活动——设计技巧与优秀案例》，210、220页，北京，中国轻工业出版社，2014。

案例分析

案例中包括主题活动的总目标和某一活动的具体目标，教师在设计主题活动目标时需要注意的是主题活动的总目标是一系列活动目标的概括，而某一活动的具体目标是主题活动总目标的下位目标，是这一活动的具体目标。在目标的表述中可以看出，总目标到活动目标的具体化趋势和一致性趋势。教师确定了主题后，要预设主题活动的总目标，再根据总目标进行分解并与具体活动内容相联系，最终确定某活动的具体目标。

(三)编制主题网络图

主题网络图是主题活动中必不可少的构成要素之一，教师设计完主题活动的目标和内容，根据预设和生成活动程序绘制网络图，它是以主题活动为中心，把与主题相关的各种内容连接起来的一种网状图形。

主题网络可以采用两种方式设计主题网络图，一种是领域式主题网络，另一种是外展式主题网络。

1. 领域式主题网络

以领域的形式来编制主题网络图，通过简单的学科划分，让幼儿通过各类与主题相关的活动，沉浸在一个主题中，既让幼儿获得丰富完善的知识，又可以发挥主题教育活动的优势（如图 2-1）。

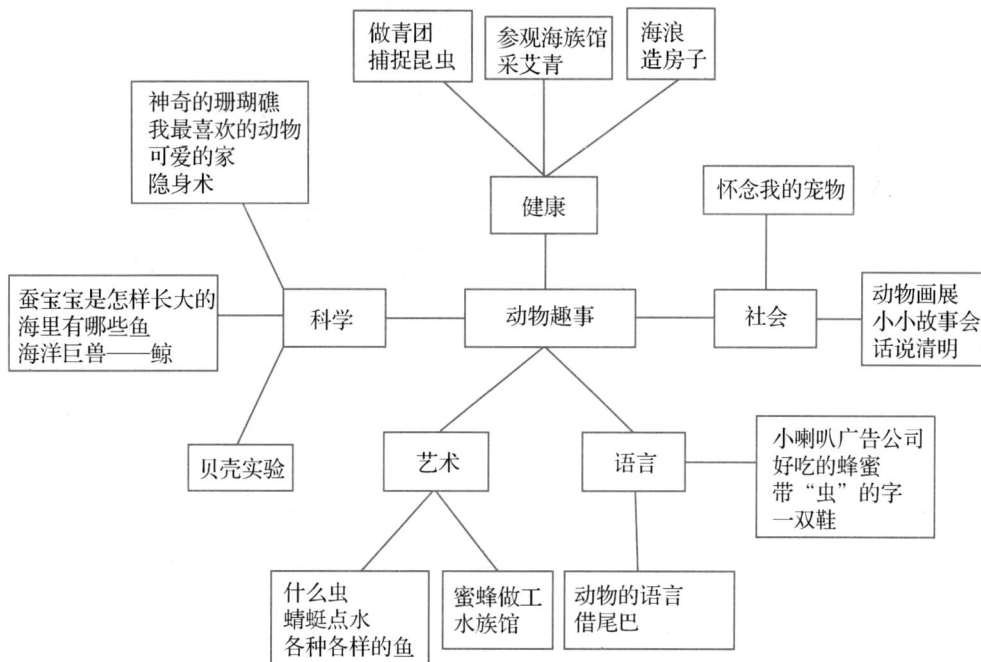

图 2-1 领域式主题网络图

2. 外展式主题网络

外展式主题网络是对主题的核心概念进行层层分解，从主概念到次概念，再到一系列具体的活动，这也是常用的主题网络形式（如图 2-2、图 2-3）。

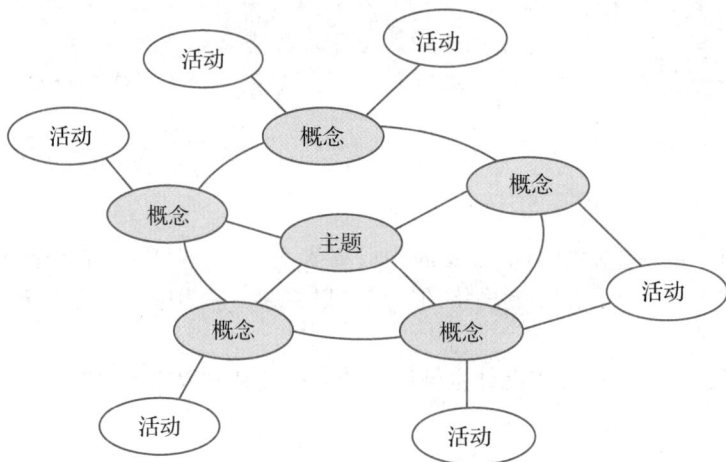

图 2-2　主题概念网络 1

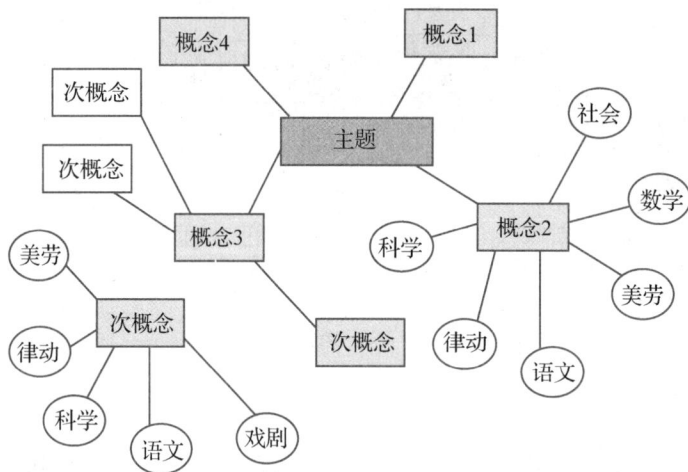

图 2-3　主题概念网络 2

根据主题所包含的概念生成的主题网络如"常吃的食物"就是这样生成的。首先，根据主概念生成一级网络（如图 2-4）。

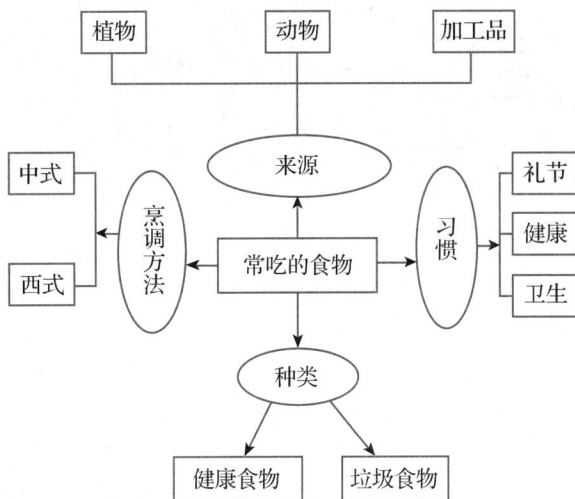

图 2-4 "常吃的食物"主题网络 1

其次，根据次概念继续生成主题网络（如图 2-5）。

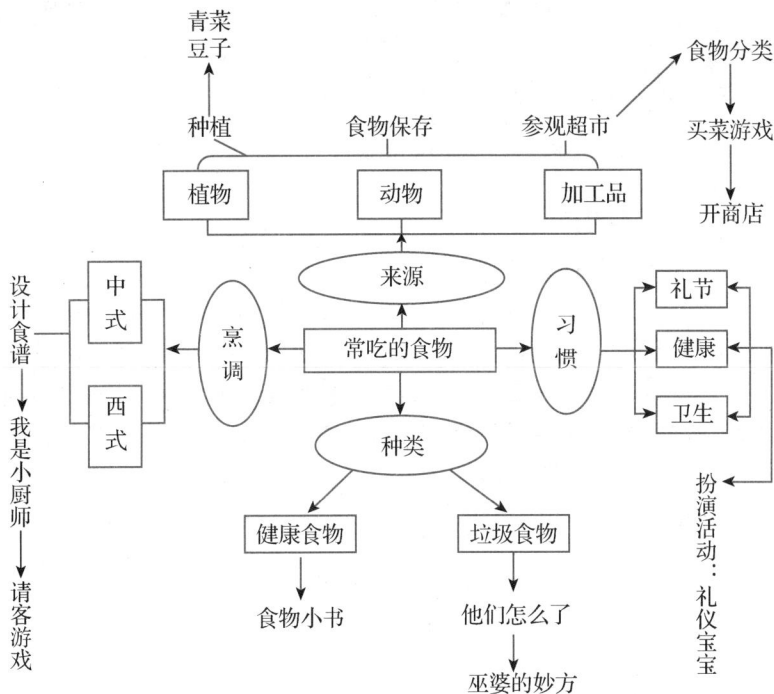

图 2-5 "常吃的食物"主题网络 2

主题网络设计不仅仅只是教师的事，也应是引起幼儿兴趣和认知关注的事情。教师除了预设主题网络外，还要运用多种活动方式来拓展主题网络，也可根据幼儿的兴趣来生成主题网络，引导幼儿与教师共同直面主题、共同探索和发现。其中主题网络图中的虚线部分为生成活动（如图 2-6）。

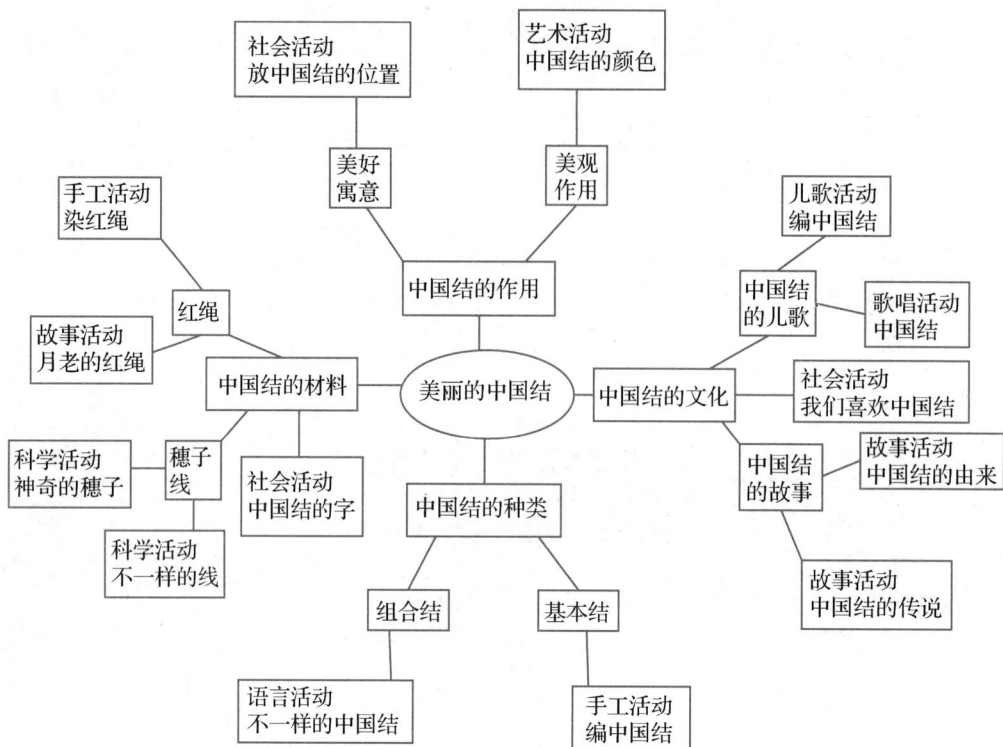

图 2-6 "美丽的中国结"主题网络

(四)各种教育资源的利用

因地制宜地利用周围的各种资源来开展幼儿教育活动,不仅是家园合作的需要,也是促进人与自然和谐共生,养成绿色生产生活方式的需要。这些教育资源包括家庭、社区、环境创设等。例如,家长的配合与支持,可以大大减轻幼儿教师的工作负担,并提高教育效果;社区资源的利用,可以是参观社区的有关设施,或参加有关的社区活动;环境创设更多的是指幼儿园内或本班活动室的环境布置与当时的教学内容一致,以增强教育效果。

(五)选择教育活动

编制好主题网络图后,我们将根据主题网络图来选择适宜的教育内容,然后根据选择的内容,设计相应的教案并实施。

活动案例

主题活动:美丽的中国结①

【设计意图】

新年快到了,我在活动室里挂上了中国结。古朴而漂亮的中国结给活动室增添了节日的喜气。许多幼儿不认识中国结,他们好奇而又热烈地询问着。"老师,这是什么呀?真漂亮!""老师,我家的墙壁上也有这个东西。""老师,为什么要挂这个东西呢?"

---

① 成静:《大班"我们的社区"主题活动》,载《早期教育》,2002(2)。

中国结是我国特有的民间手工艺品，它丰富多样，蕴含着美好的意义，深受世界人民的喜爱。《纲要》指出，要适当地向幼儿介绍我国的民族文化，使其感知人类文化的多样性，培养幼儿理解、尊重及热爱民族文化的情感。

根据《纲要》的精神，结合幼儿的兴趣点，我以中国结为内容设计了一系列活动：教师向幼儿介绍中国结的来历，亲子活动——到商场观察中国结、收集与研究中国结图片和实物，学习简单的中国结的制作方法等。这些活动层层递进，使幼儿在各个环节都能充分欣赏到中国结的独特美，感受我国民间工艺的多姿多彩，从而萌发民族自豪感。

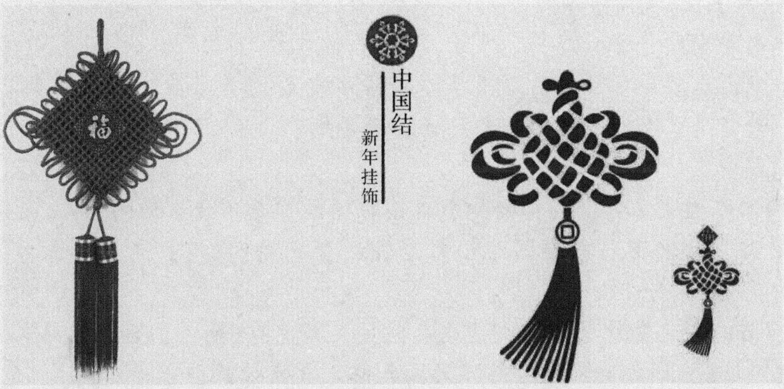

图 2-7　美丽的中国结

【主题目标】

1. 初步理解关于中国结的知识，愿意尝试制作简单的中国结。

2. 感受我国民族文化的多姿多彩及我国民间工艺的独特魅力，激发幼儿对优秀民族文化的喜爱之情。

【主题系列活动】

1. 中国结的传说。

2. 实践活动：观察商场里的各种中国结。

3. 收集各种各样的中国结挂件、图片、书籍等。

4. 欣赏各种精品中国结。

5. 学习活动：我们喜欢中国结。

6. 学习活动：我们也会制作中国结。

7. 收集其他民间工艺品。

这些活动有些在区域活动和日常生活中进行，有些则是由教师组织的集体活动。以下是两个集体活动方案。

大班社会活动：我们喜欢中国结

【活动目标】

1. 初步了解关于中国结的粗浅知识，欣赏中国结的多样性，感受中国结的美，产生喜爱中国结的情感。

2. 感受中华民族文化的多样性及民间工艺的独特魅力，萌发民族自豪感。

【活动准备】

一、幼儿知识经验

1. 教师讲述故事《中国结的传说》，让幼儿了解中国结的来历和意义。

请家长在本次活动前利用双休日带幼儿欣赏大商场里布置的中国结，了解中国结的多种式样，为后面制作、交流积累素材。

二、物质准备

1. 幼儿在家长协助下收集各种各样的中国结挂件、图片、书籍等。

2. 将各种中国结挂在幼儿园美工室里。

3. 准备"年年有余""吉祥如意"等有特殊意义的中国结。

【活动过程】

一、观察中国结

我们一起去参观一个地方，那里悬挂着许多美丽的艺术品，这些艺术品是我们中国特有的，猜猜是什么？哦，让我们赶紧去看看吧。

二、了解中国结

1. 我们刚才看到了什么？你们知道这些中国结都是用什么做的吗？

2. 你看到了什么形状的中国结？它是什么颜色的？（有红色的如意结、鱼形结，还有金色的花生结……）

3. 中国结的主色是什么？（红色）还有些什么颜色？（金色、蓝色、绿色）为什么要用这些颜色？（这些颜色看上去特别喜庆、美丽，代表如意、吉祥）

4.（教师出示鱼形结和如意结）谁来说说这些中国结的图案代表什么意思？（幼儿自由讨论）

5. 你喜欢中国结吗，为什么？

6. 中国结既美丽，又带着美好的祝愿，所以大家都喜欢它。

三、萌生制作愿望

1. 你家有中国结吗？你还在哪里看见过中国结？

2. 这么多地方都悬挂着中国结，真漂亮！

3. 你们想编中国结吗？下一次我们就来学编中国结。

大班手工活动：我们来编中国结

【活动目标】

1. 了解中国结的编织工具与材料，尝试学编简单的十字结。

2. 发展动手能力，体验编中国结的乐趣，产生对中国劳动人民的热爱之情。

【活动准备】

1. 了解中国结的意义，欣赏各种中国结。

2. 小铜钱、红丝线等制作材料。

【活动过程】

一、认识编织材料和工具

1. 大家都说中国结漂亮，那我们今天也来动手编一款中国结，好吗？

2. 你们想想编中国结需要一些什么材料？（师幼共同讨论）

3. 幼儿看看、摸摸、讲讲编织中国结的材料和工具。

二、尝试操作

1.教师引导幼儿观察并讨论：老师制作的中国结(十字结)是什么样的？

2.教师示范讲解：选同色或多色的绳交叉叠放，串成长长的一条，就变成美丽的中国结了。

3.幼儿尝试编"十字结"，教师观察并进行个别指导。

4.你的中国结表示什么祝愿？请你为自己的中国结取一个好听的名字。

5.幼儿交流自己编中国结的感受。

三、欣赏和交流

1.幼儿介绍、欣赏各自的作品，体验成功的快乐。

2.幼儿把自己编织的中国结送给同伴或小班弟弟妹妹，并向对方表达美好的祝愿。

【活动延伸】

幼儿继续搜集各色中国结及其他民间工艺品的实物或资料，并陈列在班级美工区中。

【活动反思】

为了让幼儿了解中国古老的民间艺术，体验中国人民的勤劳和智慧，我在"新年"这个主题活动中选择了常见的中国结作为活动内容，既体现了主题内涵，又贴近幼儿的生活实际。美丽而神秘的中国结深深地吸引了幼儿，他们在研究中国结制作方法的过程中强烈地感受到了中国人民的勤劳、智慧和心灵手巧，从而激发了幼儿热爱民间艺术和劳动人民的情感。

附：中国结的传说

从前，有一个怪物，每年的春天它都会吃一个人。这一年的春天，它决定吃一个小姑娘。当时，小姑娘正在编小蚂蚱，但由于心不在焉，编成了一个平安结。这时，怪物出现了。当怪物向小姑娘扑来时，小姑娘手中的平安结闪出一道金光，把怪物吓跑了。从此，平安结就成了保佑人们一生平安的吉祥物，一直流传到今天。

▶ 本讲练习

【理论练习】

1.什么是社会教育主题教学活动？

2.简述社会教育主题教学活动主题确定的要求。

3.简述社会教育主题教学活动设计的步骤。

【实践练习】

请你以"身体的秘密"画一个外展式主题网络图。

第二讲

幼儿社会教育集体教学活动的设计

本讲微课

幼儿社会教育集体教学活动是由教师有计划、有目的、有组织地面向全班和部分幼儿实施的教学活动。在幼儿园社会教育教学中，此类活动是教师最基本、较高效、频繁选用的教学形式。

一、活动内容的设计 ●●●

(一)活动内容的选择依据

1. 社会的现实需要

幼儿的社会性发展离不开现实社会，他们通过社会生活及其表象来增进社会认知，发展社会情感，完善社会行为。幼儿的社会性发展也要遵循现实社会对人发展的需要和要求。在不同的社会时期与社会条件下，幼儿社会性发展的社会要求存在着差异，如在国际化社会背景下，幼儿需要具备合作的意识和行为，同时还需要了解和掌握如何在竞争中脱颖而出。我们需要根据社会对未来人才在社会性方面的要求来设置和选择幼儿社会教育的内容，当然这些内容大多源于幼儿社会生活，是基础性和启蒙性的内容。

2. 幼儿的身心发展特点及其生活经验

教师在选择幼儿社会教育的内容时一定要考虑幼儿的身心发展特点及其生活经验、社会能力等方面的因素。小、中、大班的幼儿存在认知水平的差异，针对不同年龄的幼儿，教师需要把握内容的范围、容量、难易程度等。例如，小班幼儿可选择简单、短小的社会故事，而大班幼儿则可以选择内容相对较复杂、篇幅较长的社会故事。此外，社会教育内容要贴近幼儿的生活经验，符合幼儿的社会能力，所以，教师要尽可能地根据幼儿的经验和能力水平来选择教学内容。

3. 社会教育的各类目标

《幼儿园教育指导纲要》和《3—6岁儿童学习与发展指南》中均对幼儿社会领域的教育目标和学习目标提出了明确的要求，这两个文件是教师开展社会教育的重要依据。教师一定要根据幼儿社会教育的总目标、年龄阶段目标等选择社会教育内容。同时，教师还要结合本园社会教育的实际，依次根据主题或单元目标、教学活动目标等最终确定集体教学活动的具体内容。

(二)活动内容的设计要点

1. 内容要符合幼儿的兴趣和水平

教师要根据上述内容精心选择社会教育的内容，选好之后还要考虑内容的设置是否符合幼儿的兴趣，是否贴近幼儿的生活和幼儿的理解水平。例如，教师可以选择《狼来了》和《是我打翻了草莓酱》两个绘本故事来进行"诚实"教育，对于幼儿而言，《是我打翻了草莓酱》比《狼来了》更贴近幼儿的真实生活，幼儿的兴趣更浓。此外，教师必须了解本班幼儿的整体水平及个体差异，根据本班幼儿的具体水平进一步确定内容的难度，确保内容的适宜性。

2. 有效分析和处理教学内容

首先分析内容中的社会性教育因素，如教师利用端午节的时机确定"认识粽子、学包粽子和吃粽子"或者"认识划龙舟、小组划龙舟比赛"等内容。教师要分析端午节吃粽子、划龙舟等风俗习惯中蕴含的饮食文化、团圆、团结等社会性教育因素。其次根据教育要素将内容分解，并确定内容的重难点。例如，"认识划龙舟"侧重于幼儿对社会风俗习惯的认知，小组划龙舟游戏则侧重于幼儿的合作意识和竞争意识的培养。教师可以把了解和掌握"划龙舟"风俗的社会缘由作为教学重点，将小组内部合作、组间竞争的划龙舟游戏确定为教学难点来设计活动。

二、活动名称的设计 ●●●

活动名称是社会教育活动的名字，能反映出社会教育的主要内容。活动名称要简明、生动、富于童趣。教师在设计活动名称时，要注意名称中一般标注三项内容，即教育活动类型、教育活动具体名称及教育活动适宜的年龄。简言之，活动名称三要素：年龄段＋领域＋活动内容。例如，小班社会活动"我是能干的好宝宝"。这一活动名称很有启发性、趣味性和挑战性，让幼儿思考"我可以做很多事，我是能干的好宝宝"，主要内容和目标通过幼儿大胆表达自己能做的事，增强自信心。

三、活动的设计意图 ●●●

活动的设计意图能指明为什么要开展一个社会教育活动，以及开展本活动的意义。依据《指南》和《纲要》的指导，寻找3～6岁幼儿的心理和年龄特征，有针对性地设计相应的活动。例如，大班综合活动"小动物学本领"。动物是人类的好朋友，幼儿对动物有着天然的好奇心，从小引导幼儿对动物感兴趣，并关爱动物，这对幼儿良好性格特征的形成有重要的作用。《纲要》中也指出教师应该成为幼儿学习活动的支持者、合作者和引导者。因此，本活动的设计意图是为了帮助幼儿提升认识动物的本领，对动物产生浓厚的兴趣。

四、活动目标的设计 ●●●

(一)活动目标的设计依据

集体教学活动的目标，即一次教学活动的目标，是总目标、年龄阶段目标、单元目标的具体化。在设计活动目标时，教师需要考虑其是否与上位目标相一致。此外，目标的设计还需具体考虑幼儿园和本班幼儿的实际情况，如是否与近期幼儿园的教育实际相符合，是否符合幼儿的社会性发展状况、兴趣和需要等(如图2-8)。

课程思政：社会教育活动
——情感目标的设定

教育目的
幼儿园教育目标
各领域教育目标
各年龄阶段教育目标
学期教育目标
单元目标
具体活动目标

图2-8　幼儿园目标结构图

(二)社会领域的总目标

社会领域的各目标如表 2-1 所示。

表 2-1　社会领域的各个目标

领域	总目标	子目标	各年龄段目标
社会	人际交往	喜欢交往	详见《指南》
		能与同伴友好相处	
		具有自尊、自信、自主的表现	
		关心尊重他人	
	社会适应	喜欢并适应群体生活	
		遵守基本的行为规范	
		具有初步的归属感	

(三)活动目标的设计维度

1. 目标维度合理

活动目标包括三个维度,即遵循布鲁姆教育目标分类法,分为认知维度(幼儿学到了什么)、技能目标(幼儿学会了吗)和情感维度(幼儿有兴趣吗)。教师在设计活动目标时,需要从这三个维度考虑,可以将一个或两个维度目标作为主要目标,将其他维度目标作为附属目标,但切忌平均分配三个维度目标或只关注某个维度的目标。

认知维度目标包含的内容:认识自己和他人的知识、社会情感的知识、社会行为的知识、社会环境的知识、社会活动的知识、社会文化的知识等。

常用的表述词汇有:了解、知道、懂得、意识到、理解等。

情感纬度目标包含的内容:良好的态度(认真、虚心、努力探索等),良好的道德情感(同情心、分享、谦让、关爱、感恩、宽容、责任、爱护公物等),良好的个性品质(意志力、自信心、勇气、自制力、自尊心、自主、耐心、细心等)。

常用表述词汇有:乐意、愿意、喜欢、保持等。

行为技能目标包含的内容:良好的行为习惯(自主、独立、生活自理、适应环境等),抗挫折能力,移情能力,自我调节能力等。

常用的表述词汇有:学会、遵守、做到、能够、形成、运用、掌握等。

例如,某大班社会教育活动"快乐的中秋节"。

(1)了解中秋节的传说及民间习俗。

(2)幼儿锻炼自己的动手能力、操作能力和创新意识。

(3)体验劳动带来的快乐,感受中秋节的快乐气氛。

2. 目标的数量适中

一般而言,目标设为 3 条最合适。目标制定得太少,说明挖掘得不够,活动的价值较低;目标制定得太多,易出现条理不清晰、要求过多、一次活动难以实现的问题。

3. 目标难易度适当

例如,大班活动目标:学习准确使用"谢谢""你好""再见"等礼貌用语。

分析:目标的要求过于简单。

又如，小班活动目标：了解关于台湾的基本知识，知道台湾是我国不可分割的一部分。

小班活动目标：喜欢吃粽子，并学会包粽子。

分析：目标的要求难度过高。

4. 目标表述具体

作为最底层的教育活动目标，其特点就是具体、明确，具有可操作性，能具体指导、调控教师的教学过程。

例如，例1：引导幼儿观察周围生活中常见的标志。改为：在教师的引导下观察生活中常见的标志。例2：学习做力所能及的事。改为：学习洗手帕。

5. 从幼儿的角度来表述目标

活动目标的表述既可从教师的角度来进行，也可从幼儿的角度来进行。目前，教育界正趋于认同从幼儿角度来进行表述的观点。

例如，某一活动目标的表述："1. 提前了解作为大班幼儿应有的生活、学习情况。2. 激发幼儿向大班哥哥姐姐学习，争做大班小朋友的愿望。"

目标1中的行为主体是幼儿；目标2中的行为主体是教师。目标2改为：产生向大班哥哥姐姐学习的愿望，争当大班小朋友。

五、活动准备的设计 ●●●

活动准备的设计要从教师和幼儿两方面考虑，主要涉及环境的准备、物质材料的准备、知识经验的准备等。

(一)教师方面的准备

1. 教学环境的准备

教学环境的准备包括班级大环境的创设和课堂环境的创设，如班级环境布置、心理氛围的营造、活动场地的安排、座位的摆放、情景表演等。

2. 教学物质材料的准备

教学物质材料的准备即各种教具、学具、仪器设备的准备，如实物、图片、头饰、幻灯片、视频、多媒体PPT、电脑、录音录像设备等。

3. 知识经验的准备

知识经验的准备即教师自身关于社会性教学知识的储备。教师在进行教学活动前要做好充分的知识准备，避免被幼儿"问倒"情况的发生。

(二)幼儿方面的准备

1. 教学物质材料的准备

幼儿参与教具、学具的准备工作，如收集材料和制作材料都可以让幼儿参与。

2. 知识经验的准备

知识经验的准备即幼儿具备相应的原有知识经验。新知识的学习要建立在原有知识经验的基础上。例如，进行幼儿社会教育活动"关爱"（大班）前，教师带领幼儿参观社会福利院，使幼儿产生对残疾人的关爱情感，为活动做好知识经验的准备。又如，"玩具分享日"活动的知识经验准备是幼儿熟悉玩具，能进行简单的自我介绍；"我带你游贵阳"活动的知识经验是准备事先了解贵阳的特色小吃。

六、活动过程的设计 ●●●

活动过程是活动设计得以实施的最重要的环节，大致可分为开始部分、基本部分、结束部分三个环节。

需要注意的是，在写活动设计方案时主题不能直接将开始部分、展开部分等作为主题来写。活动过程的写法应思路清晰、主题概括，要写成"大主题＋小主题＋活动内容"的模式。

(一)开始部分

开始部分即教学导入环节，主要用于引起幼儿的注意，引发幼儿的兴趣。教师一般采用提问、出示直观教具、讲故事、猜谜语、欣赏图片或录像、情景表演等方式导入活动。例如，大班人际交往活动"学会合作"中教师设计的导入部分是播放音乐《拔萝卜》，让幼儿倾听音乐，引发幼儿兴趣，并提问幼儿："你听到了什么?"教师总结幼儿说的内容，引出合作的主题。

(二)基本部分

基本部分即教学新授环节，主要是教师引导幼儿学习、练习，逐步达到目标的过程。基本部分的设计要兼顾教学方法、教学组织形式，因为这是教学活动的主要部分，承载着主要活动内容、目标、方法、形式等因素。教师可以根据循序渐进的原则将基本部分划分为逐步递进的几个步骤，并考虑以下问题：共分几个步骤，各个步骤分别占多长时间，哪个步骤是活动的重难点，每个步骤如何进行，每个步骤采用何种教学方法和组织形式?

例如，中班人际交往活动"学会合作"的活动设计通过音乐导入，引起幼儿的兴趣。基本部分包括三个步骤：(1)出示 PPT，感知合作；(2)倾听音乐，感知音乐；(3)组织幼儿进行《拔萝卜》合作游戏，在游戏中体验音乐活动的乐趣。

(三)结束部分

结束部分即教学总结环节，主要用于归纳和总结幼儿在活动中获得的各种知识经验、技能和情感等。教师设计结束部分时，可以设计丰富多样的形式，如自然地过渡到下一个教育内容、在游戏和艺术创作中结束、在师幼共同的总结和评价中结束。

例如，中班人际交往活动"学会合作"的结束部分是教师颁发小萝卜奖品结束；中班社会交往活动"我爱微笑"结束部分是讲述微笑的重要性，它是我们人与人之间的一种尊重，体现了我们相互为善的一种态度。

七、活动延伸的设计 ●●●

活动延伸是集体教育活动的延续，一次集体教育活动结束了并不意味着此活动目标和内容的教育结束了。活动延伸就是对集体教学活动在幼儿园、家庭乃至社会生活中的辅助教育。活动延伸的形式有很多，如家园共育、领域渗透、区域活动、游戏等。

例如，中班人际交往活动"学会合作"的活动延伸设计：小朋友们通过合作赢得了小萝卜，现在我们把小萝卜放到展示墙上。又如，小班社会教育活动"大家一起玩"包括：①户外活动时，组织幼儿进行"两人三足跑""两人一前一后穿长木拖鞋竞走比赛"等，使幼儿进一步体验到合作、协调一致是活动成功的保障；②组织幼儿收集破旧的儿童图书，大家分工合作，剪贴成一本新书。

八、活动方案的设计 ●●●

活动方案即教案，这是教学活动设计的物化呈现。教师一般会将活动名称、活动目标、活动准备、活动过程、活动延伸等方面的设计思路撰写出来，形成活动方案，供开展实际教学活动使用。活动方案要求格式规范、语言表达明确、流畅。

九、活动方案设计应注意的问题 ●●●

(一)方案要具有很强的可操作性

教师要对活动内容、幼儿情况进行分析，教育活动方法的运用、教育活动时间的分配及细节的处理，要使活动具有可操作性。

(二)方案要切实可行

在制订方案时，要考虑本园、本班的教育活动资源、教师的职业素养以及幼儿的实际发展状况，制作出来的方案切实可行。

(三)方案要给幼儿更多参与活动的机会

由于幼儿处于具体形象思维阶段，在活动中主要学习方式以感知体验为主。教师应让幼儿在活动中更多地主动参与，以帮助幼儿获得更丰富的感知体验。

(四)要精心设计教师语言

教师语言要具体明确，避免成人化语言和专业术语。教师要对各个环节的指导语心中有数，用心思考过渡环节的语言，避免尴尬地过渡。新教师在设计教案时，尽量设计详细的教案，每一句话都需精心设计。

活动案例

中班人际交往活动：学会合作①

王露露

【设计意图】

合作是人际交往中不可缺少的方式，通过合作可以促进幼儿人际交往能力的发展，同时可以收获合作带来的成功。但在平时活动中，我发现本班仍有一部分幼儿不乐于合作交流。《纲要》中指出，教师要引导幼儿参加各种集体活动，体验与教师、同伴共同生活的乐趣，养成对他人、社会亲近、合作的态度。所以，通过本次活动让幼儿初步学会合作，并体验合作的快乐。

【活动目标】

1. 了解合作的简单含义，并感知合作的重要性。

2. 学会与同伴合作，并能积极主动参与集体合作活动。

3. 乐意与他人合作，体验合作带来的快乐。

---

① 2018 年全国职业技能大赛学前教育组 A 项目三等奖作品。

【活动重、难点】

重点：学会与同伴合作。

难点：积极主动参与集体合作活动。

【活动准备】

物质准备：音乐《拔萝卜》，PPT 课件(各类合作游戏图片、拔萝卜卡通图、小动物头套、超轻黏土萝卜道具)。

经验准备：幼儿在家庭和以往游戏活动中初步体验过合作，之前熟悉过《拔萝卜》。

【活动过程】

一、音乐《拔萝卜》导入，引发幼儿兴趣

1. 播放音乐《拔萝卜》，让幼儿倾听音乐，引发幼儿兴趣。

2. 教师提问幼儿听到了什么？

3. 教师总结《拔萝卜》内容，引出合作的主题。

二、出示 PPT，感知合作

1. 教师依次出示 PPT 课件图片，让幼儿观察图片内容。

2. 教师提问：小朋友都看到了什么？(幼儿自由表达)

3. 教师提问：那小朋友们还做过哪些合作游戏呢，怎么做的？

4. 幼儿自由讲述自己做过的合作游戏及玩法。

三、倾听音乐，感知音乐节奏

1. 教师播放音乐，让幼儿倾听。

2. 教师带领幼儿歌唱《拔萝卜》，熟悉音乐。

3. 根据上次歌唱的音乐加上律动再次熟悉音乐。

四、组织幼儿进行"拔萝卜"合作游戏

1. 播放《拔萝卜》音乐，讲解游戏"拔萝卜"玩法。(选择一个人当萝卜、一个人当老公公、一个人当老婆婆、一个人当大哥哥、一个人当姐姐、一个人当小花猫，根据歌词依次出场)

2. 教师指导幼儿游戏。

3. 根据音乐，集体帮助拔出萝卜，结束。

五、教师颁发小萝卜奖品结束活动

教师总结合作给幼儿带来的欢乐，最后教师分发小萝卜奖品，当作合作成功的小奖品，在分发奖品和掌声中结束活动。

【活动延伸】

今天小朋友们通过合作赢得了小萝卜，现在我们把小萝卜放到展示墙上，去贴好吧。

▶**本讲练习**

【理论练习】

1. 简述幼儿社会教育集体教学活动设计包括的内容。

2. 幼儿社会教育活动方案设计应注意的问题。

【实践练习】

1. 请你写出大班社会活动"分享真快乐"的目标。
2. 请设计一个大班社会活动"分享真快乐"的集体教育活动方案。

第三讲

幼儿社会教育活动的组织

　　幼儿社会性的发展受多种因素的影响，是一个长期的过程。我们在对幼儿进行社会教育时，要根据社会教育的目标、内容和幼儿的年龄特点，通过不同的教育途径，科学有效地开展社会教育活动。社会教育活动的组织就是围绕一个教育主题，综合运用上课、游戏、参观、社会实践、谈话等多种教育形式，将社会领域与其他领域的活动相结合，发挥多种教育手段的作用，在多种形式的活动中发展幼儿社会性的一种社会教育形式。经过精心设计的教育活动往往采用多种活动形式和教育方法，活动过程环环相扣，能使幼儿在较短的时间内，对某一特定主题产生系统、全面的认知和感受，并获得一定程度的社会行为，具有较好的教育效果。幼儿园社会教育活动形式多样，主要有四种形式：专门的幼儿社会教育活动、一日生活中的幼儿社会教育活动、环境渗透中的幼儿社会教育活动、家园社区一体化的教育活动。

一、专门的幼儿社会教育活动的组织 ●●●

　　专门的幼儿社会教育活动是幼儿教师根据教育目的，按照《纲要》和《指南》的要求，结合本班幼儿的身心发展特点和规律，采用合理的教育方法，对幼儿进行社会教育的形式。专门的幼儿社会教育活动包括主题教学活动、集体教学活动、区域活动和游戏活动。[①] 专门的幼儿社会教育活动具有明确的目标和计划，教育内容比较集中和系统，教师对幼儿的组织和指导作用比较直接，效果明显，且具有较强的针对性。例如，刚入园的幼儿大多会存在程度不一的分离焦虑问题，教师除了悉心照料外，还可以开展一些"认识小朋友""幼儿园里真好玩"的游戏活动，让幼儿缓解焦虑，尽快适应幼儿园的生活；针对有些幼儿霸道、不能分享、过于以自我为中心等情况，教师可以组织"我们一起玩""我的好朋友""背靠背夹球"等教育活动，帮助幼儿认识到与同伴友好相处的重要性并学习与小朋友友好相处；对即将踏入小学的幼儿来说，做好幼小衔接是很有必要的，我们可以开展"我会整理书包""参观小学""我心目中的小学""上小学了我害怕什么""我想上小学"等活动。

---

　　① 李贵希：《幼儿社会教育与活动指导》，60 页，北京，北京师范大学出版社，2014。

(一)主题教学活动

社会教育主题教学活动是在一定时间内，围绕一个中心开展的幼儿园教育活动。社会教育主题教学活动是指在组织上以社会领域为中心，在内容上融合健康、语言、科学、艺术等学习领域，促进幼儿的情感、能力、知识、技能等方面发展的教育教学活动。

主题教学活动设计的步骤和方法见第一讲。

(二)集体教育活动

集体教育活动是指教师有目的、有计划地围绕某个社会内容，灵活运用教育方法对幼儿进行社会性教育的活动。它是幼儿园实施社会教育的主要手段，也是幼儿获得社会知识、社会技能和社会情感态度的重要途径。社会教育集体教学活动的组织实施主要从以下几个方面入手。

1. 创设支持性学习环境

进行社会教育需要为幼儿提供使其感受到接纳、关爱和支持的良好环境，避免呆板的言语说教。良好的支持性学习环境包括物质环境和材料的创设、心理氛围和活动气氛的创设。教师应该根据集体活动教育的目标和内容提前布置好物质环境(如活动室地面、墙面的设计、座椅位置的摆放和活动场地的划分与安排等)，准备好教学材料(如必要的教具、学具、图书、多媒体及其设备等)，为幼儿尽可能地提供多样化、丰富化的学习资料，以帮助幼儿在学习中更好地达成发展目标。此外，教师应该为幼儿提供一个宽松、愉悦、自由、关爱的氛围，积极调动幼儿参与活动的积极性，创设一个师生兴奋度适宜的心理前提，为集体教学活动的开展奠定支持性基础。

2. 采用适宜的教学组织形式

集体教学活动一般包括集体教学、小组教学和个别教学三种组织形式。不同的组织形式在幼儿参与数量、幼儿学习方式和教师教育方式等方面存在着不同。教师应该灵活采用合适的活动目标或内容的组织形式，变化性地对幼儿加以指导。例如，集体教学是教师同时面向全班幼儿进行的，主要用于教师统一讲解的教学环节；小组教学是教师按照幼儿不同的特点将幼儿分成若干个小组，然后根据每个小组的不同特点进行指导；个别教学是教师一对一进行个别化指导，根据每位幼儿的具体情况实施教育。一个集体教学活动可以采用某种甚至多种组织形式，以帮助幼儿更好地参与教学活动。

3. 把握教学节奏，环节自然衔接

在组织实施活动时，教师需要根据幼儿的反应不断调整教学的节奏，把握好教学进程的快慢，以使幼儿能够"跟得上教师的步伐"也不至于"踩上教师的脚"。教学的节奏要有张有弛，随环节的递进而变化，如在导入部分应该轻松有趣，在基本部分应该丰富热烈，在结束部分应该充实延续，使幼儿在整个教学活动中充分体验到"松紧快慢"的节奏感。

对设计好了的各个教学环节，教师在实施过程中要注意彼此的自然衔接。教师要明确每个教学环节的任务和目标，在活动实施过程中要对幼儿提出相应的要求，以促进目标的实现。同时，活动的实施要有秩序、有顺序，层层开展、环环相扣，注意各个教学环节之间的联系和衔接，以便达到教学活动的整体流畅。当然，面对幼儿非预期反应时，教师可以灵活调整活动设计来适应幼儿的发展需要。

4. 难度层层递进，方法灵活多样

循序渐进是幼儿教学的重要原则。在活动设计之初，教师就应该按照难度递进的要求来安排教学程序。当然，在实施活动时，教师要控制好难度递进的趋势，使幼儿逐步掌握学习内容，完成学习任务。此外，教师还要善于运用丰富多样的教学方法来促进教学的实施，如直观教学法、情境表演法、小组讨论法、故事分析法等。

5. 教师以身作则，突出师幼互动

教学的实施过程不是教师的独角戏，也不是幼儿的群体戏，而是一个师幼互动、共同促进的过程。在实施活动的过程中，幼儿通过教师的教授学习新的知识和技能，同时通过自身的参与将新的知识和技能得以内化和巩固。在社会教育中，教师的言行举止、待人处世的态度及方式方法等都会成为幼儿学习的对象，这就要求教师要努力提高自身社会修养，以身作则，为幼儿树立良好的学习榜样。例如，微笑关爱的脸庞、亲切和蔼的话语、支持帮助的行为、礼貌文明的举止、友好和善的交往等都是在活动实施过程中教师应该注意的。

6. 提供材料支撑，启发探究思考

教师要保护和启发幼儿的好奇心，可以在教学活动中提供充足多样的操作材料，让幼儿尝试自己去操作，去发现，去解决。在教学实施过程中，教师可以"从台前转向幕后"，做幼儿活动的观察者和支持者，让幼儿学会主动探索、思考和判断。例如，在大班社会教育活动"关爱"中，教师为幼儿提供了有关汶川地震的救援资料、"雷锋"助人的故事以及爱心捐款箱等，引发幼儿提出问题、思考问题并寻找解决问题的方法，最后幼儿自主发起用节省下来的零用钱和主动义卖来奉献自己的爱心，并交流、分享彼此的感受。

7. 注重幼儿学习习惯的培养

幼儿教育要注重幼儿学习品质的培养。在社会教育活动中，幼儿学习习惯的养成是一项重要的内容。教师在实施活动的过程中，要注意幼儿学习习惯的培养，如倾听的习惯、礼貌表达的习惯、遵守纪律的习惯、友好合作的习惯等。教师要仔细观察幼儿的行为反应及行为互动，当发现好的行为时，要及时强化和鼓励，当发现不当行为时则要适时制止，并提出正面的行为指导要求，帮助幼儿塑造好的学习行为习惯。

8. 不断地锻炼、学习与反思

教学活动的开展与实施需要教师良好的教学素质与能力，它是教师专业素养的一种现实体现。幼儿园教师应该不断地锻炼、实践、学习和反思，如进行专业深造、参加专业培训、组织园所观摩研讨、微格模拟教学等。年轻的幼儿教师应该不畏历练、虚心请教，这样才能在专业成长的路上越走越远、越练越精。教师也可以通过说课的形式进行"前提性"练习。总之，教师要不断地自我锻炼、学习和反思才能逐步提升自身的专业化水平。

活动案例

大班社会活动：快乐的动物园[①]

【活动目标】

1. 初步了解各种小动物的特征，能运用各种材料将自己打扮成各种小动物。

2. 能在游戏中大胆创造和表现，充分展现自我，感受在做中玩、玩中学的愉悦。

3. 通过合作互助的活动，体验游戏的快乐。

---

① 教育部教育信息管理中心：《全国优秀幼儿社会教育活动课例评析》，157～159 页，重庆，西南师范大学出版社，2011。

【活动准备】

1. 材料准备：广告纸、旧衣服、包装纸、雨披、树枝、吸管、无用的长布、雪碧瓶的盖子、软泡、果冻壳、毛线、一次性杯子、头箍、蛋糕盒、发夹、羊角球、独木桥、剪刀、透明胶、双面胶、强力胶，宽敞的活动室，音乐《快乐的动物园》，音响设备等。

2. 经验准备：幼儿了解几种常见小动物的基本特征和生活习性。

【活动过程】

一、讨论幼儿心目中可爱的小动物

由于我们在本次活动之前进行了相关的主题活动，所以幼儿对小动物的印象极为深刻。幼儿你一言、我一语地发表自己的看法。

二、引导幼儿回想、讨论各种小动物的特征，试想自己想变成什么

活动中幼儿纷纷发表意见，畅所欲言。例如，路路想要变成一只可爱的小山羊，思思想变成一头小猪，欣欣渴望成为一只惹人喜爱的小花猫……

三、幼儿自主选择材料，装扮自己

幼儿七嘴八舌地讨论着：用毛线贴在白色衣服上可以当成绵羊身上的毛；在蛋糕盒上画格子，就成了乌龟背上的壳了；果冻壳做梅花鹿的角……

四、幼儿互相帮助进行装扮

幼儿互相合作、互相帮助，教师以合作者、参与者、指导者的身份参与制作，为他们出谋划策。

活动中，波波帮助文文把毛线贴在背上做羊毛；宇宇帮助思思装上了"猪鼻子"；菲菲和佳佳合作共同制作了贝壳，装在了背上；珊珊撕下透明胶把果冻壳"安装"在希希头上……

分析：虽然幼儿是初次进行装扮动物的活动，但是由于他们已积累了丰富的知识经验，所以顺利完成了装扮环节。这一环节为他们找到了充分展示的舞台，就是利用一些废旧物品来表现自己对动物的喜爱。

五、对同伴的装扮进行评价

波波装扮后俨然成了一个"孙悟空"。他先是拿一块布围在身上，再拿一个小朋友的头箍套在头上，眨眼间，一个"猴子"现身了。

思思在一个雪碧瓶的盖子上挖了两个洞，然后装在鼻子上，一个"猪鼻子"出现了。

乐乐拿了两个一次性杯子，做成了山羊角。

欣欣用几根吸管分别贴在脸颊两侧，成了一只小花猫。

贝贝把两根树枝贴在头上，仿佛一只梅花鹿的角。

……

幼儿在欣赏别人的作品后，欢快地唱起了歌曲《快乐的动物园》。

六、布置运动会比赛场地，并介绍游戏规则

幼儿分4组比赛，每组从第一位幼儿开始，坐在羊角球上，高兴地跳起来。紧握两个手柄向前跳动，穿越"山洞"，走过独木桥，拿到水果后，按原路返回。

七、幼儿进入游戏，教师做裁判，指导幼儿游戏

幼儿在游戏中情绪高涨，十分活跃。

八、活动结束，引导幼儿收拾物品回家休息

幼儿、教师一起将活动场地收拾干净。

评析：喜欢小动物是每个处在学前阶段的幼儿的共性。这一活动，正是在幼儿喜欢小动物的基础上开展的。活动设计贴近幼儿的生活，从整个活动的过程中能感受到幼儿积极参与的热情。该活动提高了幼儿的动手能力、相互合作的能力，以及大胆的设计与创作能力，实现了教学目标。该活动虽是社会活动却也融入了其他领域的内容，将各领域内容进行了有机整合，注重综合性、趣味性、活动性，寓教于生活、游戏之中。

(三)区域活动

区域活动是指教师以幼儿感兴趣的活动材料和活动类型为依据，将活动室的空间相对划分为不同区域，让幼儿自主选择活动区域，并通过与材料、环境、同伴的充分互动使幼儿获得学习与发展的教育形式。

区域活动是幼儿园社会教育的主要途径之一。区域活动的最大特点是为幼儿提供了自主互动的机会。在区域活动中，幼儿可以自主选择和自发地开展活动，可以自由交往和自由表现，增进幼儿对彼此的了解。幼儿园所创设的活动区主要有角色区、游戏区、表演区、音乐区、益智区、建构区、美工区、科学区、语言区、阅读区以及种植区(如图2-9、图2-10)。

图 2-9 理发店

图 2-10 建构区

(贵州省铜仁市沿河自治县沙子镇中心幼儿园拍摄)

教师介入幼儿区域游戏的指导行为是一门艺术，教师应当通过对区域游戏的指导与调控发挥幼儿的主体性与积极性，使幼儿通过游戏获得发展，提高其指导行为的有效性。

1. 把握时机，在充分观察的基础上适时介入指导

观察是开展和指导区域游戏的前提，在区域游戏指导过程中，一些教师常常不自觉地依靠自己的主观臆想来选定内容，忽略了幼儿的需要，导致不能适应满足幼儿发展的需要。要提高区域游戏教师介入行为的效果，教师要有充足的时间对幼儿游戏过程进行充分的观察。在观察中教师应做到纯粹观察，积极发现幼儿游戏过程中的亮点、难点，掌握指导的重点。在观察的时候，教师要注意观察幼儿的具体表现，包括幼儿在游戏中的语言、行为、交往方式以及发现问题、解决问题的过程，深入了解幼儿的兴趣点，如幼儿喜欢什么区域的游戏、

喜欢的游戏内容有哪些、哪些材料是幼儿最喜欢的，等等。也许有的幼儿选择了高于自身发展水平的游戏材料，有的幼儿选了低于自身发展水平的材料。幼儿为什么这样选择，是出于对自身认识的不足，或是想要挑战自己，还是因为对高难度的游戏材料感兴趣等。幼儿之间发生冲突是为了什么，他们能不能自己协调。教师要在认真观察的基础上，具体问题具体分析，对是否介入及介入的时机与方式做出正确判断。在确定介入的时机后，教师应当及时介入，抓住教育契机给予幼儿充分的支持和指导。①

2. 学会等待，积极支持幼儿自主活动

由于幼儿的年龄小、自我意识强，在游戏的过程中容易出现意见不合、发生冲突的情况。教师介入幼儿区域游戏的指导行为会向幼儿传递出教师对于幼儿游戏过程的态度，幼儿能够借此判断出教师对自己游戏行为是否肯定。在区域游戏的过程中，当幼儿出现游戏困难时，教师不要急于介入，应该给予一定的等待时间，给予幼儿自主探索尝试解决问题的时间和机会，支持幼儿独立自主活动的愿望和努力。这种等待不是盲目的旁观，而是教师以锻炼幼儿在游戏中发现问题并解决问题的能力为出发点所采取的支持幼儿自主探索的行为，是对幼儿游戏过程进行的全面充分的观察。只有当幼儿的探索兴趣即将消失时，教师的介入与指导才是积极有效的。教师在等待中，为自己的介入行为找准时机，给予幼儿游戏的建议，引导幼儿克服困难顺利进行游戏，并丰富幼儿的游戏内容，让介入行为的效果达到最大。②

3. 善于反思，提高游戏指导的能力

反思是提高教师区域游戏指导能力的一个有效途径。反思有助于教师对自身介入行为的方式方法及产生的效果进行自我审视和评价。幼儿在区域游戏过程中出现的问题，通常是受幼儿年龄、个性和班级环境等多种因素影响产生的，是有些共性存在的。如果教师有意识地关注自身行为对幼儿区域游戏的影响，如在平时注意积累区域游戏的指导案例，通过对这些案例进行反思分析，对幼儿的游戏情况及规律进行归类，总结经验教训，对日后相似问题的处理会有极大的帮助。教师可以在指导幼儿区域游戏前、过程中或游戏后进行反思，及时发现自己在指导方法与策略中存在的问题，总结经验及时调整自己的行为与指导方式。不断经历这样的过程，教师对区域游戏的指导能力就会不断提高。

幼儿是游戏活动的主人，在区域游戏的过程中，教师应当扮演幼儿游戏的支持者和指导者，不断提高自身的游戏指导水平，使区域游戏的教育性得到最好的发挥，最大限度实现教育目标。通过教师合理的介入与指导，让幼儿在游戏中获得快乐，健康成长。③

(四)团体游戏

游戏是幼儿每天生活的主要内容，是幼儿最喜爱的活动。游戏不仅可以满足幼儿参与成人生活的愿望，而且对幼儿的社会性发展也具有重要的作用。在幼儿园中，游戏可以独立作为社会教育的活动形式，也可以和其他教育形式结合起来进行。

1. 团体游戏及价值④

对幼儿社会性影响较大的是团体游戏。团体游戏是指至少有两人参与的，在幼儿出现初期合作意识阶段让幼儿在游戏中扮演互为依存的、对立的或合作的角色时，其表现出应有的

---

① 陈思秀：《生态式幼儿园区域活动的有效指导策略》，载《现代教育科学》，2008(5)。
② 张哲：《教师介入中班幼儿区域游戏的现状研究》，硕士学位论文，河北大学，2011。
③ 徐铭泽：《幼儿区域游戏中教师指导行为的问题与对策》，载《大连教育学院学报》，2014(6)。
④ 高曲：《团体游戏为幼小衔接做准备》，载《长春教育学院学报》，2015(3)。

行为，且于游戏中按照一定的规则进行的一种活动。团体游戏具有规则性、合作性、竞赛性、文化传承性等特征。

团体游戏对幼儿社会性发展的价值主要体现在以下几个方面。

(1)去中心化和协调他人观点的能力。幼儿在5~7岁是初期合作阶段，这一阶段的幼儿在与人交往的过程中逐渐摆脱自我中心，这是一种去中心化的认识能力，这种去中心化的能力是低于该年龄段的幼儿所不具备的；团体游戏的进行，决定了在玩游戏过程中必须执行一定的游戏规则，包括行为规则和游戏程序规则。游戏时，幼儿一方面要表达自己的意愿，采取行动，另一方面要理解别人的意愿，做出反应，与同伴间进行交流。幼儿将在解决游戏的矛盾中体验到成功的交往经验和失败的交往教训，学会引导自己的行为和协调同伴关系。

(2)发展自控力。自控力是意志力的重要方面，是一个人成功的基础。团体游戏中游戏规则的遵守和变更，能培养幼儿的自控能力。要想赢得游戏，试着胜过对方，就需要一定的意志，这能锻炼幼儿的意志力。经过多次的游戏体验，教师可引导幼儿把社会中的规则和游戏中的规则进行迁移，变为自己在现实中的自觉行动。

(3)增强学习适应能力。幼儿园和小学教育的差异性，表明了需要幼儿有很快的适应能力。团体游戏关注非智力品质的培养，如游戏中，别的幼儿会玩而我不会，若幼儿想参与游戏，他得主动学习游戏玩法和规则。团体游戏重在学习的主动性和学习能力的培养，有利于提高幼儿的学习适应性。初入小学，幼儿面对陌生的学习环境，能很快进入角色，主动适应小学的学习方式。

(4)建立规则意识。针对幼儿步入小学，面对一系列的纪律约束，会出现缺乏规则意识、对纪律约束不适应的情况。在幼小衔接中，教师要注意多运用团体游戏，建立和增强幼儿的规则意识。在团体游戏中，主张让幼儿自己协商、讨论和决定相关的规则。通过规则的制定，在协调中发展幼儿公平、公正的意识，让幼儿体验和理解规则约定俗成的性质。

2.团体游戏的指导

教师对团体游戏的指导主要有以下几个方面。

(1)团体游戏的选择。团体游戏的种类非常丰富，关于团体游戏活动的选取，我们可以从下列团体游戏中来挑选："爱的抱抱""大树与松鼠""蒙目拼图""套环""保龄球""抢椅子"。以上只是列举了部分资料，教师在选择团体游戏时，选择前文所探讨的对幼儿有价值的、能促进幼儿身心发展的游戏。

(2)团体游戏的指导。教师在为幼儿选取合适的团体游戏后，教师的"指导者"这一角色就显得非常重要，除了团体游戏本身的要求外，以下的指导要点可供教师参考。

第一，让幼儿体验到游戏成功的快感，而不是挫折。首先，选择的团体游戏要适合大班幼儿的身心发展水平，太容易会使幼儿感到乏味，太难会使幼儿受到挫折。其次，在幼儿游戏技能发展水平不同的情况下，适当增加机会使每个幼儿都"赢"。

第二，降低游戏的竞争性。首先，把重点放在游戏的过程中而不是"赢"的结果上。对游戏的评价应针对游戏的游戏技能和幼儿的快乐参与度。其次，不要为"赢者"提供过多的奖赏，因为一味用言语或物质刺激来强化竞争的结果，会使幼儿对游戏本身的兴趣转移到"奖赏"上。最后，把人的注意力引到"赢者"所用的有效策略上，引导幼儿学习玩伴的策略，意识到他人的观点和想法。

第三，公平自愿开展游戏。首先，幼儿参与游戏必须基予自愿原则，允许个别幼儿在集体游戏时间独自游戏。其次，游戏如果要分组的话，最好采用随机分组的方式，不要让幼儿因能力、性格等体验来自同伴的"忽视"或"拒绝"的感受。这种不愉快体验的重复会降低幼儿的自信心和对集体的归属感，从而使幼儿不喜欢参加集体活动。

第四，多采用多数参与的游戏和碰运气的游戏。首先，尽可能选择可以让大多数幼儿能够参与而不是旁观、等待的游戏。那种让一群幼儿在旁边看别人游戏，等别人输了自己才有机会的做法会使幼儿感到厌烦和无聊，而且它主要强调竞争而不是合作，是对错误的注意而不是游戏本身。其次，碰运气的游戏(游戏中，游戏的输赢不是依靠游戏技能强弱和发展水平高低，而是由运气决定的，如转盘游戏)不易暴露游戏技能或经验不足的幼儿的弱点，可以减少游戏对这些幼儿的压力。能增加幼儿参与游戏的机会，从而使幼儿得到团体更多的关注，体验胜利的乐趣。

二、一日生活中的幼儿社会教育活动的组织[①] ●●●

幼儿社会性的发展是一项长期的过程，教师除了在集体教育活动中有目的、有计划地组织社会教育活动外，幼儿的日常生活活动、自由活动、意外突发事件以及其他领域的教育活动也蕴含着很多的社会教育机会。因此，我们要抓住日常生活中的机会对幼儿进行社会性的教育。

(一)生活活动中幼儿社会教育活动的组织

在幼儿的日常生活中蕴含了大量的社会教育机会，可以大致分为两类。

第一类是经常发生的行为的社会教育。比如，在幼儿来(离)园的时候，可以渗透礼貌教育，可以请小朋友们互相问好，锻炼幼儿的社交能力和语言表达能力；进餐时，可以渗透节约粮食、进餐礼仪和饮食文化等方面的教育；饮水时，可渗透节约水资源、轮流排队的教育；外出参观时，可以增加幼儿对社会的认知，扩大知识面，增加更多感官体验。总之，在幼儿一日生活的各个环节都可以进行社会教育。

第二类是偶发事件的社会教育。比如，班上某个幼儿生病了，教师可以引导幼儿给他打电话进行问候，促进幼儿之间的友谊；幼儿在过生日的时候，可引导幼儿向过生日的小朋友祝贺并送上自己亲手制作的礼物，或者为他跳舞、唱歌表演节目，或者说想说的话；幼儿在游戏时因争抢玩具发生了冲突，教师可艺术性地引导幼儿学会分享、谦让和团结友爱的教育等。

✎ **教育故事**

让感谢成为习惯[②]

我在幼儿园担任体育教师，一个偶然的机会被临时安排到大班带生活活动。自主游戏后便是喝奶时间，我请幼儿排队来我这里打牛奶。我有个习惯，就是要等幼儿说"谢谢老师"后，我才把牛奶递给他，这是几年前当保育员时形成的习惯。倒不是我想满足被幼儿尊重的虚荣心，而是想让幼儿学会感谢别人。

第一个来打牛奶的小男孩什么也没说，只是用力拉我手中的杯子，表情疑惑，似乎对我的举动很不解。我也没说什么，只是对着他笑，杯子在空中僵持了一阵，我小心地松开手，叮嘱他回座位的时候要小心。接着第二个幼儿将杯子递过来，第三个、第四个……直到最

① 李贵希：《幼儿社会教育与活动指导》，60页，北京，北京师范大学出版社，2013。
② 代卫国：《让感谢成为习惯》，载《幼儿教育(教育教学)》，2007(10)。

后，也没有一个幼儿想到说"谢谢"，我有些失落。等大家喝完牛奶后，我忍不住举起紧握在手中的杯子，对他们说："刚才可能不少小朋友已经注意到，老师在给你们打牛奶的时候，没有把牛奶马上递给你们，是吗?"

大家都注视着我，表情疑惑。

我用平静的目光从他们天真无邪的脸上滑过，说道："老师给你们出一道思考题：你怎么才能让老师将打好的牛奶马上递给你?"话音刚落，大家七嘴八舌地说开了。

"趁老师不注意，一下夺过来。"一个铜铃般的声音。

"那如果牛奶泼出来烫伤人怎么办?"我否定了她的回答。

"挠老师的痒痒，这样老师的手就松开了。"坐最后一排的小男孩大声说道。

"这个小朋友动了脑筋，但要思考怎样才能让老师心甘情愿地把牛奶递给你?"我示意他坐下再思考。

这时，坐在角落里的一个扎羊角辫的高个儿女孩引起了我的注意，她的手犹豫地举到半空又怯怯地缩了回去，反复了几次。

我慢慢走过去，一边微笑着用眼神鼓励她，一边示意她回答。

"……亲亲老师的脸……"她站起来怯怯地说。其他幼儿一听，顿时哄堂大笑，乱成一团。

这个回答还真出乎我的意料，我示意大家安静。

"这倒是一个很不错的方法，那你为什么要亲老师的脸呢?"

"因为……因为老师帮我打了牛奶……"小女孩一边说，一边挠着耳朵。我连忙接过她的话："因为老师帮你打了牛奶，你心里很……"

"感激!"幼儿抢着帮她回答了。我满意地笑了笑，示意她坐下。接着，大家你一言我一语地抢答，什么帮老师捶背，帮老师捏胳膊，话音此起彼伏。

等幼儿的声音逐渐减弱时，我说："刚才你们所说的方法都是想表达对老师的感激之情。其实有一种方法更简单也更有效。那就是对老师说一声——"我故意拉长了声音。

"谢谢——"幼儿积极应答。

我笑着说道："记住，以后老师给你们打牛奶或盛饭的时候，在你们有困难得到别人帮助的时候，千万别忘记说声谢谢。"

这事已过去一段时间了，但幼儿接过牛奶时那理所当然的眼神时常在我脑中闪现。他们对这一切似乎已经习惯了。我并不责怪他们，因为他们毕竟还小。但教育工作者不去教幼儿这些为人处世的道理，就是失职。有一句话是这样说的："播种思想，收获行动；播种行动，收获习惯；播种习惯，收获性格；播种性格，收获命运。"这不正是指教师肩负的责任吗? 感恩之心是沉睡在幼儿心灵深处最美的天使，愿天下所有教师能用一颗感恩的心去叩开幼儿的心扉，去唤醒这个"天使"，让感谢成为习惯。到那时，我们的世界就会弥漫着爱的芳香。

(二)其他领域中的社会教育渗透

幼儿园五大领域的教育内容是相互渗透、相互交叉的，在其他领域的教育活动中也蕴含着丰富的社会教育内容，而且根据对一线教师的访谈和交流，社会教育一般都是融入其他领域来进行的。教师要有敏感的社会教育意识，要善于挖掘其他领域活动中所潜在的社会教育内容，自然地将社会教育融入其他领域活动中。

例如，在语言领域活动中，很多文学作品和活动形式都带有社会教育的意味。像故事《龟兔赛跑》引导幼儿要一直坚持，不要三心二意；故事《狼来了》可以教育幼儿要诚实、不撒谎；故事《老虎拔牙》可以引导幼儿不要吃太多的糖，而且一定要刷牙，不然就会没有牙齿；《小羊过桥》可以教育幼儿要相互谦让；《小猫钓鱼》可以教育幼儿做事要专心致志，不能三心二意。

在艺术领域活动中，可以利用各种艺术作品和艺术活动（音乐欣赏、绘画、唱歌、舞蹈、表演等）让幼儿体验，表达社会情感，并与同伴交流沟通，养成良好的社会品质。例如，通过演唱《李小多分果果》，培养幼儿慷慨大方、先人后己的品质；通过美术活动"画妈妈""画我们一家人""画我的幼儿园""画家乡"等，引导幼儿在绘画过程中体验和表达对妈妈、对幼儿园和对家乡的美好情感；通过舞蹈《摘果子》教育幼儿要热爱劳动。

在健康领域活动中，教师可以利用多种活动形式培养幼儿坚强、乐观、勇敢的精神和互相配合的能力。例如，在各类竞赛性的游戏中，教育幼儿要团结一致；在跑步、跳绳、丢沙包、攀爬、拍皮球、团体游戏、民间体育游戏等活动中，教育幼儿要相互协助、相互体谅，要胜不骄、败不馁等。

在科学领域活动中，也可以渗透社会领域教育的内容。例如，数学活动"果子丰收""分月饼"等，可以让幼儿在学数学的同时，感受丰收的喜悦，并加深对民族风俗习惯的认知。

在节日中也可以渗透社会教育的内容，"三八节"给妈妈送花，表达对妈妈的爱；"父亲节"让幼儿讲"我的爸爸"的故事，引导幼儿崇拜爸爸、喜欢爸爸、理解爸爸，知道爸爸辛苦了；"国庆节"进行爱国主义教育，祖国越来越好，我们小朋友才能开心快乐地玩耍。

三、环境渗透中的幼儿社会教育活动的组织 ●●●

幼儿社会教育具有潜移默化的特点，因此我们说环境是无言的教师。环境是一种隐性课程，可以起到暗示的作用，能够引发幼儿积极社会行为的产生，其效果甚至超过了教师的言传身教。教师应创设和利用好环境，从而有效地促进幼儿社会性的发展。幼儿园环境一般包括物质环境和精神环境。

（一）幼儿园物质环境中的幼儿社会教育活动的组织

幼儿园园舍整体设计要求功能设计合理，建筑外观要活泼、协调、富于变化；色彩要清新、亮丽、雅致，在吸引幼儿喜欢上幼儿园的同时，也要有利于陶冶幼儿的情操；幼儿园整体空间安排要适当，既不拥挤，也不感到空旷，让人感到温馨、舒适，有利于幼儿开展活动。

班级墙面设置和环境创设要考虑主题活动，如"我要上小学了"这一主题，主题墙可以分成以下几块：我向往的小学、小学的一天、再见幼儿园等内容。在区角活动中投放更多的数学类、规则类的材料，引导幼儿静下心来做一件事。

幼儿也应该参与环境的创设。陈鹤琴先生认为，用幼儿的双手和思想布置的环境，会使他们更加深刻地理解环境中的事物，也会使他们更加爱护环境。让幼儿按照自己的意愿和想法来参与幼儿园环境创设，幼儿的主体意识、责任感、幼儿之间的信任感、合作精神都可以得到发展。在创设环境的过程中，环境与幼儿、教师与幼儿、幼儿与幼儿之间充分互动，使幼儿认识到相互协商、分工合作和相互帮助的重要性。因此，幼儿参与环境创设的过程本身就是一个社会教育的过程，潜移默化地促进了幼儿社会性的发展。

（二）幼儿园精神环境中的社会教育活动的组织

幼儿园精神环境创设主要是指建立融洽、和谐、健康、有效的人际关系，具体包括教师与幼儿之间的关系，幼儿同伴间的关系以及教师与教师之间的关系。

1. 教师和幼儿的交往

《纲要》在社会领域的指导要点中指出，要创设一个能使幼儿感受到接纳、关爱和支持的良好环境。教师应当用积极的态度、接纳和宽容的心理去面对幼儿。教师在和幼儿互动时应对幼儿表现出支持、尊重、接纳的情感态度和行为。教师要善于理解幼儿的各种情感需要，不能对自己不喜欢的幼儿有偏见，相信幼儿有自我判断和做出正确选择的能力，善于对幼儿做出积极的行为反馈。教师还应当以民主的态度来对待幼儿，允许幼儿自由表达自己的想法和建议，不凭借教师的权威去命令和压制幼儿。教师在与幼儿交往的过程中，尽量采用多种肢体语言动作，如微笑、注视、点头、摇头、肯定性或否定性手势、轻拍肩膀、亲吻、拥抱等，让幼儿从教师的态度中感受到一个积极的"他人眼中的自我"，感受到教师的爱，从而产生亲近、喜爱、相信教师的情感，使教育行为收到良好的效果。

2. 幼儿与幼儿之间的交往

首先，教师应为幼儿创设更多积极交往的机会，引导幼儿学会交流思想和感情。比如，对于刚入园的幼儿，教师可以让他们相互介绍自己，使他们消除彼此间的陌生感和胆怯心理。教师通过营造积极的气氛，引导幼儿向同伴表达自己的情感，并了解别人的需要和情绪状态等，使幼儿产生移情，进而产生帮助、合作等行为。

其次，教师应创设相互关心、团结友爱的气氛，引导幼儿互相关心、互相帮助。让幼儿学会关心他人的正确方式，在全班营造相互关心、团结友爱的气氛是良好精神环境创设的重要内容。比如，一个幼儿摔倒了，教师可以让其他小朋友把他扶起来；在游戏时要玩具共享，不能抢夺；相互间应习惯说"请""谢谢""对不起"等礼貌用语。教师要鼓励缺乏交往技能或过分害羞的幼儿积极参与班级活动，并提示其他幼儿与其交往，使其获得更多交往的机会。

对于幼儿自由交往中出现的问题，如果不影响其他幼儿和教师的话，教师可以采取忽略的态度，关注但不干涉幼儿之间自己解决问题。当发生严重的问题或较大的冲突时，教师再介入进行恰当的指导。

3. 教师与教师的交往

教师之间的人际交往对幼儿的社会性发展具有重要的影响。教师是幼儿的榜样，教师间的交往为幼儿同伴间的交往提供了模仿和学习的机会。教师教育幼儿要互相关心、互相帮助、学会合作、分享等，如果教师自己坚持这样做，那么幼儿在耳濡目染中，很容易模仿和产生类似的行为。教师间的相互关心和帮助，还会给班级带来一种温情的气氛，容易激发幼儿积极的社会性行为。在工作上，教师之间还要注重相互帮助、相互维护、不诋毁别人、不当着幼儿的面说别的教师的坏话等。

四、家园社区一体化的教育活动的组织 ●●●

教育一定要让家长参与，才能收到事半功倍的效果，在社区的支持下，幼儿可以获得更多的成长。

（一）家园共育中幼儿社会教育活动的组织

家园共育最直接的体现是在幼儿每日入（离）园活动中。这时教师和家长可以多沟通，指出问题，并提出解决策略，还可以给家长指明幼儿回家后要做什么，家长和幼儿要一起做什么，这样会使家园联系更加紧密，减少家园隔阂，也让幼儿感到自己和家长受到重视，家长尊重教师、教师尊重家长，在这样的环境中耳濡目染积极向上。

家园共育也体现在家长会中。幼儿园可以开发多种家长会的形式，以加强家长对幼儿园的理解，认同幼儿园的管理理念。幼儿园还可以通过各种途径向家长宣讲现代育儿观念，影响并促进家长形成科学的育儿观。这样一来，家长在幼儿园的影响下，能在家庭中为幼儿树立良好的榜样，创造民主、和谐的家庭氛围，采取科学的教养方式，促进幼儿的社会性发展。

家园共育同时也体现在亲子活动中。每个幼儿家长都有着不同的职业、背景和社会关系，这里面蕴含着丰富的教育资源。这些资源对于幼儿园来说是一笔巨大的财富，如中班社会活动"我会保护我自己"的活动中，可以邀请职业是警察的家长来幼儿园给小朋友讲如何保护自己，遇到危险应该怎么办；中班健康社会综合活动"我的牙齿"可以请当牙医的家长给幼儿讲解牙齿的构造、换牙的知识和牙齿的保护方法等。亲子活动中家长和幼儿团结协作，一起游戏，一起体验分享、合作的快乐。

(二)幼儿园与社区共建中社会教育的组织

幼儿的成长离不开幼儿园每位工作人员的付出，也离不开社区的支持。社区是幼儿生活的外环境，是一个小社会，我们可以开展一些外出活动，增加幼儿对社会、对周围环境的认识和了解，从而树立爱家乡、爱党、爱国家的情怀。比如，参观社区警察局，了解警察叔叔工作的地方，知道警察叔叔的工作是干什么的，遇到困难可以找警察叔叔；参观图书馆，让幼儿了解图书馆里有丰富的资源，有很多有趣的书，增加幼儿对阅读的兴趣；参观奶牛养殖场，让幼儿了解奶牛是怎样产下牛奶的，明白食物的来之不易，对动物有进一步的了解；参观动物园，可以开拓幼儿的眼界，培养幼儿对动物的兴趣和对动物的喜爱之情。社区中还有很多的资源，合理运用社区资源对幼儿进行社会教育，可以促进幼儿社会性的发展，让幼儿对生活充满热情，对未来充满好奇。

▶**本讲练习**

【理论练习】

1. 简述集体社会教育活动的组织步骤。

2. 简述区域活动的组织。

3. 环境渗透中的幼儿社会教育活动的组织有哪些？

【实践练习】

1. 请你说说本校有哪些地方渗透了社会教育的内容(如学校墙上粘贴的标语、名言、学校精神等)。

2. 到幼儿园观摩记录多种途径的幼儿园社会教育活动。

· 第二单元检测题 ·

▶第三单元

▶幼儿自我意识教育活动

▶单元导入

当你问一个1岁半的幼儿"你是男孩还是女孩"时，他往往茫然不知所云；而同样的问题再问一个2岁的幼儿时，他往往会比较准确地回答你。同样，当你问一个小班的幼儿"你是一个什么样的孩子"时，他往往会说"妈妈说我很漂亮""老师说我很聪明"等；但同样的问题问大班的幼儿，你得到的回答往往会是这样："我很漂亮啊，就是眼睛有一点点小。""我很聪明呀，因为我会讲很多很多的故事！"

图3-1 男孩和女孩

中共山东省委机关第一幼儿园 张东梅画

不同年龄段幼儿的不同回答，说明了他们自我意识发展水平是不同的。在自我意识迅速发展的幼儿阶段，该如何在幼儿园中进行幼儿自我意识的教育活动，不断促进幼儿自我意识水平的发展呢？

▶思维导图

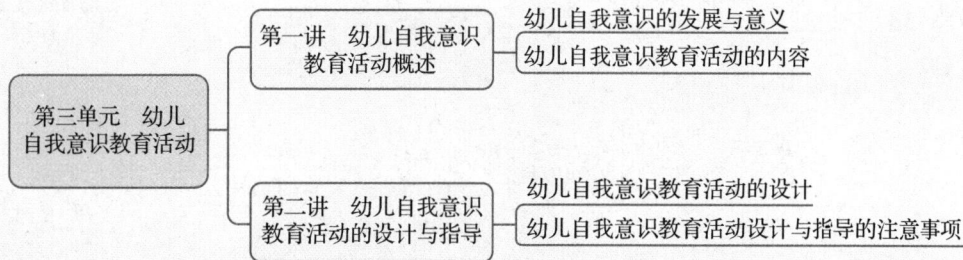

▶学习目标

1. 突出自信、自立、自强的现代中国人的个性品质。
2. 了解自我意识教育活动的内容与要求。

3. 掌握自我意识教育活动的设计环节与指导要点。

4. 设计自我意识教育活动并准备材料、实施活动，能进行有效反思与评价。

就在这本书的编写之际，我向几所幼儿园的一线教师征集教案。我说："我是毛老师，您能帮忙写几个关于幼儿自我意识教育的教案或者小故事吗?"下面是她们的回复。

老师 A：毛老师，考虑了很长时间，实在不知道写什么，我们园是以自我服务教育为引领的。我整理了一些幼儿自己整理衣橱、床铺，自己穿脱衣服的案例，这样可以吗?

老师 B：毛老师，您说的自我意识教育我们幼儿园没有啊! 是不是就是幼儿能区分开自己是人不是动物?

以上是两位年轻幼儿园教师对幼儿自我意识教育的模糊认识，可能是他们工作时间短，对五大领域尚不够熟悉的缘故。但是，后来我才了解到，即使从事幼儿园教育工作多年的教师，你问起这一问题时，他们也是一脸茫然。他们对幼儿自我意识教育这个概念依然感到陌生，搞不清其内涵与教育范畴，更说不清到底如何才能科学有效地进行选题、设计与实施。其原因是什么? 是这个词语直接来源于心理学概念而面目生僻，还是因为幼儿自我意识教育一直被幼儿园忽略?

第一讲

幼儿自我意识教育活动概述

一、幼儿自我意识的发展与意义 ●●●

(一)幼儿自我意识的发展

自我意识是对自己身心活动的觉察，即自己对自己的认识，具体包括对自己的生理、心理特征以及自己与他人关系的认识。一个人自我意识的发展会经历很长的过程，幼儿期只是发展的开始。随年龄的增长与社会交往的参与，幼儿的自我系统也会不断发展完善。

刚出生的婴儿是没有自我意识的，需要随着年龄的增长以及在环境中的交往逐渐发展完善。一般来说，8个月的婴儿就可以把自己的动作和动作的对象区分开，对"自我"有了初步的认识，但此时的"自我"只局限于"生理自我"，如不再用手抓自己的脸，不再嘴啃自己的脚等；1岁时直立行走，物我分开；2岁时有了性别意识，能够分出男女；3岁以后，幼儿的群体性游戏增多，他们通过模仿，在与同伴的游戏、交往中，学习担任社会角色，开始产生社会性认识与体验，从"生理自我"上升为"社会自我"。比如，幼儿入园后，不再随地大小便，也学会了小组合作，等等。我们这里所说的培养幼儿的自我意识，是指社会意义上的自我意识，它包括三个层次，即知、情、意三方面，一般包括正确的自我认知、客观的自我评价、积极的自我成长并控制自我的行为等。人生不同的发展阶段，其自我意识的形成各有特点，下面就从意识的三个维度即自我认识、自我体验、自我控制等来分别了解幼儿自我意识的发展特点。

1. 自我认识

自我认识包括自我概念和自我评价两部分。

自我概念分为幼儿对自己生理和心理两方面的自我认识。其中，与生理方面的认识相对应的教育活动如"我在长大""我有一双小小手""我生病了"等；与心理方面的认识相对应的教育活动如"我的本领高""我爱我的小宠物""我、你、他"等。

自我评价的能力在3岁时还不明显，开始发生的转折年龄是3.5~4岁，此年龄段的发展速度较4~5岁时要快，5岁幼儿绝大多数已能进行自我评价。幼儿自我评价的发展趋势包括以下几方面。

第一，从轻信成人的评价到自己独立评价。

第二，从对外部行为的评价到对内心品质的评价。

第三，从比较笼统的评价到比较细致的评价。

第四，从带有极大主观情绪性的自我评价到初步客观的评价。

第五，开始学习用道德行为的准则来进行评价。

总的来说，幼儿的自我评价能力还较差，成人对幼儿的评价在幼儿个性发展中起着重要作用。因此，成人必须善于对幼儿做出适当的评价，对幼儿过高或过低的评价都不利于幼儿自我意识的发展。

2. 自我体验

自我体验，是主体对自己的一种情绪体验，即主我对客我的一种态度。自我体验的内容非常丰富，如自尊心与自信心、成功感与失败感、自豪感与羞耻感等。幼儿自我情绪体验发生的转折年龄在 4 岁左右，在 3 岁左右产生自尊的萌芽，稳定于学龄初期。在幼儿自我情绪体验中，最值得重视的是自尊。不同年龄的幼儿体验到的自尊比例见表 3-1。

表 3-1　幼儿的自尊体验①

年龄	比例
3～3.5 岁	10%
4～4.5 岁	63.33%
5～5.5 岁	83.33%
6～6.5 岁	93.33%

自尊，即自我尊重，是指个体在社会比较过程中所获得的有关自身行为、能力、价值的积极评价和体验。比如，感觉自己是好孩子，被别人喜欢，认为自己很重要，不允许别人无故打骂、侵犯自己等。研究表明，将幼儿分为高自尊、中度自尊和低自尊三个组，高自尊与以后对生活的满意和幸福感相关，而低自尊则与压抑、焦虑、学校生活和社会关系不适应相联系。科学家们也发现，具有高度自尊心的幼儿比较活跃，也更善于表达自己的思想；同时，他们善于与他人建立良好关系，在与人交谈中乐于处在主导地位而不愿意当听众，并随时准备发表自己的见解和主张。

自信，即内在的自信心的体现。自信心是对过去获得的成功经验的结晶，班杜拉称之为自我效能感。他认为，在某一情境下，决定自我效能感的四个主要因素包括以下四个方面。

行为成就：效能期望主要取决于过去发生了什么；以前的成功导致高的效能期望，而以前的失败导致低的效能期望。

替代经验：观察他人的成败，可以对自我效能感产生与自己成败相似的影响，但作用小一些。

言语劝说：当你尊敬的人强烈认为你有能力成功地应付某一情境时，自我效能感可以提高。

情感唤起：高水平的唤起可导致人们经历焦虑与紧张，并降低自我效能感。

有国外学者指出，幼儿在他们成长的过程中，会面临五个自信心发展的关键时期，见表 3-2。

表 3-2　幼儿自信心发展的关键期②

年龄	关键期
0～2 岁	基本的信任期
2～3 岁	创伤性过渡期
4～5 岁	兄弟姐妹争宠期
5～13 岁	同伴竞争期
13～19 岁	独立战争期

---

① 韩进之：《儿童个性发展与教育》，77～78 页，北京，人民教育出版社，1994。
② 吴文菁：《父母的教养方式与幼儿自信心的关系研究》，上海师范大学继续教育学院毕业设计，2020。

她认为，发展幼儿自信心的关键，就是父母应该在幼儿自信心发展的这五个关键时期给予幼儿及时恰当的指导，使幼儿顺利度过每一个关键期。

3. 自我控制

自我控制能力在3～4岁幼儿中体现得还不明显，从缺乏自我控制到有自我控制的转折年龄是4～5岁，5～6岁幼儿绝大多数都有一定的控制能力。总的来说，幼儿的自控能力还是较弱的，但它对于人成功地适应社会是相当重要的，它是人完成各种任务、协调与他人关系的必要条件。总之，幼儿的自我评价、自我体验、自我控制的发展趋势是随年龄的增长而增长的。

幼儿的自我控制活动一般分为四种。

(1)运动抑制。幼儿在自我控制发展中面临的第一个问题是学会停止、抑制某些行动。

(2)情绪抑制。幼儿开始能够控制自己的情绪。

(3)认知活动抑制。6岁之前的幼儿对难题很快做出反应，错误率也高。随着年龄增长，幼儿放慢了做出反应的速度，改进了操作。

(4)延迟满足。为得到更大利益而学习等待，放弃眼前报酬，就是延迟满足。幼儿往往选择即时报酬而不是等待。延迟满足，是指一种甘愿为更有价值的长远结果而放弃即时满足的抉择取向，以及在等待期中展示的自我控制能力。它的发展是个体完成各种任务、协调人际关系、成功适应社会的必要条件。延迟满足不是单纯地让幼儿学会等待，也不是一味地压制他们的欲望，它是一种克服当前困难情境而力求获得长远利益的能力。如果幼儿的延迟满足能力发展不足，如等待食物时哭闹、边吃饭边看电视、上课时乱说话等，长大后就容易性格急躁、缺乏耐心，进入青春期后，在社交中容易羞怯固执，遇到挫折容易心烦意乱，遇到压力就退缩不前或不知所措。

拓展阅读：一位幼儿教师对延迟满足的认识

济南幼儿师范高等专科学校常春藤附属幼儿园　杨慧姿　孟瑛颖

我是一名从事了七年幼教工作的一线教师，在这么多年与幼儿的接触与教育中深刻感悟到了延迟满足的重要意义。幼儿平时在生活中和教学活动中自我控制能力的好与坏，在很大程度上取决于他的想法是否得到了延迟满足。为此，我还特意查阅了延迟满足的实验内容。

我知道，延迟满足的实验是美国斯坦福大学心理学教授沃尔特·米歇尔在20世纪60年代设计进行的，研究对象是600多名4～6岁的幼儿。他邀请来做实验的每个幼儿单独待在一个只有一张桌子和一把椅子的小房间里，每个房间的桌子上放一颗好吃的棉花糖，同时告诉幼儿可以马上吃掉棉花糖，可是如果等研究人员回来时再吃就可以再得到一颗棉花糖作为奖励。

这个实验结果是，大部分的幼儿没有坚持到3分钟就已经放弃了。只有大约三分之一的幼儿成功延迟了自己对棉花糖的欲望，等待了大约15分钟，得到了研究人员奖励的棉花糖。这项研究发现，不同的幼儿表现出不同的自控水平，有些幼儿延迟时间很长，有些幼儿延迟时间很短，平均的延迟时间大概是15～20分钟。

其实，根据我的观察，每个幼儿自身情况不同，延迟满足的发展情况也不相同。作为幼儿教师，我们在一日生活中，怎样调动幼儿兴趣及心愿来实现延迟满足呢？

在我的班中，我常常用到延迟满足的例子。在一节户外体育游戏中，我要求大班的幼儿练习左右手拍球。这时一般会出现两种幼儿：第一种的幼儿很喜欢拍球，每次拍完兴奋地跑来告诉老师他这次拍了多少个；第二种幼儿拍了几下，就开始被周围其他的事情吸引，不知不觉将球丢到一边。这是幼儿的天性，没有对错，教师不能因此下定义评价好与坏。一般在拍球前我会事先告诉幼儿，幼儿互相监督，能够坚持 20 分钟拍球的，我就带他去参观一下幼儿园的菜园，看看里面的昆虫来作为奖励。没有坚持住的、没有达到要求的只能下次努力了。

在上美工课学编织的时候，因为个别幼儿缺乏耐性，刚开始没多久就不想进行下去了。我会鼓励这部分幼儿成功编成一根，接下来再编一根，就这样一根一根在不知不觉中编完，我会奖励给幼儿一个老师做的花篮。

这样的例子在一日活动中还有很多。幼儿喜欢鼓励，讨厌批评，并不是所有的幼儿在一开始就能够通过自我延迟来进行满足。这需要教师在平时要多思考，在不同的活动中怎样开设环节调动幼儿的积极性，如何引导幼儿的不良情绪，怎样有意识地锻炼幼儿的自控力，让幼儿体会控制自己带来的不因贪小而失大的深远意义，不断鼓励幼儿再坚持一下，学会自己调节自己的情绪，让幼儿从小体会延迟满足带来的更大的喜悦，从而树立自信心。这会让幼儿受益终身。

(二)幼儿自我意识的作用

自我意识，就是一个人对自己的认识和评价。正是由于人具有自我意识，才能使人对自己的思想和行为进行自我控制和调节，使自己形成完整的个性。自我意识在幼儿个体发展中有着十分重要的作用。

1. 自我意识是幼儿认识外界客观事物的条件

一个人如果不知道自己的存在状态，就无法将自己与周围的事物区分开来，也就谈不上认识外界客观事物。在幼儿园里，常常可以听到幼儿这样说，"我是漂亮的小姑娘！""我是聪明的好宝宝！""我最棒！"，等等。这种关于个体对自己生理与心理特征的看法和态度，就是自我意识。在自我认识的过程中，幼儿既是认识者，又是被认识者，作为个体他把认识的目光对着自己，自己就是自己认识的对象。有了自我意识，幼儿慢慢地才能把自己和自己以外的人、物区分开来，这既是一个心理过程，又是一种能力，这种能力不是与生俱来的，是在婴儿出生后逐步形成的。随着幼儿自我意识的不断发展与完善，幼儿区分自己与他人的能力越来越强，对周围环境与人际关系的认识也越来越清晰，对人际判断也越来越准确。

✎ **教育故事**

我的肌肉有力量
山东省济南市槐荫实验小学附属幼儿园　胡新立

晚上脱衣睡觉的时候，楷楷学着电影《战狼》里面的主人公展示肌肉的动作，并兴奋地对我说："妈妈，快看我的肌肉，厉害不？"我伸手捏了捏他的小胳膊说："哇，你的肌肉好结实啊，肯定能抬起很重的东西！"从那以后他就特别爱帮我拎东西、爱帮别人干活。当大家表扬他的时候，他就举起小胳膊，很自豪地说："我的肌肉有力量！"

2. 自我意识对自我教育有推动作用

幼儿阶段，幼儿的意志力发展尚薄弱，只有让他们意识到自己是谁，自己怎么样，应该做什么的时候，他们才会较自觉地去行动。幼儿年龄虽小，但在幼儿园的各种活动中、在老师的不断评价中，他们能够清楚地意识到自己的高矮胖瘦、能力大小以及自己是否被大家所喜爱，等等，最后形成"我是好孩子""我是坏孩子"或"我很棒""我很笨"等不同的自我评价。幼儿自我认识与评价能力的发展，能让幼儿更清晰地意识到自己的长处和不足，在平时活动中主动发挥自己的优点，克服缺点。这样一来，幼儿自我发展与自我教育的效果就会更好。

✎ 教育故事

我也会穿搭

山东省济南市槐荫实验小学附属幼儿园　胡新立

有一天出门前，楷楷非要穿电影里的同款靴子，但那靴子明显和他身上的衣服款式不搭配。我趁机教育他说："穿衣服呢，要学会搭配，你今天穿的是格子的西装裤，那你应该穿双稍微正式一点的皮鞋；如果今天你穿了运动裤呢，你可以穿运动鞋；如果穿红色的上衣呢，你可以穿一双有点红颜色的鞋子。"楷楷似懂非懂地点点头。

第二天出门的时候，他突然拉住我说："妈妈，你应该穿双白色的鞋子哦，因为你的上衣是白色的！"我说："好啊好啊，你长新本领了！"楷楷高兴地叫道："我也会穿搭了！"然后，他认真地替我选了一双黑白拼色的鞋子，跟我高高兴兴地出门去了。

3. 自我意识是改造自身主观因素的途径

自我意识能使幼儿不断地自我监督、自我调整、自我完善。可见，自我意识影响着幼儿的是非判断和习惯养成，尤其对幼儿个性倾向性的形成更为重要。在与老师和同伴的交往过程中，幼儿清楚地知道老师是不是喜欢自己，也清楚地知道班里的小朋友谁最喜欢自己，谁讨厌自己；而且幼儿自己也慢慢知道老师喜欢他什么，小伙伴讨厌他什么。这样一些自我认识，可以促进幼儿自我意识的不断发展，让自己的个性不断完善。

二、幼儿自我意识教育活动的内容 ●●●

关于幼儿自我意识活动的内容，首先要依据幼儿心理发展特点与规律，其次要参照《指南》中有关幼儿自我意识目标的制定。《指南》按照小、中、大班对应的三个年龄段，主要从自尊、自信、自主三个方面，提出了幼儿自我意识教育的重要目标，如表 3-3 所示。

表 3-3　各年龄段幼儿自我意识教育目标

3～4 岁	4～5 岁	5～6 岁
1. 能根据自己的兴趣选择游戏或其他活动。 2. 为自己的好行为或活动成果感到高兴。 3. 自己能做的事情愿意自己做。 4. 喜欢承担一些小任务。	1. 能按自己的想法进行游戏或其他活动。 2. 知道自己的一些优点和长处，并对此感到满意。 3. 自己的事情尽量自己做，不愿意依赖别人。 4. 敢于尝试有一定难度的活动和任务。	1. 能主动发起活动或在活动中出主意、想办法。 2. 做了好事或取得了成功后还想做得更好。 3. 自己的事情自己做，不会的愿意学。 4. 主动承担任务，遇到困难能够坚持而不轻易求助。 5. 与别人的看法不同时，敢于坚持自己的意见并说出理由。

知识链接

根据《指南》中的教育目标以及有关自我意识的内容分类，结合幼儿心理发展的特征与规律，我们可以采用表格的形式，对幼儿自我意识教育的内容进行分级分解并罗列具体案例，以使内容层次更加清晰和形象具体，如表3-4所示。

表3-4　幼儿自我意识教育的内容分解框架

教育内容	一级分解	二级分解	三级分解	活动建议
自我意识	自我认识	自我概念	对自己身体、心理等的认识（包括体貌、情绪、喜好等）	"我的肌肉有力量"
				"我是男孩（女孩）"
				"我爱我的小宠物"
		自我评价	包括6个维度，即外表、成就感、能力、纪律、体育、交往	"我上幼儿园了"
				"向大家介绍我自己"
	自我体验	自尊	自爱、不允许被侮辱、被歧视	"不许摸我"
		自信	对自己身体和能力的自信	"我是能干的小宝宝"
	自我控制	延迟满足	对客观世界、主观世界的要求	"别人东西我不要"
		自我调节	情绪抑制、运动抑制、认知活动抑制	"打针我不哭"

关于幼儿自我意识教育的具体活动内容，可以根据以上表格中的分解，按不同年龄段幼儿特点，有梯度、有侧重地选择教育内容，如小班幼儿更加侧重选择一些幼儿自我认识的教育活动，中、大班可以多一些关于自我控制的活动练习等。同时，不同地区要结合本地幼儿心理发展的水平，尤其是自我意识发展特点，全面系统地选择自我意识活动教育内容，提高教育效果。

▶本讲练习

【理论练习】

一、填空

1. 自我意识一般分为三个层次的内容，即（　　　）、（　　　）和（　　　）三部分。

2. 幼儿的自我控制活动一般分为四种，即（　　　）、（　　　）、（　　　）和（　　　）等。

3. 自我认识包括（　　）和（　　）两部分内容。

4. 自我体验包括（　　）和（　　）两部分内容。

5. 延迟满足是指一种甘愿为更有价值的长远结果而放弃（　　）满足的抉择取向，以及在等待期中展示的自我控制能力。

二、单项选择

1. 幼儿自我情绪体验发展比较缓慢，发生的转折年龄在（　　）岁左右。

A. 4岁　　　　　　B. 5岁　　　　　　C. 6岁　　　　　　D. 6岁半

2. 在幼儿自我情绪体验中最值得重视的是(　　)，它稳定于学龄初期。

A. 自信　　　　　　B. 自控　　　　　　C. 自尊　　　　　　D. 自强

3. 自我控制能力在3～4岁幼儿中体现得还不明显，从缺乏自我控制到有自我控制的转折年龄是4～5岁，(　　)幼儿绝大多数都有一定的控制能力。

A. 5岁　　　　　　B. 5～6岁　　　　　C. 6岁　　　　　　D. 6～7岁

4. 延迟满足，是指为得到更大利益而学习等待，放弃眼前报酬。幼儿往往选择(　　)。

A. 犹豫　　　　　　B. 哭闹　　　　　　C. 等待　　　　　　D. 即时报酬

三、简答题

1. 什么是自我意识？幼儿自我意识的发展大体有哪几个阶段？

2. 幼儿自我评价的发展趋势是什么？

【实践练习】

1. 观察几名不同年龄段的幼儿，说一说幼儿的自我意识发展存在哪些特点与规律。

2. 谈一谈人生的三大经典问题："我从哪里来？我是谁？我要去哪里？"从这句话里，你能体会到自我意识有何重要意义？结合本节所学内容，跟同学谈一谈你的认识。

第二讲
幼儿自我意识教育活动的设计与指导

一、幼儿自我意识教育活动的设计 ●●●

从本章的导入环节里可以看出，各年龄段幼儿自我意识发展水平不同。那么，在自我意识迅速发展的幼儿阶段，该如何在幼儿园中进行自我意识教育活动设计，才能不断促进幼儿自我意识水平的发展呢？

(一)准确把握活动的目标与内容

自我意识的内容主要包括自我认识、自我体验和自我控制。幼儿的自我评价能力还较差，教师必须在活动中对幼儿做出适当的评价，过高或过低的评价对幼儿的发展都是有害的。幼儿自我体验中最值得重视的是自尊，在活动设计与实施中，一定要保护好幼儿的自尊心，尊重幼儿的隐私权。幼儿的自我控制能力还比较弱，在设计幼儿自控能力的教育活动时，要参照《指南》中的相关要求，尤其注意难度不能过大，以防他们产生挫折感。

(二)选择适宜的活动方法与途径

一个好的幼儿自我意识教育活动的设计，能否在幼儿园教育实践中取得良好的效果，还取决于能否灵活地选择适宜幼儿自我意识发展的教育活动形式。

语言活动可以增强幼儿的自我评价能力。帮助幼儿掌握与个人有关的语言，是促使幼儿自我认识的重要途径。教师可以根据本班幼儿的情况，设计一些语言区域活动，如组织幼儿学习说"我是谁"，引导他们从说出自己的姓名、性别、年龄开始，然后逐渐扩展到说出自己优点、缺点，兴趣、愿望等。

集体教育活动有利于培养幼儿的自信心。教师可以采用直接正面的强化评价来促进幼儿自信心的建立，如可以在集体教育活动中鼓励幼儿大胆表演，因为身体动作的表演比口语表达更容易，也更能锻炼他们的自信心。同时，鼓励幼儿在集体面前大胆发言，这也是培养幼儿自信心的重要手段。

体育游戏、区域活动有利于锻炼幼儿的自我控制能力。比如，游戏"木头人"，要求幼儿随口令来判断自身动作是需要"动"还是"静"，如果"静"，就要意志坚强，努力保持自己的身体姿势在一段时间内丝毫不动。经常进行此类型的体育活动，能让幼儿的自我调控能力从身体到心理得到不断发展。又比如，积木建构区，鼓励幼儿与同伴一起合作完成建造，在共同游戏中体验合作的乐趣。随着这类游戏活动的大量开展，我们会发现幼儿之间吵闹的现象少了，合作的机会多了，因为为了小组共同的建构目标，他们必须要学会自我约束，相互妥协，从而使自我控制能力得到发展与提高。

总之，对于语言表达能力尚不完善的幼儿，通过体育游戏、区域活动等形式，允许他们用特殊的身体语言来表达自己、证明自己，这是培养幼儿自我意识的一种有效途径。

同时，日常生活锻炼也是一种重要的教育途径。比如，在入园离园、盥洗如厕、进餐、喝水、午睡、值日、整理床铺等情境中，锻炼幼儿的自我服务能力和简单的劳动技能，让幼儿从中发现自己的才能，体验成功的喜悦，逐步培养起他们初步的自尊和自信。

(三)自我意识教育活动的一般设计模式

幼儿自我意识发展的核心内容，主要包括自我评价、自我体验和自我控制。因此，在进行幼儿自我意识教育的设计时，也要尽量涉及这几个核心内容的落实。

1. 运用多种方式，引导幼儿自我评价

活动的设计，首先要引导幼儿认识自我，形成正确的自我概念。例如，通过演示法、观察法、讨论法等，使幼儿通过观察自己从前与现在的变化，通过将自己与别人进行比较，以及在讨论中发现自己的独特之处等，从而认识到自己的外表发育特点，体会到自己的内在发展水平。

2. 运用多种途径，引发幼儿自我表现

在正确认识和评价自己的基础上，引导幼儿用语言或行为将自己的体验正确表达出来。引导他们体验并肯定自己的优点，承认自己的缺点，并承诺在今后能够扬长补短。

3. 积极创设情境，鼓励幼儿自我控制

幼儿自我意识的发展，在很大程度上需要通过自我控制来实现。教师要在后续活动中，适时地创设各种情境，让幼儿循序渐进地学会延迟满足，提高自我控制能力。

具体到每个幼儿自我意识教育活动的设计，一般按照"先设计思路，然后确定单元活动目标、拟定单元活动纲要并设计具体活动步骤(即教案)，最后评价方案"的设计流程，以单元主题活动"我"为例，具体剖析整个教育活动的设计过程。

活动案例

"我"(大班)①

1. 设计思路

大班幼儿的自我意识已经开始在生活和在人际交往中自发地形成。自我意识往往会潜在地影响幼儿对人、对事物的态度，影响他的行为方式。因此，引导幼儿全面地认识自己、评价自己，以积极的态度对待自己、学会适当地控制和调节自己的行为，形成对人、对事、对己的正确态度是十分必要的。幼儿刚刚升入大班，感觉自己成了小班、中班小朋友的大哥哥、大姐姐，因此教师可以抓住机会进行"我的变化""我长大了"等一系列内容的活动，进一步加强幼儿对"自我"概念的认识，并有效促进其自我意识的发展。

2. 确定单元目标及分解

根据《指南》中对幼儿自我意识发展的年龄段要求，以及本园幼儿的实际发展状况，我们可以预设以下单元教育目标。

(1)知道自己的出生日期、相貌特征、兴趣爱好等。

(2)了解自己随年龄而发生的变化。

(3)认识自己的能力，喜欢做自己能做的事。

(4)知道引起情绪的原因，能用适当的方式表达情绪。

(5)了解自己与他人的异同，接纳自己，尊重和欣赏他人。

(6)知道自己需要别人的关爱和帮助，也知道关爱和帮助别人。

3. 拟订单元活动纲要

本单元活动设计要求三周时间内完成，围绕着"我"，每周有一个分主题，每个主题下又有几个主要活动，如表3-5所示。

表3-5　自我意识单元活动纲要

第一周： "我的出生日"	第二周： "我在不断长大"	第三周： "展示我自己"
1. 家园活动"怀孕的妈妈"	1. 展览"小时候用过的东西"	1. 语言活动"我是谁?"
2. 科学活动"我从哪里来?"	2. 家园活动"从前和现在"	2. 美术活动"假如我是——"
3. 美工活动"制作爱心卡"	3. 美工活动"我的成长图"	3. 家园活动"我会做我很棒"

以上每一个活动都不是孤零零的，都有统一而又具体的活动目标，以及一系列的准备或辅助活动来保证活动的教育效果，其主要内容和步骤安排如表3-6所示。

---

① 冯晓霞：《幼儿园课程》，206～219页，北京，北京师范大学出版社，2000。有改动。

表 3-6　单元主题活动"我"①

单元名称		我（大班 5～6 岁，大约 3 周）	
名称	主要目标	主要内容和步骤	备注
一、我的出生日	1. 知道自己是妈妈生的。 2. 知道自己的生日。 3. 对妈妈怀有感激之情，并会表达。 4. 会做简单的统计，感受数学的用途。	1. 邀请怀孕的亲友到班上，由她向幼儿说出肚子里怀有未出生的宝宝。 2. 教师利用胎儿在母体里的透视图，向幼儿讲解，每个人都曾经在妈妈肚子里待过，都是妈妈的孩子。 3. 请幼儿回家问妈妈，她是在哪年哪月哪日生下自己的，并记下自己的出生日期，回幼儿园向小朋友报告。 4. 教师和幼儿共同制作生日月份统计表，统计每个月份生日的人数，班上最多人和最少人出生的月份，并安排同月出生的幼儿相互握手。 5. 安排幼儿制作爱心卡片送给妈妈，向妈妈表示谢意。幼儿可在卡片上画画，或从旧杂志、报纸、包装纸上剪下他们认为美好的图画贴在心意卡片上，并从报纸上剪下"我爱你"等字一起贴在心意卡片上。	准备工作：搜集胎儿在母体里的透视图及有关婴儿成长的图书或故事书，供幼儿阅读。
二、我在不断长大	1. 了解自己随年龄而发生的变化。 2. 感受父母养育自己的艰辛。 3. 领悟"以前"和"现在"两个词的含义。 4. 按成长过程排序，知道自己逐渐长大了。	1. 举行"小时候"物品展览。请幼儿在爸爸妈妈的帮助下搜集有关婴儿的用品，如照片、玩具、衣物、奶瓶、尿布等（可以是幼儿在婴儿期用过的实物，也可以是从画报上剪下来的图片），然后把它们带回幼儿园，在教师的指导下加以分类和整理，并贴在班上展览。 2. 在教室墙面上设"以前和现在"专栏，请幼儿向妈妈要"从前"和"现在"的照片各一张，贴在专栏上，通过对比，使幼儿觉察自己的改变，并领悟"以前"和"现在"两个词的意义。 3. 让幼儿向妈妈询问有关自己婴儿时的事，请妈妈讲述自己"从前"和"现在"有什么不同，并讲一讲父母是怎样养育自己的。把了解到的情况在班里用自己的话讲述出来。	准备工作： 1. 向家长介绍活动内容，请他们支持。 2. 把幼儿从婴儿至今的成长过程制成成长程序卡若干套；不一定要教师绘图，可从报刊上剪取现成的资料编制。 3. 安排亲子活动，请家长抽时间讲述宝宝小时候的有趣故事。

①　冯晓霞：《幼儿园课程》，206～219 页，北京，北京师范大学出版社，2000。有改动。

续表

单元名称		我（大班5～6岁，大约3周）	
名称	主要目标	主要内容和步骤	备注
		4. 制作程序画，即让幼儿按顺序排列。成长过程可以是体型上的改变，也可以是能力上的改变（如初生婴儿由别人喂奶；一岁左右让人喂食；现在自己进食之类），知道自己是慢慢长大的。 5. 讨论：爸爸妈妈养育我们很辛苦，我们现在长大了，怎样让爸爸妈妈少一点辛苦？	
三、展示我自己	1. 了解自己的特点，包括优点和缺点。 2. 学会进行简单的自我评价和自我懂憬。 3. 进一步增加对自己的肯定与自信。	1. 通过一系列的语言谈话活动，进行自我评价，如"独特的我""可爱的我"。 2. 肖像绘画活动中，手拿自己的绘画作品，进行自我假设的描述，如《假如我是教师》《假如我长大了》。 3. 布置幼儿回家或在园里做一件自己认为最棒的事情，并给大家展示或汇报自己的收获与感受。	准备工作：教室里张贴一些幼儿平时的优秀作品、生活照片等；张贴一些各种职业的图片，如医生、工人、警察等图片。

（四）设计具体教育活动

最后一个环节，是设计具体的教育活动。完整地设计一个教育活动的具体过程，是保证教育目标贯彻实施的基本步骤。一个完整的教育活动设计（教案），包括活动的名称、目标、准备、内容、方法、过程、活动延伸以及活动评析等。

活动案例

不许摸

山东省日照市北经济开发区莲海幼儿园 潘娜

【设计思路】

在幼儿园里，我发现班里的很多幼儿，不知道保护自己身体的隐私部位。比如，有的小女孩允许小男孩随便摸她的身体，有的小男孩当众露出自己的外生殖器，还有的男、女孩之间随便"亲密"地抱在一起，等等。如何在中班开展相应的教育活动，让幼儿知道身体的哪些部位是隐私部位，如果有人要摸你的隐私部位怎么办？经过认真思考，我设计了这一次自尊自爱的教育活动，告诉幼儿要爱身体，爱自己。

【活动目标】

1. 了解身体的隐私部位，知道保护自己并尊重别人的隐私。

2. 掌握保护隐私部位的方法，爱护自己身体，保护自己尊严。

【活动准备】

多媒体课件：卡通故事《不许摸》，幼儿安全自护图片四幅。

操作材料：男孩、女孩卡通人体图，固体胶，小笑脸贴图。

【活动过程】

一、创设情境，激情导入

老师和幼儿一起随音乐《碰一碰》做玩一玩、碰一碰的游戏。

游戏后，请幼儿说一说和朋友碰了身体的哪些部位？（头、手、肩膀、膝盖、脚）

二、感知理解操作体验

（一）说一说

出示卡通人体图片，让幼儿说一说身体的哪些部位不能随便给别人看、随便摸？

总结：小朋友，其实我们身体有些部位是不能随便让别人摸的，你们猜猜是哪些部位？

（二）贴一贴

找1～2名幼儿在学习的基础上进行巩固，将不能让别人随便看、随便摸的部位贴上笑脸图。

（三）讲一讲

借助操作卡片，让幼儿说一说为什么要给这些部位画上衣服呢？因为这是隐私部位。

（四）拓展经验，丰富知识

提问：小朋友都知道了我们身体的隐私部位，那怎样保护我们的隐私部位呢？

1. 让幼儿大胆发表自己的看法。

2. 播放视频卡通故事《不许摸》，了解故事中的小朋友是如何保护隐私部位的。

让幼儿和老师一起说一说："不许摸，不许摸！"

提问：如果是你，你会怎么办？

小结：我们要保护好自己的隐私部位，如果有人要摸你的隐私部位，不许他摸，要大声地喊大人或赶快离开。

三、结束巩固

情景模拟，巩固记忆：请陌生的叔叔阿姨来扮演骚扰的人，看幼儿如何表现，考验幼儿能否记住保护自己隐私部位的方法。

活动延伸：将如何保护自己隐私部位的方法说给家人听一听。

活动评析：本活动的优点是(1)选题具有很强的现实意义，尤其是在我国近年来幼儿园性侵事件频发的背景下，及时进行性安全、性保护的教育，是十分必要的；(2)本活动的教学方式多样化，有讨论、有介绍、有练习、有模拟等，最大限度地让幼儿学习了自我保护的有关内容。不足之处是缺少长期的、一系列的计划与教育，这样重要的教育不仅会保护幼儿的身体，更会保护幼儿的尊严，但是仅仅通过一次教育活动来完成这样的任务，是远远不够的。

活动案例

我长大了(中班)①

【活动目标】

1. 通过各种方法感受"我长大了"，体验长大的快乐，体会父母的辛苦。

2. 乐于与同伴交流自己的感受。

【活动准备】

1. 录像：胎儿的生长发育及新生儿的养育。

2. 幼儿小时候的衣物(部分布置在墙上，部分置于桌上)、照片、玩具娃娃。

3. 幼儿向成人了解自己小时候的趣事。

【活动过程】

一、导入部分

师：今天，我们班上来了许多小宝宝，想知道他们是谁吗？

出示幼儿小时候的照片，幼儿纷纷寻找自己的照片并相互介绍。

(照片上的浩浩和林林没有穿衣服，大家哄笑起来："羞！羞！不穿衣服！"林林不服气地说："这是我小时候，又不是现在！")

二、基本部分

(一)观看录像

师：你们都看到了自己小时候的样子，那你们知道自己在妈妈肚子里的时候是什么样子的吗？我们来看一段录像。

(录像把幼儿带入了神秘的生命起源时刻，他们的眼睛紧紧地盯着电视屏幕，不时发出惊叹和议论。直到传出婴儿第一声啼哭，孩子们才长长地舒了一口气。)

师：看录像时你们在想什么？

幼1：我阿姨肚子里有一个小宝宝，阿姨的脚都肿了。

幼2：我妈妈说，每个妈妈怀小宝宝的时候都很辛苦。

幼3：我妈妈说，我在她肚子里的时候，她吃什么吐什么，难受得不得了！

(二)回忆童年趣事

师：你们都听过自己小时候的故事吧？请你讲给大家听，好吗？

(幼儿争先恐后地讲述自己小时候的故事，就连平时很少举手发言的幼儿也积极参与。幼儿边听边笑，活动气氛热烈而融洽。)

(三)感受身体的成长

(出示幼儿小时候的衣服)

师：这是什么？请你们来穿一穿。

(幼儿笑了起来，纷纷表示："不能穿了，我们长大了，衣服太小。")

师：我们身体的哪些地方长大了？

(幼儿开始试衣服、鞋子，他们发现自己身体的每个地方都长大了，并一一在玩具娃娃身上做上相应的标记。)

---

① 林蓉、林佩：《我长大了(中班)》，载《幼儿教育》，2004(19)。

（四）展示本领

师：我们身体长大了，本领有没有增强呢？我们有了哪些本领呢？

（先让幼儿4人一组自由交流、展示自己的本领，最后再请几个幼儿在集体面前进行展示。）

三、结束部分

小时候我们样样事情都要大人帮忙，现在我们在大人的关心和爱护下慢慢长大了，本领也变大了。以后，我们的本领会更大、更强！

【活动延伸】

小朋友长大了，就可以帮助别人了。回到家里，请小朋友们分别尝试为爸爸、妈妈做一件力所能及的事情。

【活动评析】

本活动是发展幼儿自我意识的教育活动设计，充分考虑了幼儿的兴趣与需要。尤其在活动的导入部分，教师先用神秘的口吻、有趣的照片激发了幼儿的好奇心，很快就吸引了幼儿参与活动。在活动过程中，教师采用先让幼儿参与"试穿衣服、鞋子""给玩具娃娃做标记""4人一组交流"等活动，亲身体验、亲眼看到自己身体的每一部分都在长大，然后再组织幼儿进行讨论，交流自己的感受，从而提升了幼儿的自我意识。

更难能可贵的是，本活动除了紧扣活动目标，还包含了多个领域的教育价值，如让幼儿讲述自己小时候的故事，不仅能让他们分享快乐，进行良好的师幼互动，而且对幼儿的语言表达能力、自我情绪情感的感知能力也是一个挑战。

本活动的不足之处，是教师没有完全参与幼儿园的活动。如果教师也拿来自己童年的照片，讲述自己童年的趣事，活动的气氛会更加热烈、融洽，而且教师的讲述还能起到一定的示范作用，有利于幼儿讲述水平的提高。另一个不足之处是，在活动后的延伸部分，教师可以做一些提示，如小朋友们回家后，可以帮助爸爸妈妈扫地、擦桌子、扔垃圾等，对幼儿主动积极地参与家务劳动，在劳动中认识自我是一种启示和鼓励。

二、幼儿自我意识教育活动设计与指导的注意事项 ●●●

（一）自我意识教育的指导要点

自我认识教育包括三部分的内容：一是对自己身体的认识，包括认识自己的身体发育情况及其自我评价，如知道自己现在有多高、多重、相貌好不好看等；二是对自己行动的意识，包括认识自己力气的大小、交往能力的强弱等；三是对自己心理活动的意识，包括认识自己的心理状态如快乐与否，认识自己的长处和短处，认识自己的特点，等等。

1. 谨慎评价幼儿，鼓励为主

幼儿期自我意识的一个很重要的特点就是依赖、轻信他人，尤其是成人的评价，往往成为幼儿用来评价自己、认识自己的主要依据。年龄越小的幼儿，受成人评价的影响越大。即使到了大班，幼儿自我评价的独立性也还是比较差的，成人的评价是他们认识自己的重要依据。从某种意义上说，成人的评价就是幼儿选择行为的标准，也是评价自己的标准。对一个有良好表现的幼儿予以积极评价，会使他充满信心，认识到自己的力量。相反，如果一个幼儿常常取得成功，而成人不给予积极的赞许和肯定，他就不懂得自己有能力，也不懂得把成功的原因归于自己的能力，从而无法产生对自己的正确认知。

在幼儿进入幼儿园以后，教师的评价尤其被幼儿看重，一位幼儿园教师介绍了下面这个发生在小班里的故事。

✐ 教育故事

摞高楼
山东省济南市槐荫区实验小学附属幼儿园　胡新立

幼儿刚入园的时候，我看到一个小男孩在建构区玩易拉罐。刚开始，他像拉火车一样摆成一排，后来他将易拉罐一个摞到另一个上，慢慢地撒开手能立住了，他兴奋地喊我去看。我说："哇！你在摞高楼吗？"然后他兴奋地说："对啊！"我鼓励他继续往上摞。当他摞到自己胸口那么高的时候，他觉得很简单，就有些大意了，在他又放好一个往回抽手的时候，高楼倒了。他满脸沮丧地看着我，我告诉他："你已经很了不起了！但是，当你摞得越高时你就越要小心，等放稳了再抽回手。"这下，他变得又充满信心，小心翼翼地一个一个摞上去，高到比自己都高了，他开始喊我来帮忙。我说："哇！你的高楼太棒了，比你都高了！你都够不着了，快点儿想个好办法让自己也变高吧！"我故意挪了挪旁边的小凳子，他立马把凳子搬过来，踩到小凳子上继续摞……摞到他站在凳子上也需要高高抬手去摞的时候，高楼一下子倒了，但他一点儿也不沮丧，反而"咯咯"地笑了起来！

假如这位教师换了一种方式来评价幼儿的作品，给幼儿的不是赞扬与鼓励，不是肯定与帮助，那么幼儿的自我肯定感、成就感就会一扫而光，留下的是沮丧感和失败感，建构的水平也不会提高。正因为教师的评价在幼儿的心目中如此重要，所以教师就要爱护、尊重每个幼儿，立足于幼儿的长期发展，肯定幼儿身上的每一个闪光点，培养其积极的自我认知。教师在对幼儿评价时要谨慎，尽可能多地用积极的态度评价幼儿，使其产生自豪感、荣誉感，使幼儿开始重视自己在别人心中的地位与形象，产生强烈的自我意识感。

2. 关注家长对幼儿的态度，并积极引导

父母望子成龙、望女成凤无可厚非，但是期望太高了，往往对幼儿的评价就会有失偏颇，甚至影响幼儿自我意识的形成与发展。对此，教师应当引起足够重视，并适当干预，与家长共同促进幼儿自我意识的健康发展。

有的父母经常粗暴地打骂幼儿，甚至当众讽刺、贬低或故意揭短、夸大幼儿的缺点，这样做不仅会伤害幼儿的自尊心和自信心，还会让幼儿按照成人所描述的形象去发展成家长镜像中的自我。有一项对 5～11 岁受虐待幼儿与正常幼儿的比较研究发现：受虐待幼儿的自尊水平较低，而且在同伴关系方面表现出更多的社会退缩，这使他自信心较低、失败感较强。被父母虐待的幼儿自我概念的发展趋势与正常幼儿也不同。他们对自己有消极的自我想象，很少谈及自己的事情或自己的内部情感。这些幼儿消极情感反应较多，在积极性、自信心、自我接受性等方面的发展也较缓慢。

另外，随着我国三孩政策的落地，父母对待家中"老大"的态度也会有不少改变，由此引发的心理落差也会影响幼儿自我意识发展，应当引起教师的关注。

✍ **教育故事**

二孩风波

山东省济南市槐荫区实验小学附属幼儿园　胡新立

欣欣是一个活泼开朗的小姑娘，可最近却变得不爱说话了，早上入园时还有很大的情绪波动。这天早上，欣欣爸爸红着眼睛让我出来一下。安顿欣欣进入教室后，我看到拐角处欣欣妈妈抱着弟弟，弟弟白白胖胖的小脸上的几道抓痕让人触目惊心！欣欣爸爸带着哭腔告诉我，最近发现欣欣在爸爸妈妈看不到的时候就偷偷地打弟弟，尤其是听到小阿姨跟她开玩笑"爸爸妈妈有了小弟弟以后就不疼你了"之后，他们就发现了弟弟脸上的抓痕……我告诉欣欣爸爸："必须严肃地告诉周围的人，不许再给欣欣开'有了弟弟不疼你'这样的玩笑！大人无意的玩笑，给孩子带来的却是巨大的心理压力！"另外，我还嘱咐欣欣爸爸妈妈在照顾弟弟时也要多给欣欣关心和陪伴！正好那一周班里的活动主题是"相亲相爱一家人"，我请几位有弟弟妹妹的小朋友介绍自己的弟弟妹妹，以及和弟弟妹妹之间发生的有趣的事情，我还邀请班里小朋友的弟弟妹妹来幼儿园做客。我们做了一面主题墙，上面挂满了小朋友相亲相爱一家人的照片！几天后，欣欣的奶奶告诉我们，欣欣现在不打弟弟了，她开始知道照顾弟弟了。看着奶奶眼中欣慰的泪水，我知道欣欣的心里充满了爱和阳光！

因此，幼儿教师不但要自己积极评价幼儿，而且还应当有意识地引导幼儿家长全面、客观地认识和评价自己的孩子，帮助幼儿建立一个正确的自我评价标准，家园合力把幼儿培养成一个具有良好自我意识的人。

随着年龄的增长，幼儿的自我体验也从低级发展到高级，即从生理体验如愉快、愤怒等，慢慢发展到社会体验，如自尊、自信和自卑，以及相对应的自豪感、内疚感和自我欣赏等。

3. 保护幼儿自尊心，接纳幼儿的不完美

自尊是自我体验的核心内容。自尊是一个人对自己自我价值的肯定，是内在的、只关乎自己的，是外部环境无法撼动的、强烈的自我认知。自信，来自自尊，因为一个人首先自尊，然后才会自信。自尊最初就是来自外界对他的尊重，因此要想幼儿自信，教师、父母和社会就要先学会尊重他。

教师要时刻意识到没有一个人是完美的，尚在发展中的幼儿更是如此。教师要努力发现每一个幼儿的闪光点，肯定每一个幼儿的优点，并接纳每一个幼儿的不足。比如，每个幼儿先天气质差异很大，有的活泼可爱一些，有的孤僻一些，教师要无条件地接纳他们，尊重他们的差异。然后，教师再根据幼儿不同的气质类型，针对性地进行个体教育，不断完善幼儿的个性品质。又如，对于胆汁质幼儿，要少公开批评，注意语气，并多安排给他一些任务；对于多血质幼儿，要多提要求，提严要求，以保证他按照原则行事；对于黏液质幼儿，要督促他多参加集体活动，并培养时间观念；对于抑郁质幼儿，要少批评、多鼓励，保护其自尊心。

同时，对于幼儿来说，父母是他的第一任教师，父母的教养方式深刻影响着幼儿自尊的发展。教师要引导家长态度积极肯定、多鼓励幼儿，提供机会让他做力所能及的事情，允许他自己穿衣、吃饭、刷牙，即使做得不好，也要宽容接纳并肯定鼓励，而不是限制责备甚至嘲笑打骂。只有这样才能建立起良好的亲子关系，保护好幼儿的自尊心。让幼儿从小自尊心不受伤害，长大后才会自重自爱。

📝 教育故事

我也俏

山东省潍坊市爱心幼儿园 杜贝贝

小班的幼儿尚不关心自己的容貌，中大班就开始在乎自己的美丑了。教师要尊重每个幼儿与生俱来的身体特征与相貌，保护好幼儿的自尊心。比如，有的女孩儿皮肤比较黑，没有可以用来"一白遮百丑"的雪白皮肤，教师应该说："我们这是健康美，黑里俏。"有的女孩儿眼睛比较小，没有一双"亮晶晶、会说话"的大眼睛，教师应该说："我们这叫个性美，是文静。"教师有这种良好心态并及时表达出来，让幼儿感受到自己被接纳、被肯定。尤其对幼儿的不足之处，教师也要善于用转化的语言让幼儿感受到积极的一面。爱美之心，人皆有之。幼儿也不例外，尤其是小姑娘。瘦小的月月来幼儿园，每次穿了新衣服时总爱在小朋友面前转来转去，甚至站到老师面前小声问："老师，我的新裙子好看吗？"这时作为教师，让幼儿产生美滋滋的感觉就很有必要，先给予肯定评价再引导她慢慢发现自己的内在美。幼儿从小感受成人对自己形象的无条件接纳，有利于他们以后全方位地接纳自己、喜欢自己，最后达到欣赏自己、成就自己的目的。尤其是女孩子，从小肯定自己的身体，欣赏自己的模样，是她人生最初的一种自爱情感，也是最基本的自尊需求。否则，孩童时期产生的相貌自卑，会延伸出成年的自我否定，甚至成为日后生活悲剧的导火索。

4. 选择恰当的教育方法，保证教育效果

一个好的幼儿自我意识教育活动的设计，能否在幼儿园教育实践中取得良好的效果，还取决于该设计是否根据教育内容的特点和幼儿的年龄特征，灵活选择了合理有效的教育途径与方法。

下面就是幼儿自我意识教育常用的教育途径与方法（如表 3-7）所示。

表 3-7 自我意识教育途径与方法

教育内容	主要途径	主要方法
自我认识	集体教育活动 综合主题教育	语言传递法（小班） 价值澄清法（中大班）
自我体验	体育游戏 情境教学	角色扮演法（小班） 移情训练法（中大班）
自我控制	区域游戏 一日生活	行为训练法（小班） 强化评价法（中大班）

首先，要重视体育游戏对幼儿自我意识发展的重要性，因为大部分体育游戏无论是内容还是形式，无论是规则还是要求都具有较强的参与性，而且在体育活动中，往往要求幼儿要勇敢、顽强，同时还要求幼儿自信、互助等，这些对培养幼儿的自尊、自控、自信都是十分有效的。

活动案例

我们都是木头人

山东省高密市第二实验小学幼儿园　王洁

【活动目标】

1. 通过有趣的游戏活动，发展幼儿的思维判断能力、动作协调能力等，培养幼儿活泼性格。

2. 在游戏活动中，练习幼儿听指令、做出反应的本领，促进幼儿自控力、自信心的发展。

【活动准备】

1. 音乐磁带、录音机；自制"魔棍"一根；口哨一个。

2. 地面上画好写有数字 1～10 的方格。

【活动过程】

一、开始部分

准备活动：放欢快的音乐《健康歌》，老师和幼儿一起动起来！

（头部、上肢、下肢、跳跃等运动以及最后的整理运动）

二、基本部分

（一）准备部分

1. 学儿歌、引起兴趣

幼儿集体念儿歌，扮演木头人。

山山山，

山上有个木头人，

一不准动，

二不准笑，

三不准露出大门牙。

2. 自由探索儿歌配动作，分散练习

3. 请幼儿集中示范

"你们都想出什么样的动作啦？谁愿意表演给大家看？"

幼儿开始练习。

"让我们一起来做，不动、不笑。那不露出大门牙是不是要把小嘴巴闭好呀？"

教师带领幼儿一起练习，对于做得好的幼儿要夸奖、肯定，做得不好的幼儿教师要及时鼓励。

（二）基本部分

1. 教师手持"魔棍"，口念"变变变，变成长鼻子大象"。幼儿扮演的"木头人"马上就"变成了大象"并模仿大象走路。变得不像的，"魔术师"用手中的"魔棍"一指，这个幼儿就还原成"木头人"。游戏中不断变化口令，当听到"魔法师"吹口哨，"木头人"就要停止动作。

2. 在宽敞的空地上，"魔法师"背对着幼儿，幼儿在"魔法师"后面10米处。"魔法师"喊"1、2、3木头人"，当喊完"木头人"，"魔法师"转头，幼儿立刻静止不动。谁动被发现就要回到起点重新开始。谁先碰到"魔法师"谁就胜利了。

3. "魔法师"组织"木头人"玩跳数字游戏。引导"木头人"按照1～10的顺序跳。如果跳错，"魔法师"就把他"定"在原地不动。

4. "木头人"跳舞。播放节奏明快的音乐，"木头人"随音乐起舞，"魔法师"挥动"魔棍"音乐停止，"木头人"摆好造型停止。

三、放松部分

"小朋友们，今天的游戏就结束了，你们玩得开心吗？现在，我们听着音乐做放松操吧。"播放舒缓的音乐一起做放松肌肉的动作。最后，"魔法师"送"木头人"回家。

【活动评析】

在活动过程中，通过幼儿尝试、个别幼儿示范、教师讲解、幼儿练习等教育策略让幼儿学习听口令，做出反应动作，很好地锻炼了幼儿的自控能力和判断能力。兴趣是孩子最好的老师，本次"我们都是木头人"采用了多种游戏方式，让每个幼儿都参与其中，充分调动了幼儿的积极性。通过不同的游戏形式由简到难、循序渐进达到了活动目标，既丰富了活动形式又强化了活动目标。

活动的不足之处是缺少让幼儿交流、表达自己体验和感受的环节，不能够很好地提升幼儿自我认知水平与自我体验水平。

其次，要重视幼儿一日生活中的自我意识教育。虞永平教授指出，幼儿社会教育一定要融入幼儿一日生活中。只有在真实生活中，从自身实践中，幼儿才能真正学会认识自我，体验情绪，增强自信心。尤其是幼儿自我控制能力的培养，更需要在真实生活中进行培养与锻炼，任何知识的学习只有落实到幼儿的实际生活中，才是最有效的。

(二)幼儿自我意识教育活动的注意事项

1. 尊重性别，一视同仁

中华人民共和国成立后，我国大力提倡"男女平等"，并喊出了"妇女能顶半边天"的口号，不仅大力解放了女性，更充分挖掘了女性的潜力，使得她们在各个领域取得了卓越的成就。但由于长期受封建思想的影响，仍有不少落后地区不尊重女性的基本权益，存在不同程度的重男轻女现象，违反了我国《妇女权益保障法》以及世界《儿童权利宣言》。

平等是每一个人的基本权利，这当然包括性别平等。我们希望男女平等，就必须从细微处做起，从儿童开始，从娃娃抓起，实施健康的性别平等教育。在这个过程中，成年人也要以身作则，防微杜渐，"勿以善小而不为，勿以恶小而为之"，为幼儿创造一个性别平等的成长环境和学习氛围。然而，在现实生活中，依然存在男女有别、对待女孩更加苛刻的现象，如在玩具选择上，往往剥夺女孩玩枪炮、汽车、航模的权利；在活动选择上，也往往限制女孩玩一些冒险性的攀爬游戏，甚至玩泥沙也会被大人责备(如图3-2)。

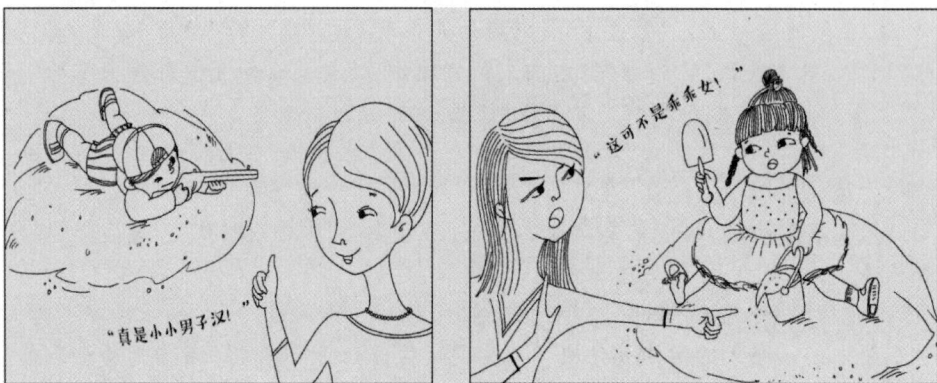

图 3-2 男女有别(中共山东省委机关第一幼儿园 张东梅)

2. 加强专业理论素养，认清教育误区

(1)"乖"孩子，往往是丧失自我意识的一类孩子。很多心理咨询师都有这样的结论：小时候表现越乖、越懂事的孩子，长大后心理问题往往越多；小时候表现越叛逆、越调皮的孩子，长大之后往往心智越成熟。为什么？其中原因值得每位教师和家长思考。

下面我们来看一位幼儿妈妈的自述。

"乖"意味着讨好大人和委屈自己①

我如今仍然记得很清楚，在我小的时候，妈妈带我去商场。来到玩具角，妈妈指着说："你想要吗？"我看着她期待我不要我买的眼神，使劲摇摇头，说："不要。"妈妈满意地笑了，说："乖女儿，知道你不会乱花钱。"其实，上幼儿园的我，怎么会不喜欢玩各种各样有趣的玩具呢，会蹦的发条蛙，会叫的叮当猫，做梦都想要啊。可是，"懂事"和"乖"，是那个年代对小孩子的最高褒奖。我从心里模模糊糊知道，我"乖"妈妈就会高兴。于是，敏感的我把自己的内心需要压抑住，努力做出那个"乖"的模样讨妈妈喜欢。长大以后，我逐渐发现，我成了一个不会拒绝别人、疲惫不堪的"老好人"，并因此给自己的生活带来无尽的麻烦与内心的挣扎，痛苦极了。

后来，我偶尔读到一段叫"毛豆妈妈"的心里话：很多小时候很乖的孩子，长大了心理问题较多，原因就是，他们以满足他人意愿、获得他人首肯为生活主导，失去表达自我的声音，忽略自己的真实需求，内心压抑，十分痛苦。

但是，我的周围还是会经常看到大人对孩子说："乖，不然妈妈就不喜欢你了。"或是"在幼儿园要乖啊！"孩子眨巴着眼睛，马上变乖、变听话了，因为他们不想让妈妈失望，更希望用"乖"来留住妈妈对自己的喜爱。每次看到这些似曾相识的场景，我都心里一酸，仿佛看到了那个年幼的自己。

德国心理学家海查也曾做过一个著名的实验：他对 2~5 岁时有强烈反抗倾向的 100 名儿童，与没有这种倾向的 100 名儿童，从儿童期开始跟踪观察到青年期。结果发现，前者有84%的人，都意志坚强，有主见，有独立分析、判断事物和做出决定的能力；而后者仅有26%的人意志坚强，其余的人遇事不能做决定，不能独立承担责任。②

---

① 郭静、谢智菲：《越乖的孩子长大后越不省心？》，载《家庭科学(新健康)》，2018(6)。
② 郭静、谢智菲：《越乖的孩子长大后越不省心？》，载《家庭科学(新健康)》，2018(6)。

　　从实验数据结果中可以看出，具有强烈自我意识的"熊"孩子，比起没有主见、听话的"乖"孩子，能更好地锻炼意志和自我分析能力，长大也会更成熟、更有成就。

　　(2)自我控制教育，在家里、幼儿园里容易走极端。在培养幼儿自我控制能力的时候，容易出现在家里和在幼儿园不同的两个极端。

　　在家里，由于我国实行独生子女政策的时间比较长，造成家长溺爱、放纵幼儿，很多幼儿处于放养状态，进而造成幼儿的自我控制能力较弱，甚至有的幼儿在家里是"小霸王"，飞扬跋扈、不讲道理。比如，有的爸爸妈妈讨好孩子，有的爷爷奶奶包庇孩子等，这些都是错误的。

　　在幼儿园里，由于幼儿多，或教育理念落后，教师又往往过于严格地约束幼儿，严厉管教幼儿的行为，对幼儿的自我控制培养呈现出过度化的倾向，进而造成幼儿胆小怕事，甚至唯唯诺诺，给幼儿造成了心理创伤。比如，有的老师饭前嫌幼儿太吵，就命令幼儿集体趴在桌子上睡觉，不准说话、不准动，还派一个"小班长"来回巡逻检查，发现有不闭眼睛的就报告老师，这些都是不可取的。

　　其实，幼儿在家里和在幼儿园的教育要求有别本来无可厚非，但无论是家长还是老师，都应该把握好幼儿自我控制教育的"度"，否则就容易造成幼儿的"两面派"现象。

　　王江洋博士曾在1999年做过一个在实验室观察实验，主要是测定儿童4岁时的自我延迟满足能力表现。研究发现，4岁自我延迟满足能力对儿童9岁时学校适应具有预期性，而且幼儿自我延迟满足能力具有跨文化差异性，我国幼儿的调控策略比较弱，更容易任性和缺少自控力。[①] 我们国家幼儿园班级管理如此规范和严格，而幼儿的延迟满足却为何得到这样的教育结果？心理学研究表明，在严厉、专断、限制模式的控制下，幼儿一般有情绪压抑、盲目顺从等过度自我控制的特征，而且控制下的幼儿大多有退缩和攻击性行为，一旦离开高压环境，获得自由后，自制力就变得明显低下。所以，在幼儿园日常生活中，应该给予幼儿充分活动的自由，对他们不要过分限制和束缚。

拓展阅读：培养幼儿自信心，从身边小事做起

　　自信是在自我评价的基础上建立的，主要表现在自我表现、独立性和主动性三个方面。比如，课上积极发言，快乐游戏，不怕被老师提问，不是声音轻得听不见；不依赖父母，能很快适应新环境，不是畏缩地总想跟随在别人后面；主动参加集体活动或加入小朋友的游戏，不是害怕、退缩、独处或容易放弃。一个自信的幼儿，才会自我肯定，自我欣赏。能够自我欣赏，是一种充满自信的行为表现。日本儿童教育学家的一项研究表明，经常受到成人夸奖的幼儿和很少受到夸奖的幼儿，其成才率前者比后者高5倍。那么，如何培养幼儿的自信心？

　　首先，不提过高要求，鼓励尝试。每一次尝试都是学习的机会，不给幼儿设定过高的目标。比如，幼儿讲了一段故事后，老师可以说："你真不简单，自己能讲故事了!"幼儿自己滑滑梯时，教师也应适当地鼓励："你真勇敢，自己敢滑下来!"这样的鼓励，会让幼儿感觉自己长大了，有能力、有胆量，对各种新鲜事情也就有了尝试的勇气。

　　其次，允许幼儿失败，态度宽容。在做手工、做游戏的时候，要大胆放手，给他们发挥自己才能的机会；在值日或接待日的时候，要给他们足够权利，让他们体验到自己的力量。

---

①　王江洋：《幼儿自我延迟满足的预期性、发展性及差异性研究》，博士学位论文，辽宁师范大学，2006。

如果他们失败了或者做错了，教师不要责备、嘲笑和羞辱，要安慰、鼓励和引导，给失败的幼儿足够的宽容，让他们知道自己哪里错了，为什么错了。并让他们明白人人都会犯错，以后改正了还是一个好孩子。

再次，从身边点滴小事做起，给幼儿提供尽可能多的体验成功的机会与权利。比如，可让幼儿为自己记一本"功劳簿"，让幼儿每周花几分钟时间写出（或画出）自己的"功劳"，并告诉幼儿，所谓"功劳"，并不一定非得是了不起的成就，任何小小进步，以及为这种进步所做出的小小努力，都有资格记载入册；也可为幼儿准备一些小小的奖品（如图片、玩具、小人书等）——每当幼儿做出了一点成绩，或一件令他自己感到自豪的事，他就有可能获奖。

最后，对能力比较弱的幼儿，教师要单独加强他的知识积累，培养其能力，并开展一些小组知识补充学习，如《我知道》《这世界真大》等，或者加强其生活自理教育，如《我要自己学吃饭》《看我多能干》等，尽量弥补其家庭教育上的不足。

▶ **本讲练习**

【理论练习】

1. 自我体验的核心内容是（　　）。

A. 自我感受　　　　B. 自尊　　　　　　C. 自爱　　　　　　　D. 自怜

2. "乖"孩子，往往是（　　）的一类孩子。

A. 自我控制良好　　　　　　　　　B. 性格发展良好

C. 丧失自我意识　　　　　　　　　D. 心理过于早熟

3. 自我意识教育的指导要点有哪些？

【实践练习】

1. 找3～5名幼儿进行谈话，听听他们是怎么评价自己的？做好记录，并对照课本里的有关内容看看是否一致。

2. 阅读下面材料，谈谈幼儿自我意识发展的特点有哪些，结合本章内容分析应该如何促进幼儿自我意识的发展，并尝试结合自己的童年经验，评价材料中几位教师的做法有何不妥，张老师的做法又有哪些可取之处？

先让我自己摸摸吧

北京新文教育集团　　张爱祯

一天下午，吃完加餐，禾禾小朋友在喝水的时候不小心把水洒到裤子上了。当老师发现后过来问他："禾禾，是不是尿裤子了？"开始他还笑眯眯地说："没有。"老师又问："没尿裤子，裤子怎么会湿呢？""老师给你换下来好吗？"禾禾答道："我没有尿裤子，我不换。"带班的老师见状就悄悄对我说："张老师，你是男老师，你去看看吧！"我走到禾禾的面前说："禾禾，让我看看，湿了，我们换一条就行。""不行，没有湿。"他一边说着，就一边很害羞似的跪在地上了。这时，旁边的小朋友好像听到了他"尿裤子"的事，都跑来问老师："他尿裤子了？"我把带他到了成人洗手间说："现在没有女生，你可以告诉我了吗？""我没有尿裤子。""那你让我摸摸行吗？""不行，不能摸。"他的表现，使我更加确信他尿裤子了，可是他看起来还是很害羞的样子。"先让我自己进去摸摸吧。"他有点迷茫地说。一会儿，他笑着从厕所里走出来说："张老师，我没有尿裤子，里面的裤子不湿！""可不可以让我摸一摸？"我说。"好吧，你摸摸吧。"这次他自信地说。裤子里面果然没有湿。"开始你为什么不告诉老师。""我怕老师批评我。""那你为什么也不让我摸一下呢？""小朋友太多了，而且还有女孩。"是啊，这个年龄段幼儿的自尊心已经有很大发展，尿裤子是一件丢人的事呀！

3.阅读下面材料，小组讨论：幼儿还会因为哪些身体特征或身体缺陷而心生自卑、暗生烦恼？请一起设计一个具有针对性的专题教学活动，写出教案，并进行模拟试讲。

手臂上的脏东西①

毛毛手臂上有一块胎记，这引起了幼儿的议论："毛毛手臂上有块脏东西，很难看的，不信你去看。""怎么会长这脏兮兮的东西呢？一定是毛毛洗澡不擦肥皂。"……毛毛非常不愉快地跑来告诉老师："小朋友都来看，烦死了，妈妈告诉我，这是我生下来时就有的记号，根本不是脏东西，这是洗不掉的。"为了维护毛毛的自尊心，又让幼儿认识自己独特的胎记，教师鼓励毛毛把妈妈告诉他的话讲给全班小朋友听，并让幼儿回家问问妈妈："你把我生下来的时候有没有留下记号，记号在哪里？"第二天，不少幼儿跑来告诉老师从妈妈那里了解到的"秘密"："我的脚底有块暗红色的皮肤……""我耳朵背后的一颗黑痣是我的记号……"于是，老师把一个很容易伤害幼儿自尊的事件，转化为了一个幼儿探索自身特征的美好活动。这个活动贴近幼儿自身的经验，既有益于幼儿认识自己，又有益于幼儿认识别人。

·第三单元检测题·

———

① 陈方琴：《手臂上的脏东西》，载《早期教育》，2005(1)。有改动。

▶ 第四单元

▶ 幼儿人际交往教育活动

▶ 单元导入

社会交往能力是现代人不可缺少的一项基本素质。社会交往是指个体通过一定的语言、文字或肢体动作、表情等表达手段，将某种信息传递给其他个体的过程。社会交往是人身心健康的需要，是人获得安全感的需要，是人确立价值观的需要，是人发展的需要，更是人幸福的需要。

人际交往是社会交往的重要因素。我国著名心理学家丁瓒教授说，人类的心灵适应，最主要就是对人际关系的适应。由此可见，人际交往教育对学前教育的重要作用，它不仅有利于幼儿学会与教师、同伴、家长以及其他成员交往，而且对幼儿长大后的人际交往也有着深远的影响。

▶ 思维导图

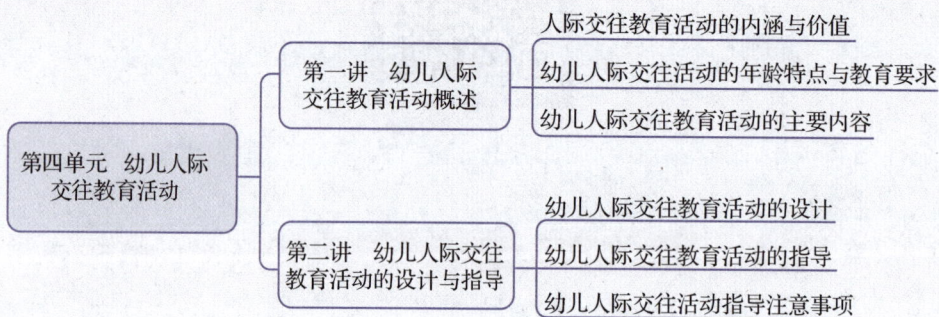

▶ 学习目标

1. 体验"和谐""民主""平等"的人际关系在幼儿成长中的价值。
2. 了解人际交往教育活动的内涵、教育要求及意义。
3. 掌握亲子交往、同伴交往、师生交往活动的设计环节与指导要点。
4. 能设计人际交往教育活动，并能进行说课、反思与评价。

▶ 典型案例

3岁的阳阳拿着皮球来到小区操场玩起了皮球，站在一旁的健健看见了，跑过来说："给我玩一会儿！"阳阳看了健健一眼，抱起球走开了。阳阳又开始踢皮球，睿睿看见皮球滚了过来，忙跑过去捡起皮球还给阳阳，并说："我帮你捡球，好吗？"阳阳看了睿睿一眼，高兴地说："我跟你一起玩吧。"

这样的事情在幼儿中经常发生，为什么健健没能参与玩球游戏，睿睿能参与玩球游戏？幼儿的人际交往对幼儿发展有什么作用？我们应如何发展幼儿的人际交往能力？

第一讲

幼儿人际交往教育活动概述

迄今为止对于"人际交往"，学术界尚没有一个相对明确的定义，许多学者都对它的内涵进行过阐述。丁瓒教授认为，人类的心灵适应，最主要就是人际关系的适应。郁景祖则认为，人际交往是指人们运用语言或非语言符号交换意见、传达思想、表达感情和需要的过程。从学者们对人际交往认识的相同点，我们可以感知，人际交往需要人与人之间的接触，隐含着一定的知识与技能，伴随着人们的成长而习得和发展。

一、人际交往教育活动的内涵与价值 ●●●

"幼儿的人际交往目标与指导"微课

(一)人际交往教育活动的内涵

1. 人际交往

人际交往对幼儿而言，是指其在生活、游戏和学习过程中，借助语言或非语言系统与他人进行沟通、交流与互动的过程。[①]

人际交往在人类个体发展的早期就有所表现。婴儿出生后的第 3 个月，就开始辨认父母和熟悉的人，如对母亲和所熟悉的人表现出更多的微笑、啼哭和咿咿呀呀，或在吮吸、对视中，在成人拥抱、抚摸时，用微笑交流；6～7 个月开始，婴儿会对依恋对象表现出深深的关注，如当依恋对象离开时会哭闹，会兴奋地与同伴打招呼、玩耍；3 岁后，幼儿在游戏中开始与同伴交往；5 岁时，同伴交往的主动性与协调性逐渐发展，合作性行为出现，此时的幼儿可以共同规划游戏活动，为达成活动目标而遵守规则、相互协作，为玩好游戏而努力。由此可见，人际交往是指向他人的社会性行为，需要建立对他人的基本认识和人与人之间的情感联结，更需要建立人际互动的行为与规范。

2. 人际交往教育活动

人际交往教育是幼儿园社会教育的重要内容之一。

幼儿园人际交往教育活动，是指教师有目的、有计划地创造一定的情境和条件，为幼儿搭建人际交往平台，培养幼儿关心、理解、尊重和欣赏他人的人际交往态度，引导幼儿学习人际交往技能，培养幼儿人际交往能力的一系列活动。

由此可见，幼儿园人际交往教育活动的目的是通过为幼儿提供交往的机会，构建人际交往的平台，培养幼儿关心、理解、尊重和赞赏他人的人际交往态度，学习与掌握人际交往的技能，逐渐学会与人友好相处。

(二)人际交往教育对幼儿社会化的价值

幼儿的人际交往活动是幼儿社会化的基本途径。幼儿园有目的、有计划、有组织地开展人际交往教育活动，可以帮助幼儿在与同伴相处的过程中，发现自己的优点和不足，促进自我认识和自我评价的发展；可以为幼儿提供同伴协助，提供共同完成任务的条件与机会，帮助幼儿理解他人、分工协作、分辨是非；可以帮助幼儿在平等交往中，游戏、交流、竞争，

---

① 邵巧云、李倩、栗艺文：《幼儿园社会教育与活动指导》，199 页，北京，北京师范大学出版社，2017。

促进幼儿社会认知、社会情感与社会行为的发展；可以帮助幼儿掌握社会道德规范和交往规则，积极适应环境，协调个人与集体的关系，促进幼儿的社会化。

1. 人际交往有助于幼儿自我认识和自我评价能力的发展

自我意识是一个人对自己的认识和评价，在个体发展中有着十分重要的作用。人际交往可促使幼儿自我意识的萌芽，自我认识的发展，自我评价的产生。人际交往为幼儿的自我认识提供了有效的对照标准。

婴儿从父母那里获得的反馈信息与评价，是最初的评价标准，也是促使婴幼儿自我意识萌芽的重要途径；幼儿同伴间的交往，是重要的评价途径与标准，为幼儿提供了自我认识与自我评价的参照，活动中的其他幼儿就像一面镜子，不断地促使幼儿进行自我认识与自我评价。比如，幼儿在交往中，不同的行为会带来同伴的不同反应，而同伴的不同反应，会促使幼儿了解行为的后果与性质，从而坚持、调整或改进自己的行为。在这个过程中，幼儿通过交往经验，逐步形成对自己身体、能力、性格、态度等方面的认识，或产生积极的自我价值感，或产生消极的自我价值感，自我认识和自我评价的能力也就伴随着产生。

2. 人际交往有助于幼儿认知能力的发展

认知能力是指人脑加工、储存和提取信息的能力，它是人们成功完成活动的最重要的心理条件，一般包括知觉、记忆、注意、思维和想象等能力。心理学研究发现，人际交往是影响幼儿认知发展水平的重要因素之一。在人际交往过程中，幼儿需要运用观察了解交往需求；需要运用语言交流信息，聆听他人意见，表达自己的思想，理解对方的观点；需要运用思维判断对方的要求以及要求的合理性，从而结交朋友、维持友谊，或帮助他人以及向他人求助等。显而易见，在人际交往中，幼儿不仅能综合运用其认知能力，而且还能促使其认知能力的不断发展与提高。

3. 人际交往有助于幼儿社会情感的发展

社会情感是指人在社会中培养出来的与人交往并改善自身行为的感情。社会情感常常伴随着社会心理过程的产生而产生，因此是一种特殊的社会心理过程。出生后，婴幼儿与父母的交往，使幼儿获得安全感与愉悦感；进入幼儿园，随着与同伴交往的增加，他们开始积累交往经验，习得群体规则，提高交往技能，形成较为稳定的同伴群体。当遇到困难时，得到同伴的关心、支持与鼓励，获得战胜困难的勇气和信心；当遇到问题时，得到同伴的宽慰、同情与帮助，获得解决问题的办法和途径，从而缓解焦虑与紧张，获得愉快的情感体验，感受交往的快乐，增强交往的信心。这里的"关心""鼓励""支持""宽慰""同情"等，都是社会行为的表现，由此产生的"安全感""归属感"等，正是社会情感的体验。

4. 人际交往有助于幼儿社会性行为的出现

社会化是幼儿走向社会生活，融入社会的起点。它需要幼儿在社会文化环境中，学习和掌握相关知识、技能、语言、规范、价值观等，以适应社会并积极作用于社会。人际交往为幼儿社会性行为的出现提供了重要途径。人际交往可以为幼儿提供与人交流与合作的机会，在与人的交流与合作中，幼儿不仅认识了他人，还认识了自己；人际交往可以为幼儿提供适应环境的方式与方法，使幼儿自然接受群体的行为规范；人际交往还为幼儿提供社会的价值取向，帮助幼儿在群体中约束和控制自己的行为，以符合社会的要求。

二、幼儿人际交往活动的年龄特点与教育要求 ●●●

《3—6岁儿童学习与发展指南》明确指出，人际交往和社会适应是幼儿社会学习的主要内容，也是其社会性发展的基本途径。良好的社会性发展对幼儿身心健康和其他各方面的发展都具有重要影响。其人际交往教育通过"愿意与人交往""能与同伴友好相处""具有自尊自信、自主的表现""关心尊重他人"四个方面达成。

（一）小班幼儿

小班幼儿的身心发展与认知能力尚处于初级阶段，在人际交往的认知与能力方面，表现为以自我为中心，喜欢和熟悉的人交往，不善于主动与人交谈，不善于用语言表达自己的想法与态度，不善于根据不同的情境运用恰当的词句应答与解决问题，缺乏与人交往合作的能力。在人际交往行为上，虽然喜欢和同伴游戏，但多为平衡游戏，交往行为比较被动，受成人影响大。

因此，小班幼儿人际交往教育活动，具体要求如表4-1所示。

表4-1　小班幼儿人际交往的具体要求

愿意与人交往	能与同伴友好相处	具有自尊、自信、自主的表现	关心尊重他人
1. 喜欢和小朋友一起游戏。 2. 喜欢与熟悉的长辈一起活动。	1. 想加入同伴的游戏时，能友好地提出请求。 2. 在成人的指导下，不争抢、不独霸玩具。 3. 与同伴发生冲突时，能听从成人的劝解。	1. 能根据自己的兴趣选择游戏或其他活动。 2. 为自己的好行为或活动成果感到高兴。 3. 自己能做的事情，愿意自己做。 4. 喜欢承担一些小任务。	1. 长辈讲话时能认真听，并能听从长辈的要求。 2. 身边的人生病或不开心时会表示同情。 3. 在成人的提醒下能做到不打扰别人。

（二）中班幼儿

中班幼儿的身心发展与认知能力相对成熟，处在友谊发展的关键期。[①] 但由于中班幼儿解决问题的意识与能力较弱，合作水平参差不齐，缺乏交往策略，会出现交往矛盾与冲突，影响友谊的发展与持久性；在交往行为上，特别是在游戏中，随着合作游戏的增多，中班幼儿能与不同年龄的同伴一起游戏，并开始尝试和自己喜欢的人主动交往，能主动参与自己感兴趣的活动，想加入同伴游戏或想玩别人的玩具时，会运用一些策略；喜欢与成人交谈，开始懂得关心和安慰父母；能倾听他人的表达，懂得分享，能接受别人的意见和建议。

因此，中班幼儿人际交往教育活动，具体要求如表4-2所示。

表4-2　中班幼儿人际交往的具体要求

愿意与人交往	能与同伴友好相处	具有自尊、自信、自主的表现	关心尊重他人
1. 喜欢和小朋友一起游戏，有经常一起玩的小伙伴。 2. 喜欢和长辈交谈，有事愿意告诉长辈。	1. 会运用介绍自己、交换玩具等简单技巧加入同伴游戏。 2. 对大家都喜欢的东西能轮流、分享。 3. 与同伴发生冲突时，能在他人帮助下和平解决。 4. 活动时愿意接受同伴的意见和建议。 5. 不欺负弱小。	1. 能按自己的想法进行游戏或其他活动。 2. 知道自己的优点和长处，并对此感到满意。 3. 自己的事情尽量自己做，不愿意依赖别人。 4. 敢于尝试有一定难度的活动和任务。	1. 会用礼貌的方式向长辈表达自己的要求和想法。 2. 能注意到别人的情绪，并有关心、体贴的表现。 3. 知道父母的职业，能体会到父母为养育自己所付出的辛劳。

---

① 邵巧云、李倩、栗艺文：《幼儿园社会教育与活动指导》，201页，北京，北京师范大学出版社，2017。

(三)大班幼儿

大班幼儿的身心发展与认知能力发展迅速,在人际交往上,他们更喜欢和同龄幼儿一起游戏,同伴关系发展迅速;开始对规则感兴趣,希望先建立规则再活动;在交往行为上,特别是在游戏中,合作性游戏发展,能分工合作,共同计划,遵守规则,相互协作,积极回应;能主动关心帮助同伴,接纳不同的意见和建议;当被别人欺负时能据理力争,看到好朋友被人欺负时能帮他辩护或打抱不平;有固定的玩伴,喜欢与同性别的伙伴一起玩;愿意了解常见社会职业的人和事,了解不同民族人们的生活方式和习惯等。

因此,大班幼儿人际交往教育活动,具体要求如表4-3所示。

表4-3　大班幼儿人际交往的具体要求

愿意与人交往	能与同伴友好相处	具有自尊、自信、自主的表现	关心尊重他人
1. 有自己的好朋友,也喜欢结交新朋友。 2. 有问题愿意向别人请教。 3. 有高兴的或有趣的事愿意与大家分享。	1. 能想办法吸引同伴和自己一起游戏。 2. 活动时能与同伴分工合作,遇到困难能一起克服。 3. 与同伴发生冲突时能自己协商解决。 4. 知道别人的想法有时和自己不一样,能倾听和接受别人的意见,不能接受时会说明理由。 5. 不欺负别人,也不允许别人欺负自己。	1. 能主动发起活动或在活动中出主意、想办法。 2. 做了好事或取得了成功后还想做得更好。 3. 自己的事情自己做,不会的愿意学。 4. 主动承担任务,遇到困难能够坚持而不轻易求助。 5. 与别人的看法不同时,敢于坚持自己的意见并说出理由。	1. 能有礼貌地与人交往。 2. 能关注别人的情绪和需要,并能给予力所能及的帮助。 3. 尊重为大家提供服务的人,珍惜他们的劳动成果。 4. 接纳、尊重与自己的生活方式或习惯不同的人。

三、幼儿人际交往教育活动的主要内容 ●●●

在人际交往过程中,幼儿交往的主体主要是家长、同伴、教师和其他社会成员。因此,幼儿人际交往活动的类型,主要有亲子交往、同伴交往、师幼交往和社区交往,这些交往类型构成了幼儿人际交往教育活动的主要内容。

(一)亲子交往

亲子交往是幼儿最早建立起来的人际关系,早期亲子关系为以后幼儿建立同他人的关系奠定了基础。因为亲子交往不仅为幼儿提供了学习与模仿的榜样,也为幼儿行为的保持与削弱提供了评价与强化,并由此促成幼儿情绪、情感和个性的形成;亲子交往在帮助幼儿获得亲密关系、安全感、独立和与人合作的同时,也为幼儿提供了与人相处的策略与智慧;亲子交往,还通过父母的社会知识、道德准则、行为习惯和交往技能等来影响幼儿,从而促进幼儿道德品质和社会行为的发展。

拓展阅读:哈罗恒河猴实验

这是美国威斯康星大学著名发展心理学家亨利·哈罗从1958年到1966年做的一系列实验。在实验中他们发现,在没有母亲陪伴下长大的恒河猴,性格孤僻、行为反常,且不具备与其他恒河猴相处的能力，即使当了妈妈也不知道护理、保护孩子，有的会虐待甚至丢弃自己的孩子。

如果用一个合适替代物来代替母亲，小猴会和这个替代物之间形成一种强烈的依恋关系，得到正常的发展。为证实这一观点，哈罗和他的同事们把一只刚出生的婴猴放进一个隔离的笼子中养育，并用两个假猴子替代真母猴。他们制作的第一只代理母猴用光滑的木头做身子，用海绵和毛织物将其包裹起来，在它的胸前安装一个奶瓶，身体内还安装了一个提供温暖的灯泡。然后他们又组装了另一只代理母猴，这只母猴由铁丝网制成，外形与木制母猴基本相同，这只铁丝母猴也安装能喂奶的奶瓶，不能提供温暖。

然后，研究者把这些人造母猴分别放在单独的房间里，8只幼猴被随机分成两组，一组由木制母猴喂养（用奶瓶），另外一组由铁丝母猴喂养。

结果是令人惊讶的。经过最初几天的调适后，无论哪只母猴提供奶，所有的幼猴几乎整天与木制母猴待在一起，它们在木制母猴身旁的时间平均每天达到16小时，总是设法待在木制母猴身旁，与其拥抱、亲昵或在木制母猴的怀里睡觉。相反，幼猴每天在铁丝母猴身旁待的时间只有1.5小时，而这期间还包括吃奶的时间。

哈罗的研究证明，亲子间的接触安慰对幼猴与母猴间依恋关系的建立与发展具有极其重要的作用。

想一想：哈罗恒河猴实验说明亲子交往具有怎样的意义？

亲子交往活动是指幼儿与其主要抚养人（主要是父母）之间的交往活动（如图4-1）。其教育内容主要包括以下几方面。

1. 亲子交往中幼儿日常生活习惯的养成

良好的生活习惯是指在一系列日常活动中，确保个人身体舒适、清洁与整齐的有规律的行为。良好生活习惯的养成，从个体社会化发展的角度看，是人类社会在长期发展过程中所积累下来的关于人的社会属性的一系列稳定的表征。因此，习得这些习惯，不仅是幼儿身心发展的需要，也是个体社会性发展的需要，更是社会文明传递的需要。

图4-1　亲子活动

在亲子交往活动中幼儿日常生活习惯的具体内容有：刷牙、独立如厕、洗手、穿脱衣服、用餐、性别认同等。这里的性别认同是指对自身性别的正确认识，即掌握自己的性别属性或相应的作用，它是幼儿与父母互动时获得的一项重要经验。研究表明，幼儿区分性别的主要依据是发型、服饰等非本质因素，或男女两性理想的行为状态，如男性英俊、勇敢、有力量，女性漂亮、温柔、做家务等。

2. 亲子交往中与家庭成员构成的社会性经验的形成

家庭作为社会的基本细胞，其家庭成员关系就是一个特定的社会关系。因此，由家庭成员关系所构成的社会性经验，对幼儿社会性发展具有重要的作用。亲子交往中与家庭成员关系的经验主要包括：幼儿对家庭环境的认知、幼儿与家庭成员交往时的尊重和关心，以及基本的交往礼节。

具体内容包括：家庭成员角色认知、做客与待客、爱惜物品、道歉与帮助、爱护与关心，以及基本的社交礼仪等。

总之，在亲子教育活动中要"弘扬中华传统美德，加强家庭家教家风建设，加强和改进未成年人思想道德建设，推动明大德、守公德、严私德，提高人民道德水准和文明素养"。

(二)同伴交往

同伴交往，对幼儿而言是一种更直接、更真实、更丰富、更平等的交往形式，在幼儿成长过程中具有成人无法替代的作用。同伴交往可为不同生活经验、不同认知基础的幼儿提供分享经验、相互模仿、解决矛盾的机会，有助于提高幼儿的社会认知水平和解决问题的能力。在同伴交往中，幼儿发出的社会行为，可以直接得到同伴的反馈，帮助幼儿调控行为，获得交往技能和积极的情感体验。同时，还可使幼儿获得认同感与归属感，帮助幼儿获得自我认识，形成对人、对己正确的判断与评价，促进幼儿人格的形成与发展。

拓展阅读：幼儿同伴交往的类型

幼儿同伴交往的类型主要有受欢迎型、被拒绝型、被忽视型和一般型四种基本类型，具体见表4-4。

表4-4　幼儿同伴交往的类型

类型	幼儿表现
受欢迎型	幼儿喜欢与人交往，在交往中主动积极，且常常表现出友好、积极的交往行为，受到大多数同伴的接纳、喜爱，具有较强的影响力。
被拒绝型	幼儿喜欢交往，在交往中活跃主动，常常采取不友好的交往方式，如抢夺、叫喊、推打等行为，在同伴中地位低，关系紧张。
被忽视型	不喜欢与人交往，常常独处或一人活动，在交往中退缩或畏缩，很少对同伴做出友好、合作的行为，被大多数同伴忽略和冷落。
一般型	在同伴交往中行为表现一般，既不是特别主动、友好，也不是特别不主动或不友好；他们既不为同伴所特别喜爱、接纳，也非特别的忽视、拒绝，在同伴心目中地位一般。

想一想：幼儿同伴交往的类型对我们开展幼儿园人际交往活动提出了什么要求？

做一做：根据幼儿同伴交往类型，观察幼儿园里幼儿的交往情况，尝试提出教育建议。

由此可见，同伴交往是指幼儿与同伴接触产生相互影响的社会互动过程(如图 4-2 所示)。同伴交往教育活动，作为幼儿园社会教育的重要内容之一，其主要内容是幼儿在与同伴的关系中，获得的社会性发展的关键经验，即分享、合作、谦让、攻击、嬉戏、嫉妒等。[①]

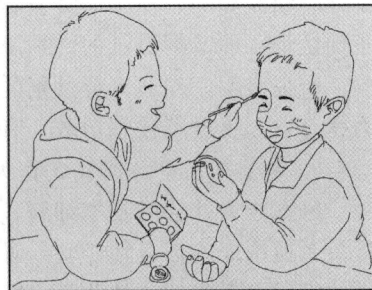

图 4-2　同伴活动

分享行为指幼儿主动、自愿与同伴共享某种资源，并从中获得愉快体验和心理满足的一种社会行为。它是人类的一种重要的亲社会行为。分享行为意味着个体开始摆脱自我中心意识，接受他人可以与"我"共有某物的事实，也

---

① 刘晶波：《幼儿园社会领域教育精要——关键经验与活动指导》，91 页，北京，教育科学出版社，2015。

意味着对他人的承认。

合作行为指两个或两个以上幼儿，为达到共同的目标与同伴配合协调，拟实现共同目标的过程。合作行为的主要特征是拥有共同的、既有利于自己又有利于他人的行为目标。

谦让行为指当幼儿之间因某种共同喜欢或需要的物品、角色、空间等资源而产生冲突时，一方主动让给他人的亲社会行为。[①]

谦让行为存在着功利型谦让和非功利型谦让，以及物质资源的谦让和非物质资源的谦让。由于谦让既会让谦让者感受到人际关系的和谐、心理情绪的满足、自我价值的体现，又会给谦让者带来自身权利的忽视等问题，因此，教师应正确引导幼儿的谦让行为。

攻击性行为指有意伤害他人的行为或倾向。幼儿时期是攻击性行为发生较频繁的一段时期，伴随着攻击性行为，还会出现愤恨的情绪和欺负他人的现象。因此，在幼儿园教育情境中，攻击性行为是不被允许并且被教师极力制止的行为。

同伴嬉戏行为是指幼儿借助语言、身体动作、面部表情和外界物体与同伴之间进行的一种社会性游戏。嬉戏行为可以带给幼儿幽默感，可以带给幼儿快乐与放松的情绪，还可以帮助幼儿与同伴建立平等、亲密、友好的关系。

嫉妒行为对幼儿而言，是指把自己与其他小朋友做比较而产生的消极情感体验和行为方式。比如，当幼儿看到他人在某方面的能力、受欢迎程度、与教师和好朋友的亲密程度比自己强时，而产生的不安、烦恼、焦虑、痛苦、怨恨的情绪和想破坏的行为。幼儿的嫉妒行为与年龄特点、家庭教养方式、教师的教育态度有关。因此，教师在教育时，应关注相关因素对幼儿同伴行为发展的影响。

(三)师幼交往

师幼关系是教师和幼儿在教育教学与交往过程中，形成的比较稳定的人际关系。与亲子关系、同伴关系等幼儿的其他人际关系相比，师幼关系的特殊之处是它蕴含着教育因素，是一种特殊的教育关系。[②] 因此，师幼交往可以帮助幼儿获得关爱，体验温暖、安全、可依赖的情感；可为幼儿提供模仿的榜样，使幼儿感知尊重、信赖、服从等新型人际关系；可有助于幼儿学习新的知识技能，也帮助幼儿建立良好的同伴关系。

师幼交往活动主要是指在幼儿园里，教师与幼儿借助言语、非言语、活动等形式相互交流信息和沟通感情的过程。[③] 师幼交往活动贯穿于幼儿在园的一日活动之中，一般有个体与个体交往、个体与群体交往等形式。有研究表明，在幼儿园师幼交往中，由教师开启的师幼互动事件占 69%，由幼儿开启的互动事件只占 31%。可见，在幼儿园师幼交往中，教师与幼儿还未达成真正意义上的平等，这是值得关注的。

课程思政：我是这样在爱幼儿的基础上与幼儿交流并传达爱的

其实，在师幼交往活动中，教师和幼儿都是信息源，也都是信息接收的终端和处理系统。就幼儿而言，既接收来自教师的信息，对教师及同伴的信息做出反应和调整，又不断地在学习中反馈和评价。就教师而言，既接受自身行为的信息反馈，借以调整自己的教育行为、交往方式，又接受幼儿的信息传递，以调整教育要求、教育内容和教育方法，使每个幼

---

①　王任梅：《5—7岁幼儿谦让行为研究》，硕士学位论文，南京师范大学，2007。

②　张明红：《学前儿童社会教育与活动指导》(第2版)，74页，上海，华东师范大学出版社，2014。

③　李洪亮：《幼儿社会教育》，116页，西安，陕西师范大学出版社，2013。

儿都能成为同伴的良师和益友。幼儿园重视师幼交往活动的开展，就是要达到幼儿愿意与教师互动、能主动与教师互动、在互动中成为主人的教育目标。

拓展阅读：良好师幼互动的特征①

第一，平等性。师幼主体间的交往应是完整意义上的个体（真正意义上的"人"）之间彼此尊重、彼此倾听、彼此信任、相互理解、相互启迪、共同分享的平等交往。

第二，发展性。师幼主体间的交往应是不断形成新的"视界"，不断达成"视界融合"，促进师幼双方特别是幼儿的认知、社会性及个性等方面的发展。这里的"视界"是站在哲学意义上，指一个人从立足点出发所能看到的一切。由于"视界"不断运动，当"视界"与其他"视界"相遇、交融时，就形成新的理解，即"视界融合"。

第三，交互性。在教育活动中，师幼主体间交往的每一方，都作为整体性的存在而离不开对方，双方在这种全方位的交往中相互作用、相互交流、相互理解，不断重构原有的知识结构和认知水平。

第四，共享性。"共享"指师幼作为独立的主体相遇和理解，并且共同在教学中吸取双方创造的经验和智慧。师幼主体间的交往应该与彼此的经验、知识、智慧、意义与价值等方面共同分享，共同享受人际交往带来的一切精神性的东西。

思考：良好的师幼互动特征对幼儿教师提出了哪些交往要求？

由此可见，师幼交往教育活动主要指幼儿在与教师交往中获得的社会性发展关键经验的活动，这些关键性经验，就是幼儿园师幼交往教育活动的主要内容。它们包括告状、求助、帮助、安慰、公平公正等。

告状行为是指幼儿在他们自己认为受到同伴的侵犯或发现同伴的某种行为与幼儿园的规则、要求不相符合时，向教师发起的一种互动行为。这种行为的目的是借助教师的权威力量，影响、约束、改变、阻止同伴的行为。② 告状行为对幼儿而言，可在维护和保护自己的同时，削弱同伴，是幼儿保护自己不受侵犯的最快捷和最有效的方式，还可让幼儿获得"好孩子"的倾向。教师在幼儿同伴行为发展中应高度关注告状行为。

求助行为是幼儿在面对自我困境时，向教师寻求帮助的行为策略。③ 正确的求助以及问题的解决，有助于幼儿掌握必要的知识和操作技能，有助于提高幼儿的交往技能，还有助于幼儿社会规则的习得和师幼间亲密关系的建立。

帮助行为是幼儿需要获得的一项关键经验，是幼儿在遇到困难和问题时，得到教师援助，问题得以解决的行为方式。教师的帮助一方面使幼儿摆脱困境，另一方面也启发幼儿模仿学习，即观察感知他人的需要，主动关心、帮助他人。

安慰行为是教师察觉到幼儿的烦恼、忧伤和痛苦等消极情绪状态时，通过语言、行动或其他途径，帮助幼儿消除消极情绪状态的活动。教师的安慰行为，可以为幼儿树立榜样，潜移默化影响幼儿在同伴交往中的行为。安慰作为一种亲社会性行为，幼儿一旦习得，就会成

---

① 张丽丽、贾素宁：《学前儿童社会教育与活动设计》，123~125页，北京，科学出版社，2016。

② 杨翠美：《4—7岁幼儿告状行为研究》，硕士学位论文，南京，南京师范大学，2007。

③ 魏蕾：《幼儿求助行为研究》，硕士学位论文，南京，南京师范大学，2005。

为一种自发的社会行为，有利于调节幼儿情绪，有助于幼儿与同伴建立亲密联系，有利于幼儿爱心和同情心等社会情感的发展，也有利于教师活动的开展。

公平公正行为是指在师幼交往中，教师充分考虑、关注每个幼儿的需要，克服偏见，尊重、关爱幼儿，促使每个幼儿在原有基础上发展的行为。教师公平公正的教育行为是实现和谐师幼关系的根本。

✎ **教育故事**

老师，还痛吗？

在组织幼儿开展音乐游戏时，我一不小心扭了脚，脚的疼痛让我一下子坐在了地上，孩子们吓坏了，教室里立即一片安静。

悠悠跑了过来，抱起我的脚就吹，一边吹还一边说："吹一下就不痛了。"其他幼儿在悠悠的带领下，也围了过来，有的帮着吹，有的帮着揉，一时间，关心的话语、关切的询问和关爱的举动包围了我，我的眼睛湿润了，心里暖暖的。我激动地对悠悠和大家说："好孩子，老师不痛了，谢谢你们！"

思考：请分析上述特定场景中，幼儿对教师体现了哪些交往行为？这些行为对幼儿社会化发展有什么作用？

（四）与其他社会成员的交往

幼儿在社会化过程中，一方面与周围的人（父母、同伴、教师）直接交往，另一方面，也与社会上其他人（邻居、营业员、公交人员等）交往，逐渐成长为社会人（如图4-3）。这种人际交往，常常通过幼儿参与活动，接触不同职业人员时产生，既有主动性，又有被动性。

图 4-3　幼儿与社会其他成员交往

幼儿在亲子交往、同伴交往、师幼交往中获得的关键性经验，同样适合与其他社会成员的交往。因而，与其他社会成员的交往过程，既是幼儿已有关键经验巩固与提升的过程，又是获取新经验的过程。因此，与其他社会成员交往活动的内容，实质上是亲子交往、同伴交往、师幼交往中关键经验的融合与延伸。不同的是要将各行各业的人的劳动精神、奋斗精神、奉献精神、创造精神、勤俭节约精神，培育时代新风新貌结合幼儿的年龄特点融入教育内容中去。

■ **本讲练习**

【理论练习】

幼儿园只有一架秋千，幼儿都很喜欢。大二班在户外活动时，胆小的铭铭走到正在荡秋千的丽丽跟前，请丽丽把秋千让给他玩。丽丽没有让出秋千，铭铭跑向老师求助："老师，丽丽不让我玩秋千……"对此，A、B两位教师采取了不同的处理方法。

A教师牵着铭铭的手走到丽丽面前，说："你们的事情我已经知道了，我现在想看丽丽是不是懂事的孩子。丽丽，你已经玩了一会儿了，现在能不能让铭铭玩一会儿呢？"丽丽听了，看了看老师，把秋千让给了铭铭。

B教师先是问铭铭："你对丽丽怎么说的呢？"铭铭："我想玩一会儿。"想到铭铭平时胆小，老师就说："是不是你说话声音太小了，丽丽没有听清楚呢？你现在去试试大声地对她说，我想玩秋千，已经等了好久了！如果这样说还没有用，你就回来，我们再想别的办法……"

问题：请分析两位教师回应方式的利弊，并说明理由。

【实践练习】

1. 以"幼儿同伴交往"为内容，根据所学理论，以小组为单位尝试设计一份"幼儿同伴交往中关键经验"的调查表，并在选定的幼儿园里开展调查，结合调查结果进行分析并提出教育建议。

2. 结合见习，观察所在幼儿园里的师幼交往情况，尝试分析其师幼互动的特点，就提高师幼互动水平提出自己的意见和建议。

第二讲
幼儿人际交往教育活动的设计与指导

幼儿人际交往教育
活设计示例

一、幼儿人际交往教育活动的设计 ●●●

幼儿人际交往教育活动的类型多种多样，但对于集体教育活动而言，由于幼儿人际交往教育活动具有目的性、计划性和组织性的特点，因此对于初学者来说，教师可以遵循以下环节来设计人际交往教育活动。

（一）创设人际交往情境，在感知体验中激发幼儿交往情感

创设人际交往情境，在感知体验中激发幼儿交往情感，就是通过情境导入引起幼儿的学习兴趣，激发幼儿的参与情感，使幼儿迅速进入学习状态，并在好奇心的驱使下产生强烈的

探究意向。

之所以在人际交往活动中强调情境导入，是因为幼儿的交往能力是在不断交往的实践活动中发展与提高的。创设与教育内容相宜的情境，不仅能帮助幼儿缩短与学习内容之间的距离，而且还能帮助幼儿在感知的基础上，形成最佳情绪状态，成为学习活动的主体。

幼儿园人际交往情境的创设，可以是情景剧、动画片、绘本、图片、故事、诗歌、游戏场景等，教师的作用就是在幼儿已有生活经验与创设的人际交往情境之间，搭建幼儿认知学习的桥梁，激发幼儿学习的兴趣，唤起幼儿探究的情感，引导幼儿愉快地进入学习活动。因此，情境的创设应以幼儿的已有生活经验为基础，应来源于幼儿生活又高于幼儿生活，具有教育性与趣味性。比如，小班"借玩具"活动的开始部分，教师设计了想"玩玩具"又不知如何"借玩具"的情境，通过生活场景再现，触发幼儿的感知体验，引导幼儿进入活动。

(二)交流讨论分辨正误，在启发引导下提升幼儿交往经验

交流讨论是教师引导幼儿围绕人际交往中的某一问题发表意见的过程。它既是幼儿分辨正误的重要途径，又是幼儿提升经验形成知识概念和技能态度的重要方式。

幼儿的交流讨论需要教师引导，而教师引导的重要途径之一就是设计有质量的"好问题"，这是需要教师精心设计与组织的。教师在设计时，一要明确活动的目标，使问题紧紧围绕目标的达成来展开；二要分析问题可能产生的效果，是引发幼儿讨论、激发幼儿想象、帮助幼儿换位思考、促使幼儿继续探究，还是引起幼儿与教师间的双向活动等；三要遵循幼儿认知的规律，使问题设计由浅入深、由表及里、由具体到抽象，以帮助幼儿提升原有的交往经验。

(三)情境再现学习运用，在分析判断中迁移人际交往知识

情境再现是指教师有目的地引入或创设具有人际交往矛盾事件的场景，激发幼儿的情感体验，引起幼儿认知经验的迁移，从而更进一步帮助幼儿运用人际交往知识技能，形成正确的观念态度的过程。

幼儿人际交往能力的形成受其思维发展的制约，具有直观性与形象性。情境再现可以为幼儿呈现矛盾与冲突，为幼儿提供思考或启迪。因此，教师要精心挑选再现的情境，帮助幼儿将习得的知识技能和观念态度在再现情境中迁移，以使知识、经验深化。

教师再现的情境可以是生活情境、实物情境、图画情境、音乐渲染情境、语言描述情境，还可以是表演体会情境等。无论哪种情境的再现，教师都要用心捕捉幼儿人际交往中的亮点、难点与矛盾冲突点，为幼儿迁移经验搭建桥梁，以帮助幼儿将习得的人际交往经验，在再现的情境中迁移运用，达成"所学"为"所用"的目的。比如，"神奇的'请'字"活动，教师通过视频导入感受"请"字的神奇后，通过观看图片，帮助幼儿正确使用"请"字；启发提问："你在什么时候还用到过这个神奇的字？"；情境表演，巩固了解"请"字，进行三个情境再现，帮助幼儿进一步感知学习、分析判断和正确迁移人际交往中的文明礼貌用语。

(四)游戏渗透巩固提高，在多样性活动中形成人际交往行为技能

游戏是一种符合幼儿身心发展特点的活动，具有自主性、趣味性和虚构性等特性。在游戏中，幼儿身心愉悦，同龄人交往的环境也有利于幼儿人际交往等能力的形成和发展。游戏渗透就是利用游戏的特点，结合活动目标，将活动内容与生动有趣的游戏形式相结合，使学习活动游戏化。很显然，这里游戏渗透是手段，其目的是巩固幼儿习得的人际交往知识，形成正确的人际交往行为技能。

要使游戏渗透真正发挥巩固学习内容的作用，教师在选择游戏活动时要注意以下几点。首先，考虑不同类型的游戏对人际交往教育活动的影响。创造性游戏中的角色游戏，不仅能直接反映亲子交往，又能反映各类社会人员间的交往，对幼儿人际交往能力的发展具有重要作用；规则游戏能将活动目标与游戏任务相融合，使游戏任务直接为活动目标服务；区域游戏能满足不同幼儿的交往需求，促进不同层次幼儿人际交往能力的发展。其次，使游戏规则体现教育内容的要求，帮助幼儿在遵守游戏规则的同时，自觉或不自觉地巩固学习内容。最后，关注幼儿游戏中的行为表现，通过游戏纠正不正确行为，巩固正确行为，以促进幼儿人际交往行为向习惯的转化。

(五)拓展延伸交往情境，在一日活动中形成人际交往态度与能力

幼儿园一日活动，是幼儿掌握基本生活经验和社会规范的重要形式，也是幼儿人际交往能力发展的重要途径。教师在设计人际交往活动时，在最后的总结提升环节，一方面应通过总结提炼，加深幼儿对活动内容的印象，提升操作体验的感受，激发幼儿对人际交往活动的情感，帮助幼儿形成正确的人际交往态度与观念；另一方面应拓展延伸交往情境，或在幼儿园一日活动中设置相关运用环节，或在家园联系中安排一些特殊活动，使幼儿在幼儿园所学内容延伸到家庭和社区。

二、幼儿人际交往教育活动的指导 ●●●

(一)营造宽松温馨的人际交往环境，关注个别幼儿的交往行为

幼儿人际交往能力的发展，是在不断交往的实践活动中发展与提高的。幼儿在幼儿园人际交往活动的主要途径是一日活动，因此营造宽松温馨的人际环境，是教师必须关注的问题。这需要教师做到以下几点：一是为幼儿创设平等、开放的交往环境，为幼儿提供专门的活动时间，鼓励幼儿在活动中相互拜访、邀请、表达与交流，体验交往的愉悦，形成良性的交流反馈；二是为幼儿创设友爱的交往环境，形成相互关心、相互帮助的交往氛围，让幼儿学会移情、原谅与接纳；三是以身作则，用微笑主动打招呼、耐心听幼儿讲话、以积极的态度面对幼儿的问题，在为幼儿树立榜样的同时，潜移默化地教给幼儿交往的技能。

关注个别幼儿的交往行为，也是教师必须关注的问题。处于交往劣势的幼儿，常常会被同伴拒绝或忽视。因此，教师针对个别幼儿人际交往的问题时要注意做到以下几点：一是纳入一日活动指导计划；二是抓住生活中的教育契机进行交往技能指导，有针对性地帮助他们建立良好的交往行为；三是积极发现他们的闪光点并进行鼓励和表扬，帮助他们在集体面前建立自信，重塑在同伴中的地位。

(二)突出各类教育活动指导特色，通过集体活动促进幼儿人际交往能力的发展

集体教育活动是幼儿园人际交往教育中不可或缺的一条教育途径。目前，幼儿园人际交往集体教育活动一般有主题教育和其他专门的教育活动。人际交往主题活动是指以亲子交往、师幼交往或同伴交往中的某一个主题为线索，生成系列活动，生成的活动围绕主题和幼儿的发展需求逐渐展开。其他专门的教育活动，主要是指亲子活动、同伴活动和师幼活动。

下面，我们就专门的教育活动的指导提出具体要求。

1. 亲子交往教育活动的指导

亲子交往教育活动，简称亲子活动，是由幼儿园创造条件，以教师为主导，家长和幼儿为主体共同参与、相互合作开展的教育活动。亲子活动既是幼儿园教育的延伸与发展，也是

幼儿园教育的一种特殊形式，它以家长与幼儿的亲情互动为载体，促进幼儿人际交往、认知情感、社会化行为等方面的发展，其组织形式丰富。幼儿园经常开展的亲子活动有亲子制作、亲子表演、亲子游戏、亲子社区实践、亲子联欢、亲子互动服务等。

（1）亲子制作。亲子制作是指幼儿和家长共同参与的手工制作活动，它是幼儿园常见的亲子活动形式，通常会配合主题活动或节日庆祝活动开展。

开展亲子制作活动时要注意以下几点。第一，要确定制作内容。亲子制作内容的确定，应考虑教育要求、幼儿的兴趣与水平，以及家长的参与度，要因地制宜，就地取材。第二，关注制作过程。教师应启发家长为达成教育活动目标而参与活动，即家长需主动与幼儿同策同谋、共同动手、通力合作，以促进沟通与交流，加深了解与信任，体验完成任务的喜悦与快乐。第三，提供结果展示。教师应为家长和幼儿提供交流学习和展示成果的机会，如让幼儿展示亲子制作的作品，体验与父母共同完成任务的自豪与快乐，或将作品编辑成册分发给幼儿等。

拓展阅读：指导家长开展亲子制作的实践与思考(改编)

在社会越来越关注家庭教育的大背景下，启发与引导家长参与幼儿活动，可促使父母与幼儿在心理和行为上相互作用、相互影响，从而建立良好的亲子关系。因此，我们通过开展利用废旧材料进行亲子小制作，养成幼儿良好的环境意识和行为习惯。在活动的开展中，我们关注以下问题，从而促进家长与幼儿的共同成长。

一是转变家长观念，引起家长对亲子制作的关注。通过召开"亲身体验式"家长会，让家长当一回幼儿，亲身体验亲子制作的重要意义；举办参与式的家长开放日，让家长感受亲子制作的意义，请家长和幼儿一起利用各种各样的瓶子制作玩具，并请家长在亲子制作活动后，填写一份"家长开放日观察记录反馈表"，通过填写此表引导家长在活动中观察和评价幼儿的行为，发现幼儿的点滴进步，感受亲子制作的意义。

二是注重创设环境，营造亲子制作的良好氛围。通过开辟亲子制作专栏，营造亲子制作氛围，给家长和幼儿提供展现作品和互相学习的机会；开辟亲子制作互动墙，引发家长思考，帮助家长了解利用废旧材料进行亲子制作的方式、方法；举办亲子制作家教沙龙，为家长提供具体明了的制作方法，启发家长与幼儿互动时，能共同制作出更具有创意的作品。

三是组织亲子制作活动，促进家长和幼儿的交往。通过家庭聚会式、家长助教式、晨间区域式、主题活动延伸式、重大节日参与式、竞赛式等方式，组织一系列的亲子制作活动，不仅能培养幼儿对废旧材料再利用的习惯，提升幼儿动手动脑的能力，也能更新家长的教育观念，增进亲子间的情感交流。

思考：亲子制作活动作为幼儿园常见的亲子活动形式，在组织时应注意什么问题？

（2）亲子表演。亲子表演活动是以家庭为单位，家长与幼儿共同参与，选择或创编适合的主题内容进行创造性表演的活动。亲子表演的形式多样，如歌曲表演、器乐演奏、故事表演、古诗吟诵、服装表演等。

开展亲子表演活动时，一是要根据教育目的和教育要求，形成活动方案，明确活动目的。亲子表演活动的目的，主要是帮助家长了解幼儿的关注点和学习点，以达成对幼儿的认同和支持，从而加强交流，增强幼儿自信，愉悦幼儿情感。二是关注活动过程的组织。应启发家长关注活动中的主体——幼儿，轻外在效果；应给予幼儿及家长更大的开放性及自由度，发挥家长和幼儿的主观能动性；应关注现场气氛的把控和环节的衔接，使幼儿感受平等，快乐成长。三是重视活动后的反馈。可通过主题墙和自媒体等手段，展示活动情况，展现活动轨迹，帮助家长体会和幼儿一起表演的快乐，感受幼儿的所作所为，分享幼儿的学习与成长，认识活动的价值。

（3）亲子游戏。亲子游戏，是家庭成员与幼儿之间以感情为基础而开展的活动。亲子游戏是亲子之间交往的重要形式，不仅有益于亲子间的感情与人际交流，而且也能促进幼儿的健康发展，对幼儿的实物游戏和伙伴游戏，有着重要的促进作用。亲子游戏的种类繁多，有角色游戏、结构游戏、表演游戏、音乐游戏、智力游戏、体育游戏等，幼儿园可以通过组织适宜的亲子游戏，达成促进幼儿交往能力和全面发展的目的。

开展亲子游戏时，一是选择适宜的游戏。这里的适宜既指游戏种类的适宜，也指游戏内容的适宜。就游戏种类而言，目前幼儿园开展较多的是亲子体育游戏。因为亲子体育游戏有目的、有规则、有玩法、有结果，且以游戏的形式呈现幼儿身体素质发展的内容，既直观又具挑战，既需合作又需技巧，很适合家长与幼儿一起进行；就游戏内容而言，不仅需要考虑幼儿的年龄特点和发展水平，还要考虑家长的可参与程度。二是创设良好的游戏环境。这里的游戏环境既指物质环境，又指心理环境，物质环境应具有安全性和刺激性，且与活动目的保持一致，是自由的、充满情趣的、具有教育性与可控性的。心理环境应是和谐、温馨和平等的。三是科学地组织游戏活动。亲子体育游戏中，教师不仅是组织者，还是观察者与引导者，一方面遵循体育活动规律组织活动，另一方面启发家长关注幼儿，参与游戏促使游戏目标的达成，与幼儿共同解决游戏中的问题和困难，支持幼儿在游戏活动中的发现与创造。四是记录快乐的游戏情境。

✏ 教育故事

爸爸老师（活动反思节选）

大二班幼儿对足球产生了极大的兴趣，劲劲还特意从家里拿来了个足球，户外活动时总是把足球踢来踢去，而年轻的女教师对足球知之甚少。面对幼儿的兴趣："足球项目有什么规则？一个队有哪些人？"一时无法做出回应，只是说："回去问问爸爸吧！""让老师回去查查资料，再告诉你！"当然更无法与幼儿一起踢足球。男家长中有着众多的球迷，有些还是专业体育老师，于是老师邀请这些足球迷来到幼儿园当起了爸爸老师。伟伟爸爸换上了运动装，吹起了哨子，给小家伙整队，接着示范传球。幼儿看得可认真了，简直令老师不敢相信，平时的"调皮鬼"让让格外地遵守规则，一直跟着爸爸老师。"现在我们练习射门。"爸爸老师娴熟的技巧让幼儿羡慕，利索地一脚出去。"哇，伟伟爸爸射得好远呀！""哦，射进门了！"一阵阵欢呼声传出。爸爸老师细心地指导着动作错误的幼儿，场上的幼儿踢得满头大汗也不肯停。

想一想：这位老师开展的幼儿园亲子体育游戏中，亲子作用是如何发挥的，其优势是什么？

2. 同伴交往教育活动的指导

（1）随机性同伴交往。随机性教育活动是指那些缘起于幼儿即时的行为表现，随机发生在幼儿园一日活动的场景中，教师对此没有事先的设计与准备，只是单纯地遵循"根据幼儿的具体情况，发现并及时解决问题"的思路灵活给予指导和帮助的教育活动。[1]

随机教育是教师针对个别幼儿的同伴交往行为，进行即时而有针对性的教育。由于随机教育与幼儿同伴交往中的矛盾、纠纷和情绪相关，因而具有即时性与偶发性、情境性与对应性、教育性与迁移性的特征，在幼儿同伴交往活动中具有重要作用。

同伴交往中的随机教育，需要教师观察幼儿在生活活动、游戏活动、学习活动和户外体育活动中的行为，关注事件发生时幼儿的情绪以及情绪后的背景，机智应对，因此随机教育对教师的教育要求较高。要求幼儿教师在处理幼儿同伴交往问题时，要有意培养自己的随机教育意识与经验，注重了解事件的经过，给幼儿提供合理表达意愿和情绪的方式，注意随机教育效果的强化，或使随机教育的内容转化为幼儿良好的行为，或使随机教育内容转化为专门的教育活动。

教育故事

户外活动中幼儿同伴交往矛盾的解决与思考

晨间活动，佳怡玩滑梯时，不小心撞到了前面的涵涵。佳怡有礼貌地说："对不起，涵涵，我不是故意的。"然后准备走开，可是涵涵却不依不饶："你干什么撞我？你是坏孩子，我又没有说没关系！"佳怡委屈极了："我不是说对不起了吗？"于是，孩子们将"状"告到老师这里。

对于这样的争吵，教师要评判还真是一件难事，佳怡已对涵涵很认真地道歉："对不起，涵涵，我不是故意的。"涵涵却偏偏不答应，问题出在哪里呢？在处理完幼儿的告状后，我反复思考，佳怡在发生冲突后，只是例行公事地道歉，并没有等到涵涵的回应就认为已解决了冲突。涵涵却认为，只有自己做出"没有关系"的回答后，问题才算解决。她们间的交往在"回应"与"认错"的关系上，出现了问题，追索原因，是我们在平时的教育中，忽略了"对方回应"环节，幼儿没有"要等别人同意"的意识，其人际交往还只到"提出交涉"就戛然而止了。

面对佳怡和涵涵看似偶发的事件，以及对事件的随机处理，我感到专门教育的必要，于是形成了以生活为内容，在同伴交往中正确使用礼貌用语；以游戏为载体，在人际交往中灵活运用礼貌用语；以环境创设为手段，在人际交往中自觉规范礼貌行为的系列活动。

想一想：你认为教师从幼儿问题出发而形成系列教育活动的方式好吗，为什么？

（2）专门化同伴交往。专门化教育活动是指那些有专门的主题、详细的活动设计方案、明确的活动实施步骤和活动效果评估的集体化教育活动。专门化教育活动对教师而言，要根据教育目标和幼儿身心发展特点，选择适宜的内容，采取合适的方式，开展专门的活动。

幼儿同伴交往中的专门化教育活动，一般通过创设同伴交往的情境和机会、开展专门的教育活动、组织多样性游戏、强化日常生活中蕴藏的大量同伴交往机会等方式进行。

创设同伴交往的情境和机会，需要教师搭建环境熏染和实践教育的平台。比如，通过主题墙和活动室吊饰，让幼儿一进班就如同进家一般安全、温馨和快乐；通过社会性区域环境创设，促使幼儿自主活动、自由交流，感知社会角色与行为规则，形成分享、合作、谦让等交往行为技能。

---

[1] 刘晶波：《不知不觉的偏离：关于当前幼儿园社会教育活动困境的解析》，载《幼儿教育》，2013(28)。

开展专门的教育活动，就是通过系列教育活动，帮助幼儿学习掌握与同伴交往的基本技能。这既是幼儿获得交往技能的直接途径，也是主要途径，需要教师针对幼儿的发展情况，设计专门的教育活动。比如，用《萝卜回来了》的故事，教育幼儿与同伴交往时，要互相帮助，心中有他人。为迎接小班新朋友，体验做哥哥姐姐的快乐，学习安慰新到园的弟弟妹妹，组织大班幼儿开展"送笑脸给小班弟弟妹妹"活动；为解决中班幼儿同伴交往中不善于表达交流的问题，组织"送好朋友甜甜话"活动，鼓励幼儿以良好的情绪与同伴交往，体验交流分享的乐趣。

组织多样性游戏，就是通过各类游戏活动的开展，促进幼儿同伴之间的合作和交往。比如，开展"找朋友"游戏，游戏中，幼儿边找朋友边积极评价朋友，这样不仅加深了幼儿间的了解，而且增进了友谊；开展角色游戏和结构游戏，幼儿或扮演角色，或动手操作，活动中互动频繁、分工合作、分享谦让、嬉戏快乐，其交往技能不断发展。

强化日常生活中蕴藏的大量的同伴交往机会，就是将日常生活中随机教育内容和自然教育内容纳入教育目标和专门的教育活动中，使幼儿同伴交往教育延伸到幼儿一日活动各环节中。比如，午睡起床后，在幼儿穿衣服环节，可鼓励幼儿互相帮助，并让幼儿对帮助自己的人表示感谢；散步或自由活动时，请幼儿相互聊一聊来自幼儿园之外的消息，以增进幼儿之间的交往和了解等。

✎ 教育故事

心情树活动纪实

小班幼儿升入中班后，经过观察发现，班上幼儿普遍存在着对他人的愿望和需要不善觉察、对他人的情绪状态不善关注的情况。于是，结合"让我们成为朋友"的主题内容，我组织幼儿通过绘画和手工活动，师幼共同创作了两棵"心情树"，一棵代表"高兴"，另一棵代表"不高兴"。我告诉幼儿入园后，可以把自己的照片插在与自己当天心情一致的"心情树"上，并告诉幼儿，老师会根据"心情树"上反映的情况，关注那些不高兴的小朋友，引导他们把自己不高兴的事说出来，然后想办法让他们高兴起来。同时，我也鼓励班上的幼儿，如果你们发现了"心情树"上的消息，也可以主动帮助需要关心的小朋友。

第二天，我首先将自己的照片挂在高兴的"心情树"上，并与幼儿分享了我的高兴事。随后的几天，我发现幼儿对"心情树"上的信息非常关注，只要发现谁把自己的照片插在象征不高兴的"心情树"上后，他们会以各自不同的方式来表达对这个小朋友的关心，结果不仅让心情不好的幼儿的不良情绪得到了及时、有效的释放，确保了他在幼儿园开心过好每一天，也增进了幼儿间的同伴关系与情感交流。

思考："心情树"活动中，教师使用了怎样的同伴交往教育途径，这些途径的使用达到了怎样的效果？

师幼关系是教师和幼儿在教育教学和交往过程中形成的比较稳定的人际关系。这种人际关系以教育为前提，以彼此接纳、相互理解，彼此尊重、相互合作，彼此激发、共同成长为特征，因此，良好的师幼关系应是一种"我与你"平等的人际交往关系。幼儿在师幼关系中的体验，是众多人际关系中最直接、最真实的体验。

3. 师幼交往质量提升的策略

(1)关注幼儿的所思、所想，建立平等的"对话"关系，形成有效的欣赏策略。幼儿的所思、所想，往往代表着幼儿的发展水平与实际状况，幼儿的所思、所想常常通过其行为表现出来。教师关注幼儿的所思、所想，就是在关心幼儿。与此同时，教师不仅要关注幼儿的所思、所想，还要提高对幼儿行为的理解力，敏锐地接收幼儿反馈的各种信息，给幼儿平等的话语权，从而形成有效的欣赏策略。

这里的有效欣赏，需要教师在与幼儿的真诚交流中，把握机会均等的原则，发现幼儿潜在的能力，包容幼儿为达到目的而出现的"试错"行为，使幼儿获得充分的尊重与信任，进而尊重与信任教师、同伴和他人。

（2）把握师幼交往教育活动内容，适度弱化教师的影响因素，形成积极的支持策略。师幼交往的内容丰富而具体，要促成内容的落实，就要适度弱化教师的权威性，让幼儿成为师幼互动的积极施动者。

支持策略的实施，需要教师倾听幼儿的心声，并学会等待。我们可以通过师幼"同乐"方式，倾听幼儿的悄悄话，在了解幼儿心声的同时，与幼儿成为朋友，提高幼儿主动交往的水平；可以通过师幼"解难"方式，与幼儿共同面对和解决生活、学习和游戏活动中的问题，面对个别幼儿的消极情绪与困难，提高幼儿主动参与交往的意愿；可以通过师幼"共创"方式，为幼儿提供主动参与的场景和机会，启发幼儿与教师一起创作，感知师幼合作的力量，提高幼儿的自信心与成就感。

（3）积极回应幼儿的交往行为，建立信任、和谐的师幼关系，形成互动的教育策略。积极回应幼儿的交往行为，是建立信任、和谐师幼关系的基础。

积极回应既包括接纳、尊重幼儿的现有发展水平，又包括对发展滞后幼儿的关爱、提醒、补充和帮助；既包括引导幼儿群体形成对个别幼儿接纳和肯定的良好人际环境，又包括以公平公正的方式处理幼儿出现的问题，形成教师评价幼儿，幼儿也可以评价教师的互动式评价形式。

积极回应对教师而言，还应在观察幼儿交往发展水平的基础上，开展有针对性的教育活动。比如，培养幼儿的语言表达能力，让他人更好地理解自己的想法和态度；克服幼儿胆小和羞怯心理，在班级中积极参与交往；教幼儿理解帮助与分担，主动关心帮助小朋友和教师；引导幼儿既欣赏教师也欣赏身边的幼儿，主动接纳他人的不足，感受人与人交往的快乐与美好。

✎ 教育故事

萧萧的烦心事

河北省保定市青年路幼儿园　栗艺文

萧萧今年 4 岁了，是个性格活泼的孩子，可今天的表现却有些反常。早上来园时，她没有像往常一样大声和老师问好，而是一个人闷闷不乐地坐到一边。老师组织集体活动，萧萧精神不集中，老走神。区域活动时，她没有选择平时喜欢玩的娃娃家，而是在建构区独自玩了一会儿插板。萧萧今天的话比平时少，看上去精神很差。

通过半天的观察，老师判断萧萧一定有什么心事。午睡时，老师轻轻来到萧萧床前，发现她还未入睡。老师轻轻地抚摸她的小脸，亲切地问："萧萧，你今天怎么了？不高兴吗？"萧萧努了努嘴："我今天不想来幼儿园。"老师握住了萧萧的小手，轻轻地问："为什么？"萧萧眼里噙满了泪花，呜咽着说："甜甜妹妹生病了，妈妈说她要在医院住好长时间，我想去找她玩。""哦，原来是这么一回事。"老师轻轻地抚摸萧萧的肩膀，帮助她缓解了情绪，然后亲切地说："萧萧，你真是个好孩子。不用担心，妹妹的病会好的。你这样关心她，她一定很高兴，会好得更快。"萧萧点了点头，慢慢平静下来，老师轻轻地拍着她，直到她入睡。

下午醒来起床时，萧萧的情绪好多了。梳辫子时，老师对萧萧说："你如果想妹妹，可以给她打电话，也可以带些礼物去看望她。但你一定要快乐才行，这样她才能感受到你的关心，才能快快好起来，知道吗？"萧萧认真地点了点头。

4. 与其他人员交往活动的指导要点

幼儿园可通过专门组织的教育活动，或各种参观活动，创造机会让幼儿与不同职业、不同身份的人接触，如将各种职业的工作人员请到幼儿园，与幼儿交流互动；或利用重阳节等节日，组织幼儿到敬老院看望爷爷奶奶，在此过程中，学习正确的交往方法，培养交往情感与态度。

(三)整合教育资源，在家园配合中形成幼儿良好的交往技能

家长是幼儿园人际交往教育中的重要因素，因为无论是亲子关系的建立，还是通过亲子交往活动幼儿养成的良好的日常生活习惯，以及家庭成员间形成的特殊的社会性经验等，都离不开家长的参与和指导。因此，家园配合是促进幼儿人际交往能力发展和社会化发展的有效途径，教师必须高度关注，具体可分为以下几方面。一是教师应主动关注家长在亲子教育中的教育观念与教育行为，将家长教育与家长资源纳入幼儿园教育计划，体现在教育活动中。二是主动交流幼儿在幼儿园的表现，帮助家长了解幼儿的情况，为家长的配合奠定基础。三是对家长提出亲子教育活动的意见和建议，以帮助家长形成科学的育儿观，客观面对幼儿间的矛盾与冲突，为幼儿间的交往提供空间和条件。

三、幼儿人际交往活动指导注意事项 ●●●

(一)亲子活动指导时应注意的问题

1. 关注幼儿园亲子交往活动指导的特点

(1)幼儿园亲子交往活动具有多元主体性，其主体为教师、家长和幼儿。作为专业人员的教师，在活动指导中是设计者、组织者和反思者。作为活动的设计者，要依据教育要求、幼儿的年龄特点和家长的具体情况，科学合理地设计活动，既要考虑活动的教育性，又要考虑活动的个性；作为活动的组织者，要清楚地认识到亲子活动需要家长的参与和配合，因而要随时观察，及时沟通，有针对性地进行调整与指导。家长作为关键的主体，应成为活动的支持者、参与者和合作者。要使家长真正发挥作用，活动前应帮助家长提前了解亲子交往活动的主题、内容和形式，启发家长全情投入，与幼儿一起体验活动的乐趣和意义。幼儿作为亲子交往活动的主人，是活动开展的核心，教师在指导时，应更多地关注幼儿的参与和成长，使其成为真正的主体。

(2)幼儿园亲子交往活动具有多向互动性。在亲子交往活动中，有亲子之间的互动、有家长与家长之间的互动、有教师与家长之间的互动，还有教师与幼儿之间的互动，教师的指导应兼顾这种互动关系，以达成互相了解、沟通和发展的目的。

2. 把握幼儿园亲子交往活动指导的类型

(1)节日类亲子交往活动。该活动的目的是结合节日开展亲子交往活动，帮助幼儿认识节日，体验亲情。比如，妇女节开展"我帮妈妈洗洗脚"，父亲节开展"爸爸带我打水仗"等活动。

（2）季节类亲子交往活动。该活动的目的是在感知、体验、欣赏和表现季节与人们关系的同时，体验亲子交往的快乐与亲情。比如，春天的"亲子春游""亲子种树"等，夏天的"亲子玩水乐""亲子装饰扇子"等，秋天的"一起去采摘""树叶创意手工"等，冬天的"玩雪""五彩的冰"等。

（3）课程类亲子交往活动。该活动的目的是将课程领域内容与亲情教育有机结合，感受亲子共同学习的快乐与成果。比如，"亲子运动会""我和爸妈比穿衣""亲子共读""亲子故事表演"等。

活动案例

我与春天有个约会（小班亲子交往活动）
湖北省实验幼儿园活动案例选编

【活动目标】

1. 启发幼儿在亲近自然中发现春天的美，感受人与自然的和谐。

2. 增强幼儿的团队意识，体验亲子情和师生情。

3. 培养幼儿愿意并喜欢与同伴交往，促进幼儿交往能力的发展。

【活动准备】

1. 安全教育：对幼儿进行安全教育，指导幼儿听从教师和父母的指挥，特殊情况或不舒服时，及时报告教师和父母，不得随意离开集体，避免有安全隐患的地方。

2. 活动预热：发布活动方案，让所有家长知晓活动内容；接受报名；由家委会成员参与活动筹划及后勤准备。

3. 游戏开展材料：画线笔、口哨等。

4. 联系出行大巴车。

【活动内容】

一、开展游戏

（一）家长活动

破冰游戏：将所有人排成相对的两个同心圆（分为内、外两个圈），边唱歌边转圈，内、外圈的旋转方向相反，歌声一停，面对面的两人要相互握手，并进行自我介绍；歌声再响起，游戏继续。

（二）亲子活动

小脚踩大脚：家长和幼儿手拉手，幼儿双脚踩在家长的脚上，听到口令后，家长带着幼儿向前跑，要求幼儿双脚不能离开家长的双脚，先到终点者获胜。

二、采摘草莓

将家庭分组，边观赏春天的景色，边分棚采摘。提醒家长教育幼儿学会观察，采摘时听从指挥，文明采摘，不随意踩踏。棚内温度高，家长注意幼儿衣物的增减。

三、挖野菜活动

组织幼儿亲近泥土，认识野菜。

提醒家长注意幼儿安全：正确使用小铲子，泥土不可以弄到眼、口、鼻里，和小伙伴之间要有距离。

四、野餐

组织家长和幼儿铺好自备的防潮垫和食物等，愉快午餐。

【活动延伸】

周一幼儿园活动时，请幼儿说一说活动中最有趣、最高兴的事，帮助幼儿进一步感悟亲情交流、同伴交往的快乐，以及与大自然接触的美好。

【温馨提示】

1. 家长们给宝贝穿适合运动的衣服，准备吸汗巾及更换的衣物。

2. 准备好应急物品，如创可贴、消毒喷雾等（家委会适当准备）。

3. 自带饮水、食物、餐巾纸、湿纸巾、垃圾袋、防潮垫、小桶或小篮子。

4. 家长们有专业相机的可带上。

5. 午餐自备，采用野餐形式。

6. 活动中确保自身及幼儿的人身财物安全，活动结束后请及时清理场地垃圾。

3. 掌握幼儿园亲子活动指导的策略

(1)活动的选点要新。亲子活动要吸引家长全情支持、幼儿全心投入，其主题选择很重要。在选择主题时，教师应考虑亲子交往活动的目的，选择活动内容，把握活动类型，更要分析幼儿和家长的实际情况，在借鉴的基础上创新。

(2)活动考虑要细。这里的"细"，包括通知要求要细，让所有家长知晓活动目的、活动准备、活动时间、活动参与方式等；活动准备要细，既关注场地和教学具，也关注安全，即场地安全、使用材料的安全、活动开展过程的安全等；分工要细，即主、配班教师的分工、家长的分工等。

4. 关注幼儿园亲子活动指导的效果

不同类型和主题的亲子活动，在实施时应让家长和幼儿看得懂、做得到，既突出针对性，又易于实施，因此活动内容一定要考虑幼儿的年龄特点和学习品质。一次好的亲子交往活动，可以从三个方面进行评价，即幼儿开心且有成长，家长用心且愿再来，教师易行且有收获。

活动案例

欢度元宵（大班亲子活动）
湖北省实验幼儿园活动案例选编

【设计意图】

元宵是中华民族的传统节日，为帮助幼儿更好地了解传统节日的风俗，体验元宵的喜庆气氛，感受团圆的快乐和亲情合作的愉快，特设置"欢度元宵"的教育活动。

【主题目标】

1. 感受团圆的快乐和亲情合作的愉快，体验家园情、师生情和亲子情。

2. 知道元宵的由来，初步了解元宵的民风民俗。

3. 鼓励幼儿与家长一起动手搓元宵，培养幼儿的动手能力。

【活动准备】

1. 邀请家长来园，并告诉其活动的安排，请家长在家制作一份美食带到幼儿园。

2. 做元宵的材料。

3. 餐具(碗、勺子、一次性手套、围裙、擦手毛巾等)。

4.《元宵节》《卖汤圆》的音乐、元宵节由来的 PPT 或视频、过元宵节的图片等。

5. 布置场地的图片、灯笼、灯谜等。

【活动过程】

一、激发兴趣，导入主题

播放《元宵节》歌曲，感受元宵节就要到来了。

教师提问：你们知道这首歌唱了什么吗？元宵节是什么时候？

幼儿自由回答。

教师小结：元宵节是正月十五。

二、介绍元宵节的由来，初步了解元宵节的民风民俗

1. 教师讲述故事、播放 PPT 并提问：元宵节是怎么来的呢？(玉帝要烧毁人间，人们得知消息后提前挂灯笼放烟火，免去了这一劫难)

2. 引导幼儿交流以往是怎样过元宵节的。

教师提问：你们觉得过元宵节最开心、最想做的事情是什么？

幼儿交流讨论(欣赏花灯、猜灯谜、吃元宵等)。

教师：小朋友们说了这么多，我们一起来看看大家是怎么过元宵节的。(出示各种卡片或背景图，引导幼儿初步了解元宵节的民风民俗)

三、幼儿与家长一起制作元宵

教师：小朋友们，你们知道元宵是什么样子的吗？想不想自己做元宵？我们也来试试做好吃的元宵吧。

教师：瞧，这个元宵粉怎么是粉色的呀？你觉得这个粉色的元宵粉是什么味道的？(幼儿自由回答)(粉色—草莓、绿色—菠菜、黄色—南瓜、紫色—紫薯)

1. 教师请家长示范做元宵的步骤：先取一小块面团放在手掌心，用另一个手掌盖在面团上，来回团、搓，一个小小的、圆圆的元宵就做好了。

(提醒家长要求幼儿戴上一次性手套；每组家庭搓 5 个元宵)

2. 家长与幼儿合作制作元宵。(配背景音乐《卖汤圆》)

四、赏花灯、猜灯谜

做好元宵，小朋友们和家长参加赏花灯、猜灯谜活动。

五、班级美食节

1. 家长展示自制美食。

师：今天爸爸妈妈还给我们带来了很多美食，现在，请爸爸妈妈介绍他们准备的美食吧……

2. 分享美食，体会爸爸妈妈的辛苦，感受爸爸妈妈的能干。

3. 感谢父母，品尝元宵，体会亲情。

元宵煮好后，请幼儿将甜甜的元宵喂给家长吃，并说说元宵的味道和自己的心情。

【活动结束】

合影留念，教师和幼儿一起收拾教室，结束活动。

(二)同伴交往活动指导时应注意的问题

第一，将幼儿社会性发展的关键经验纳入目标的制定和内容的选择中。在确定幼儿同伴交往目标，并根据目标选择内容时，应充分考虑幼儿同伴交往发展的实际水平和身心特点，将幼儿同伴交往中社会性发展关键经验的相关内容纳入活动方案中。

第二，关注幼儿同伴交往内容与其他领域内容的融合。由于涉及幼儿交往合作的内容丰富，且幼儿同伴交往在幼儿人际交往中具有重要作用，因此，在组织各领域活动时，应有意地渗透和发展幼儿同伴交往能力，使幼儿同伴交往能力的提升成为各领域重要的教育因素。

第三，有机融合训练方式和教育方法。幼儿园同伴交往能力的形成，需要多途径、多方式的融合，因此，教师应有机融合行为训练、认知训练和情感训练，强调观察、模仿、强化在同伴交往行为养成中的作用，鼓励幼儿观察学习、模仿学习、参与游戏；强调语言讲解和行为示范在幼儿同伴行为形成中的作用，在认知的基础上，帮助幼儿通过移情形成新的情感体验和为他人思考的可能。

第四，结合一日活动的组织，关注个别幼儿的交往行为。既重视对幼儿的个别化指导，又使同伴交往教育在一日活动中变为经常性和规范化的行为。

第五，创设无班界同伴交往的机会，扩展幼儿交往的空间，为提升幼儿的交往能力创造条件。比如，以"分享食品"和"分享玩具、图书"为主的同龄班联谊活动，以"我教弟弟妹妹学本领"为主的混龄班活动等。

第六，家园配合，强化幼儿良好的交往技能。幼儿与同伴交往能力的发展与提高，需要充分的交往实践和锻炼，这不仅需要教师做大量的工作，而且还需要家庭的配合与支持。因此，幼儿园要与家长沟通，启发家长自觉参与幼儿的教育，指导家长科学的教育方式，使父母在家庭中有意培养幼儿的交往能力。

活动案例

缺少一块怎么办(小班活动节选)
湖北省实验幼儿园活动案例选编

【活动目标】

1. 有解决同伴交往中问题的愿望。

2. 尝试在情境讲述中发现问题，并探索解决问题的方法。

3. 能与同伴一起愉快游戏并知道如何正确地请求别人的帮助。

【活动准备】

活动前，请两位大班幼儿协助排演情境表演"缺少一块怎么办"。

1. 表演第一部分内容：明明和亮亮两个小朋友搭积木，明明少了一块，就拿了亮亮的一块，亮亮不高兴了，两个人争吵起来。教师过来调解，问："怎么啦?"亮亮说："明明抢了我的玩具!"而明明委屈地说："我想搭房子，可少了一块怎么办?"

2. 表演第二部分内容：明明和亮亮继续搭积木，亮亮搭高楼少了一块，他看见明明正好多出一块，就有礼貌地对明明说："明明，能把你多余的这块积木给我吗?我搭高楼缺少一块!"明明爽快地把积木给了亮亮，亮亮的小脸乐开花，连声对明明说："谢谢!"明明也高兴地笑了。

【活动过程】

1. 情境导入：观看情景剧《缺少一块怎么办》的第一部分。

2. 提问引导："小朋友，明明和亮亮为什么争吵呢?"

3. 启发讨论寻找解决问题的途径和办法。

4. 情景再现：观看情景剧《缺少一块怎么办》的第二部分。

5. 深入引导：明明和亮亮面对缺少积木的情况是如何解决的?

6. 模仿学习：请幼儿一起游戏，在游戏中尝试解决玩具缺少的问题。

(三)师幼互动时应注意的问题

第一，关注幼儿主体地位的缺失，调整角色定位，发挥幼儿的主体作用。在传统的教育观念中，教师往往将自己定位于幼儿的教育者、管理者和保护者，从而将幼儿置于被教育、被保护和被管理的地位，形成了不对称的师幼互动关系。因此，师幼互动时，教师要更新角色意识，从教育者和管理者，变成幼儿发展的支持者、参与者与合作者，以更多地关注幼儿人际交往情感的需要，关注幼儿的实际状况，更好地促进幼儿主体性的发展。

第二，关注师幼互动模式单一问题，因材施教，建立多元化的互动模式。在师幼互动中，教师应根据教育任务和幼儿的实际情况，采用多元化的互动方式。从互动对象看，既有教师与全体幼儿的互动，也有教师与小组的互动，还有教师与个体幼儿的互动；从互动主体看，既有以教师为主体的互动，也有以幼儿为主体的互动；从互动方式看，既有以语言为主的互动方式，也有以动作、环境、材料等媒介为依据的互动方式。

活动案例

小班主题社会活动之一：暖暖的爱

【活动目标】

1. 理解父母对自己的爱就藏在身边。

2. 尝试简单描述父母爱自己的事例。

3. 感受并尝试表达对父母爱的情感。

【活动准备】

物质准备：幼儿家庭生活照片、歌曲《让爱住我家》、情景图片、幼儿人手一份自制材料。

经验准备：幼儿在生活中有与父母亲情互动的经历。

【活动过程】

一、播放歌曲《让爱住我家》，激发幼儿参与活动的愿望

教师和幼儿一起随音乐表演歌曲动作，体验歌曲内容及音乐的气氛。

二、分段看图片，感受家人对自己的关爱无处不在

1. 观看第一组图片(清晨，妈妈用亲吻唤醒睡梦中的宝宝，宝宝笑着向爸爸妈妈说早上好)，了解起床时父母对孩子的爱。

提问：宝宝醒来看见谁?爸爸妈妈是怎样叫宝宝起床的?

引导幼儿回忆自己起床时和父母的亲情互动，并用简单的语言大胆表述。

2. 观看第二组图片(宝宝肚子饿了，妈妈给宝宝做饭)，了解做饭时父母对孩子的爱。

提问：妈妈为什么要给宝宝做好吃的饭菜?你最爱吃爸爸妈妈做的什么菜?

引导幼儿回忆并描述父母在做饭时的亲情互动，通过回忆"最爱吃的菜"体会父母对自己的爱。

3. 观看第三组图片（宝宝病了，爸爸妈妈给宝宝量体温、喂药、榨果汁、讲故事等），理解生病时父母对子女的爱。

提问：宝宝生病了，爸爸妈妈都为他做了哪些事情？引导幼儿回忆自己生病时父母对自己的照料，感受父母对自己的爱。

小结：爸爸妈妈很爱自己的宝宝，会笑着叫你起床，会给你做好吃的饭菜，会和你一起玩，还无微不至地照顾你……最爱你的人就是爸爸妈妈。

三、看照片，讲讲和爸爸妈妈在一起的快乐

引导幼儿简单介绍照片中的人物，说出照片的内容和自己的心情，感受和父母相处的温馨甜蜜。

小结：每个人的爸爸妈妈都很爱自己，爸爸妈妈都很细心地照顾我们，我们应该为爸爸妈妈做点什么，也把我们对爸爸妈妈的爱表现出来。

【活动延伸】

制作小礼物，表达对父母的爱。

启发幼儿利用材料，通过绘画、手工等方式，制作简单的小礼物。回家时，送给爸爸妈妈，并对爸爸妈妈说一句感谢的话，做一件力所能及的家务事，以表达自己的爱。

资料来源：小精灵儿童网站，有改动。

活动案例

大班社会教案：朋友树
邵丽

【设计意图】

拥有朋友是一个人生活在社会中最幸福的事情。对于大班幼儿来说，即将升入小学，只有和朋友在一起生活、学习，才能更快地适应学校的生活，更能体验学校生活的快乐。由此，根据大班幼儿的年龄特点和幼小衔接工作中幼儿的社会适应性需求，设计组织此活动，以引导幼儿结交朋友。当与朋友发生矛盾时，能化解矛盾，谅解他人，体验与朋友在一起的快乐，提升人际交往能力。

【活动目标】

1. 能说出朋友的名字、外貌特征及爱好，增进同伴间的相互了解。（重点）
2. 知道朋友间应相互谅解，友好相处，培养幼儿的人际交往能力。（难点）
3. 体验与朋友在一起时的快乐。

【活动准备】

大树干、树叶形卡纸、彩笔、课件、录音机、半圆形场地。

【活动过程】

一、游戏"猜猜看"，了解好朋友

游戏"猜猜看"：说出好朋友长什么样？穿着什么样的服装？说出好朋友最明显的特征。

引导幼儿通过语言描述连贯地表达出好朋友的特征，在发展幼儿语言能力的同时，进一步培养幼儿的观察力。

二、夸夸好朋友，增进了解

夸夸好朋友：说出好朋友有哪些本领，哪个本领最棒、最让你佩服？

知道好朋友的本领，学习好朋友的优点，和好朋友共同进步。老师也来夸夸自己的好朋友。

渗透：在学校里也要了解自己的同学，和同学成为朋友，共同进步。

三、结合课件(1)讲故事《两片小树叶》

1. 观看课件，教师伴随配乐有感情地讲故事，中断提问："请你们想一个好办法帮助欢欢和乐乐和好。"幼儿讨论，教师注意倾听并参与讨论。

2. 请幼儿交流自己的好办法，教师有感情地讲完故事。让幼儿懂得朋友间要互相理解，有朋友才会快乐的道理。

四、结合课件(2)讨论：好朋友做得对

观看课件后，教师提问："请小朋友看一看发生了一件什么事情？他们做得对吗？为什么？你和好朋友曾发生过什么不愉快的事情？你是怎么做的？为什么？"懂得朋友间应友好相处，遇到摩擦的时候，应互相谅解、不生气的道理。

引导幼儿知道：即将上学会遇到新的朋友，和朋友友好相处，真心对待朋友，我们才会有更多的朋友，才会生活得更快乐。

五、制作"朋友树"

1. 共同制作"朋友树"：教师和幼儿共同制作小树叶，提醒幼儿做事专心、高效。

2. 欣赏"朋友树"：这棵"朋友树"变成什么样了？和好朋友在"朋友树"前合影留念。

资料来源：小精灵儿童网站，有改动。

本讲练习

【理论学习】

1. 幼儿人际交往教育活动的设计要求有哪些？

2. 幼儿人际交往教育活动的指导要求有哪些？

【实践练习】

1. 以培养幼儿人际交往能力为内容，设计活动方案，并到幼儿园组织教育活动。

2. 以小组为单位，以节日为主题，设计一次亲子活动，并以角色扮演的方式开展活动。

·第四单元检测题·

▶ **第五单元**

▶ **幼儿行为规范与道德教育活动**

▶ 单元导入

　　幼儿社会领域的学习与发展过程是其社会性不断完善并奠定健全人格基础的过程。家庭、幼儿园和社会应共同努力，为幼儿创设温暖、关爱、平等的家庭和集体生活氛围，让幼儿在良好的社会环境及文化的熏陶中学会遵守规则。

　　没有规矩不成方圆，没有行为规范和道德的约束，整个社会就没有秩序可言。在日常生活和游戏中，幼儿通过观察和模仿成人的行为来理解相关行为的规范和道德，并内化为自己的行为准则（如图5-1）。那么，在幼儿行为规范与道德教育活动的教学过程中，教师应该怎么做？有哪些注意事项呢？

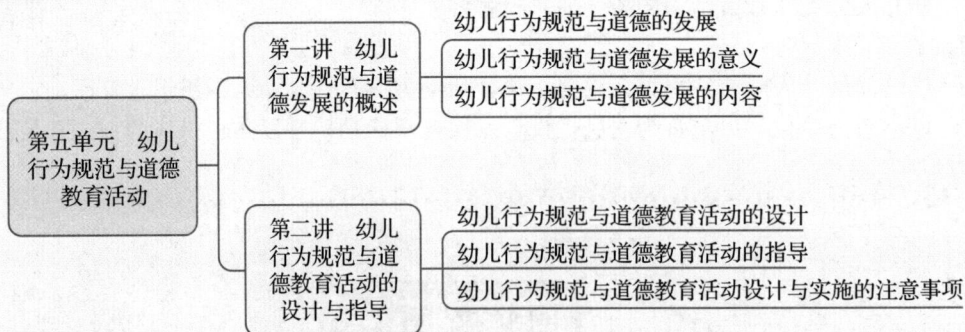

图5-1　幼儿观察和模仿成人的行为

▶ 思维导图

```
                              幼儿行为规范与道德的发展
              第一讲　幼儿
              行为规范与道        幼儿行为规范与道德发展的意义
              德发展的概述
                              幼儿行为规范与道德发展的内容
第五单元　幼儿
行为规范与道德
教育活动
                              幼儿行为规范与道德教育活动的设计
              第二讲　幼儿
              行为规范与道        幼儿行为规范与道德教育活动的指导
              德教育活动的
              设计与指导        幼儿行为规范与道德教育活动设计与实施的注意事项
```

▶ 学习目标

　　1. 树立正确的是非观和规范意识，强化立德树人的责任与使命。

　　2. 了解行为规范与道德发展的内容与要求。

　　3. 掌握行为规范与道德教育活动的设计环节与指导要点。

　　4. 设计行为规范与道德教育活动并准备材料实施活动，能有效进行说课反思与评价。

情景 1 星期一早上，小陆满脸笑容地拿着非常漂亮的魔法棒对我说："江老师，妈妈昨天晚上给我买的，漂亮吗?"我回答说："真美!"说完她笑眯眯地找同伴玩去了。吃完午餐后，小朋友选择自己喜欢的项目安静地玩着。突然，传来一阵哭声，我发现小陆哭着向我跑来说："老师，我的魔法棒不见了，妈妈会批评我的。"我问了所有的小朋友都说没看见，最后也未能找到。

情景 2 下午离园时，我请幼儿把自己的东西整理好等待爸爸妈妈来接。"老师，我的围巾不见了。"华华小朋友带着哭腔着急地对我说，我赶紧召集幼儿问："你们有谁看到她的围巾了呀?"反复问了好几次，幼儿都说没看见，最终还是未能找到华华的围巾，事情也不了了之。

情景 3 几天后，小静的奶奶在接送时随口问我，是不是送了她孙女一个玩具和一条围巾，通过和小静奶奶的谈话，我才了解到小静拿回家的玩具和围巾都是班上幼儿的。

思考：案例中小静的行为说明了什么问题? 作为教师面对幼儿类似的行为问题应该如何引导?

第一讲

幼儿行为规范与道德发展的概述

"国有国法，家有家规。"无论是在家庭中，还是在社会中，行为规范与道德约束是维持社会秩序与和谐的必要因素。"三岁看大，七岁看老。"也说明了养成良好的行为和道德的必要性。那么，幼儿行为规范与道德是如何发展的？其发展内容又体现在哪些方面？

一、幼儿行为规范与道德的发展 ●●●

(一)幼儿行为规范与道德的内涵

1. 行为规范的内涵

行为规范是社会群体或个人在参与社会活动中所遵循的规则和准则的总称，是社会认可和人们普遍接受的具有一般约束力的行为标准。它是在现实生活中根据人们的需求、好恶和价值判断而逐步形成和确立的，是社会成员在社会活动中所应遵循的标准或原则。行为规范用以调节人际交往、实现社会控制，是维持社会秩序的工具，它来自主体和客体相互作用的交往经验，引导和规范全体成员可以做什么、不可以做什么和怎样做，是人们说话、做事所依据的标准，是社会和谐的重要组成部分，也是社会价值观的具体体现和延伸。

2. 道德的内涵

道德是指以善恶为标准，通过社会舆论、内心信念和传统习惯来评价人的行为，调整人与人之间以及个人和社会之间关系的总和。

人不能离开群体而孤立地生活。一个人生活在社会中，其行为必然涉及自己所属群体的利益，很容易引起纠纷或冲突。早在原始社会，人们为了维护部落成员的共同利益，协调彼此的关系，就产生了一些约定俗成的、调节个人行为的准则。遵守这些准则，便称为"善"，会受到舆论的赞许或使自己感到心安理得；违背这些行为准则，便称为"恶"，就会受到周围人的谴责或使自己感到内疚而力求改正。由舆论力量与人们"良心"所支持的行为规范及其实施的总和，就是道德。道德作为行为判断的准则，具有以下功能。①认识功能，道德是引导人们追求至善的良师。②调节功能，道德是社会矛盾的调节器。③教育功能，道德是催人奋进的引路人。④评价功能，道德是公正的法官，道德评价是一种巨大的社会力量和人们内在的意志力量，是人以评价来把握现实的一种方式，通过对周围社会现象判断为"善"与"恶"而实现。

(二)幼儿行为规范与道德的发展表现

1. 幼儿行为规范的发展表现

《3—6岁儿童学习与发展指南》中指出幼儿基本的行为规范发展如表5-1所示。

表 5-1　幼儿基本行为规范的发展

3～4 岁	4～5 岁	5～6 岁
1. 在成人提醒下，能遵守游戏和公共场所的规则。 2. 知道不经允许不能拿别人的东西，借别人的东西要归还。 3. 在成人提醒下，爱护玩具和其他物品。	1. 感受规则的意义，并能基本遵守规则。 2. 不私自拿不属于自己的东西。 3. 知道说谎是不对的。 4. 知道接受了的任务要努力完成。 5. 在成人提醒下，能节约粮食、水电等。	1. 理解规则的意义，能与同伴协商制定游戏和活动规则。 2. 爱惜物品，用别人的东西时也知道爱护。 3. 做了错事敢于承认，不说谎。 4. 能认真负责地完成自己所接受的任务。 5. 爱护身边的环境，注意节约资源。

根据《指南》中各年龄段的发展目标，幼儿对行为规范的认知与发展受到三方面的影响：一是父母、教师的影响，如父母告诫幼儿"不要浪费粮食"；二是同伴互动，如协商解决冲突；三是法律和道德规定，如文明行为规范、交通规则等。另外，幼儿能在成人提醒下遵守规则，逐渐体会规则的重要性，自觉遵守基本规则等。

拓展阅读：各年龄段幼儿社会行为规则教育和学习的要点[①]

小班：①熟悉并愿意遵守一日生活常规与必要的行为规则，知道其与自己行为的关系；②在成人指导下愿意遵守集体活动的行为规则（如轮流与分享等）；③在成人帮助下辨别明显的、对与错的行为。

中班：①学习待人处事的基本礼貌；②知道遵守生活常规与行为规则对自己有好处，对他人有好处，愿意主动遵守；③对照常规与规则，能够初步辨识行为的对与错；④在成人的指导下，知道自己与同伴产生某些冲突时，可以用互相约定的规则解决；⑤在成人的指导下，了解并遵守社会公德。

大班：①初步体验规则与公平；②结合具体活动，了解自己对集体负有的责任，以及自己在集体中应该享有的权利；③了解自己在家庭中应该承担的任务与责任，以及应该享有的权利；④根据常规与规则，能够初步分析行为的对与错，并且讲出简单的道理；⑤有与同伴协商约定、主动解决争执的意识，承认并愿意遵守自己与同伴或他人的约定；⑥在规则、任务意识与责任、学习方式和自我管理等方面，获得向小学学习生活过渡的经验。

有专家把幼儿对社会约定俗成的规则理解为三个阶段。[②]

第一阶段："无规则概念"阶段。这一时期幼儿的社会规则概念几乎为零。他们不能把他人的行为与社会全体联系在一起，虽然他们也知道要遵守规则，但并不知道为什么要遵守，他们把无必然性的社会规则等同起来，但对偷、撒谎、杀人等行为能够进行判断，认为那些都是坏行为。

先导案例中小静未经他人同意"拿"别人的东西，并且说成是自己的，这种行为不能通俗地认为是"偷"，因为她喜欢就会希望据为己有，而且她不知道这一行为是不好的，没有判断是非、好坏的概念。所以，在个体成长过程中，需要让幼儿了解并遵守基本的行为规范，这

①　廖贻：《幼儿园社会认知教育的重要性及其目标与内容》，载《学前教育研究》，2010(1)。
②　彭海蕾：《学前儿童社会教育与活动指导》，42 页，北京，教育科学出版社，2012。

样才能为他将来适应社会提前做好准备。

第二阶段："成人即规则"阶段。这个阶段的幼儿以父母或教师作为社会规则，因而有"必须绝对服从"的概念。同时，他们还开始认为采取何种行为应由本人选择，认识到社会规则在社会生活中是极其重要的。

第三阶段："清楚认识"阶段。该阶段幼儿已经知道行为规则在维持社会全体成员行为中的重要性。他们已经开始了解个人在与社会的相互作用下，必须学会遵守社会规则。

2. 幼儿道德发展的表现

(1)幼儿道德发展的主要特点表现为以下几个方面。[1]

第一，具体性。幼儿思维的具体形象性特点，制约了他们的道德发展，他们关于行为的认识是具体的、特殊的、肤浅的，只能根据人们行为的表面现象和某些外部特点及行为的直接后果来判断行为的好坏。

第二，他律性。幼儿认为道德原则和道德规范是绝对的，来自外在的权威，不能不服从；判断是非的标准也来自成人。同时，他们只注意行为的外部结果，而不考虑行为的内在动机。

第三，模仿性。爱模仿是幼儿心理的年龄特点，周围的人、事、物都会成为他们模仿的对象，通过对榜样行为的模仿，幼儿学到良好道德行为。换句话说，社会环境中的道德原型对幼儿的道德发展起着重要的示范作用。

"幼儿道德发展的
表现"微课

第四，情绪性。幼儿的道德行为常受其情绪的影响，他们对道德行为的判断在很大程度上取决于当时自己情绪的满足程度。当情绪满足时就会产生愉快的情绪体验，这时对行为的判断也受到积极情绪的影响，认为是好的，就容易产生共鸣；否则就认为是坏的，甚至产生消极抑制的情绪。

由此可见，幼儿没有形成道德意义上的是非观念，他们对某一行为的道德判断只是依据行为的结果，而不去考虑行为的意向和动机。而且，这一阶段的幼儿对事物的判断通常是全对与全错的"对立的道德观"，行为的规则往往来源于自动的反自觉行为而非理性，对事情的判断也通常是凭直觉而非推理。此时，教育者不要希望通过口头说教促使幼儿社会化，而应当通过幼儿自身行为使他知道应该怎样做、不应该怎样做，从而明白道理，养成良好的行为习惯。也就是说，幼儿的社会化是他们在实际、切身的经验活动中形成的。

拓展阅读：对偶故事法与道德两难故事法[2]

一、对偶故事法

这是皮亚杰研究道德判断时采用的一种方法。利用讲述故事的方式向被试提出有关道德方面的难题，然后向幼儿提问，用难题测定幼儿是依据对物品的损坏结果，还是依据主人公的行为动机做出道德判断。由于皮亚杰每次都以成对的故事测试幼儿，因此，此方法被称为对偶故事法。

---

[1] 王振宇：《幼儿心理学(新编)》，155～156 页，北京，人民教育出版社，2009。
[2] 张文新：《儿童社会性发展》，283～284 页，北京，北京师范大学出版社，1999。

下面就是其中的一个对偶故事。

一个叫约翰的小男孩在他的房间时，家里人叫他去吃饭。他走进餐厅，但在门后有一把椅子，椅子上有一个放着 15 个杯子的托盘。约翰并不知道门后有这些东西，他推门进去，门撞倒了托盘，结果 15 个杯子都撞碎了。

一个叫亨利的小男孩，一天，他母亲外出了，他想从碗橱里拿出一些果酱。他踩在一把椅子上，伸手去拿。由于放果酱的地方太高，他的手臂够不着。在试图取果酱时，他碰倒了一个杯子，结果杯子掉下来打碎了。

皮亚杰对这个对偶故事提出了两个问题。

1. 这两个小孩是否感到同样内疚？

2. 这两个小孩哪一个更不好？为什么？

对偶故事中主要考察了幼儿对游戏规则的认识和执行情况、对过失和说谎的道德判断以及幼儿的公正观念等方面的问题。通过被试的反应，皮亚杰发现，幼儿的道德判断是从早期注重行为结果的评价向注重行为的动机发展，其道德认知水平从"他律"向"自律"发展。

二、道德两难故事法

在皮亚杰理论基础上，科尔伯格采用道德两难故事法分析不同年龄幼儿的道德发展水平。道德两难问题情境是要幼儿对"海因茨买药"的故事做出判断"是"或"不是"，并陈述自己判断的理由。

该故事大意如下。

海因茨的妻子罹患一种特殊的癌症，生命垂危，医师诊断只有一种新制镭剂药物可治。海因茨奔赴药店准备购药时，店主却将成本仅 200 美元的药物，价格提高为 2000 美元，且没有商量余地。海因茨为妻子治病已用尽所有积蓄，向亲友借钱却只能凑到 1000 美元。他告诉店主，自己的妻子快要死了，恳求店主便宜一点卖给他，或允许赊欠，店主拒绝并称卖药目的只求赚钱。海因茨走投无路，就在当天夜间撬开药店窗户为妻子偷了药。

讲完这则故事后，科尔伯格要被试回答：你认为海因茨偷药救妻的行为对不对？如果说他对，为什么？如果说他错，为什么？

(2)幼儿道德发展的趋势。3 岁前幼儿只有某些道德感的萌芽，3 岁后随着社会性的发展，成人不断对幼儿的行为提出要求，使他们逐渐掌握各种行为规范，道德感也逐渐发展起来。

进入幼儿期以后，幼儿逐渐产生各种道德感，如同情、互助、尊敬、羡慕、义务感、羞愧感、自豪感、友谊感，等等。小班幼儿的道德感肤浅、易变，往往由成人的评价来引起；中班幼儿已掌握了一些概括化的道德标准，会因自己在行动中遵守老师的要求而产生快感，而且开始关心别人的行为是否符合道德标准，如他们看见小朋友违反规则，会产生极大不满，中班幼儿的"告状"就是由道德感所激发的一种行为；大班幼儿的道德感进一步发展和复杂化，他们对好与坏、行为的对与错，有了比较稳定的认识。

在道德判断方面，小班幼儿的道德判断带有很大的具体性、情绪性和受暗示性。只要成人说是好的，或自己觉得有兴趣的，就认为是好的；反之，则是坏的。同时，他们在判断行为时，还不能把行为的动机和结果结合起来，常常只看到行为的结果，而不注意行为的动机，仅根据结果来判断行为；大班幼儿开始注重行为的动机、意图。

二、幼儿行为规范与道德发展的意义 ●●●

(一)幼儿行为规范与道德的发展有利于良好行为习惯和品德的形成

根据《3—6岁儿童学习与发展指南》社会领域的要求,幼儿社会行为规范与道德发展的内容主要体现在良好行为规范与品质、日常卫生习惯、文明礼貌用语、公德意识及环保意识等几个方面。因此,幼儿园社会领域行为规范与道德的发展有利于促进幼儿遵守基本的行为规范,形成举止文明、感恩、诚信、有责任感、尊重他人等良好品德。

(二)幼儿行为规范与道德的发展促进幼儿个性和社会性的形成

幼儿教育具有全面性、启蒙性,体现在方方面面,幼儿个体的发展也是全面的,具有整体性。因此,幼儿行为规范与道德的发展会促进幼儿的社会化进程,有利于幼儿个性和社会性的形成。

(三)幼儿行为规范与道德的发展对幼儿终身发展具有重要意义

孔子曰:"少成若成天性,习惯如自然。"意思是一个人小时候养成的习惯对其终身发展都会起作用。《幼儿园教育指导纲要(试行)》也指出,幼儿教育是基础教育的组成部分,是学校教育和终身教育的奠基阶段。因此,幼儿阶段行为规范与道德的习得对幼儿一生的发展都起着至关重要的作用。

三、幼儿行为规范与道德发展的内容 ●●●

(一)幼儿行为规范的主要内容[①]

由于幼儿心理发展具有具体形象性的特点,因此,他们对社会规范的学习离不开具体的社会环境和社会活动。3～6岁幼儿需要学习的社会行为规范主要有以下内容。

1. 家庭生活规范

(1)卫生规则。饭前、便后洗手;早晚刷牙睡前洗脚;勤洗澡、剪指甲;勤换洗衣服;按季节变化增减衣服等。

(2)饮食规则。定时、定量、定点吃饭;家庭成员聚齐后,尤其是长辈到来后再开始进餐;不暴饮暴食,不挑食偏食;不吃不健康的食品,常吃蔬菜水果等。

(3)作息规则。按时睡眠、起床;不无节制地看电视或玩游戏;学习和户外活动相互交替,动静结合等。

(4)家庭安全规则。就家庭范围而言,应当具体强调幼儿不摸电器和电插座;不给陌生人开门;不爬窗户阳台;不动炉具、不玩火;知道常用的紧急呼救电话110、120、119等。

(5)待客与做客规则。迎来送往,热情地和客人打招呼;安静地参与成人的交流;友好地与小朋友游戏;不乱翻动别人的东西等。

2. 幼儿园集体活动规范

(1)游戏规则。按游戏器械的玩法玩游戏;玩沙、玩水时不攻击别人;采用轮流、谦让、合作、协商等方式解决问题。

(2)学习规则。集中注意力,按时完成教师布置的任务;积极发言,懂得轮流发言;自己整理学习用具;能主动提问等。

---

① 李焕稳、毛秀芹:《幼儿社会教育》,42～43页,北京,北京师范大学出版社,2012。

(3)日常活动规则。排队公平等待规则、轮流规则、集体服务规则。

3. 公共场所活动规则

(1)购物规则。买卖自愿；钱物交换；不乱跑到成人找不到的地方等。

(2)休闲娱乐规则。不大声喧哗、不嬉笑打闹；不乱涂乱画；不随地乱扔垃圾；遵守工作人员的提醒，不脱鞋；不攀爬桌椅、窗台等。

(3)乘车规则。按身高买票、上下车礼貌有序；不争抢座位，为老人让座；坐时安静端正、站立时扶好把手；不把身体探出窗外，不大声吵闹，不来回跑动；不踩踏床具、座椅等。

(4)行路规则。遵守交通规则，按照交通信号的提示行动；过马路走人行横道、过街天桥或地下通道；不独自过马路；走在路上要走便道；不在路上玩耍、打闹等。

幼儿园常用的培养幼儿行为规范的教育活动有"遵守交通规则""红绿灯""今天我值日""垃圾回家""好玩具大家玩""大家一起玩""公共场所不吵闹"等。

(二)道德发展的主要内容

我国公民的基本道德规范是爱国守法、明礼诚信、团结友善、勤俭自强、敬业奉献。家长和教师应从小培养幼儿的基本道德规范，如对自己的行为、对家庭、对社会负责；要有爱心、同情心；要懂廉耻等。幼儿道德发展的内容表现在以下几个方面。

1. 文明礼貌

(1)能有礼貌地与人交往。能使用恰当的礼貌用语，不说脏话、粗话；说话自然，声音大小适中；别人对自己说话时能注意听并做出回应；懂得按次序轮流讲话，不随意打断别人；和别人讲话时，眼睛要看着对方。

(2)举止文明。不私自拿不属于自己的东西；爱惜物品，用别人的东西时也知道爱护，及时归还，并表示感谢。

(3)在成人提醒下，能遵守游戏和公共场所的规则，如在公共场所不要大声讲话等。

2. 关爱、尊重他人

(1)关爱他人。身边的人生病或不开心时表示同情；能注意到别人的情绪，并有关心、体贴的表现。

(2)尊重他人。在成人提醒下，不打扰他人工作或休息；尊重并珍惜他人劳动成果。

3. 学会感恩

(1)感恩父母。知道自己的成长与家人的关系，了解父母的工作，体会并感激父母长辈的辛勤养育之恩；主动帮助父母做事，关心父母，培养对家庭的责任感。

(2)感恩其他。初步了解家庭、幼儿园，认识周围不同职业人们的劳动及其与自己生活的关系，尊重他们的劳动成果，初步产生热爱劳动的情感；能听从父母长辈的要求；爱父母长辈、老师和同伴，爱集体、爱家乡、爱党、爱祖国。

4. 其他道德品质

(1)诚信。知道说谎是不对的；做了错事敢于承认，不说谎；培养幼儿诚实、勇敢的品质。

(2)责任感。能认真负责地完成自己接受的任务，努力做好力所能及的事情，不怕困难，培养幼儿对挫折的耐受力，有初步的责任感和认真负责的态度。

(3)合作、分享。乐意与人交往，对大家都喜欢的东西能轮流、分享，学习互助、合作与分享；学习与同伴友好游戏，学会谦让和合作。

(4)社会公德。遵守社会公德，并阻止他人的不良行为，培养社会责任感；爱护玩具和其他物品，爱护公物和公共环境；在成人提醒下，能节约粮食、水电等；爱护身边的环境，注意节约资源，树立环境保护意识。

(5)逐步懂得正确与错误之分，激发幼儿初步的是非感、爱憎感。幼儿园常用的培养幼儿良好道德品质的教育活动有"我爱我家""妈妈，您辛苦了""节约从我做起""帮助别人真快乐""文明礼貌我先行"等。

▶ **本讲练习**

【理论练习】

一、名词解释

1. 行为规范

2. 道德

二、填空题

1."知道说谎是不对的"是＿＿＿＿＿＿＿＿岁幼儿对行为规范发展的目标。

2. 道德发展的特点有＿＿＿＿＿＿＿、＿＿＿＿＿＿＿、＿＿＿＿＿＿＿和＿＿＿＿＿＿＿。

3. 幼儿园集体活动规范反映在＿＿＿＿＿＿＿、＿＿＿＿＿＿＿和＿＿＿＿＿＿＿方面。

三、单项选择题

1."以父母或教师作为社会规范的依据"是幼儿行为规则发展的第(　　　)个阶段。

A. 一　　　　　　B. 二　　　　　　C. 三　　　　　　D. 四

2."诚信、诚实、责任感、举止文明……"属于幼儿社会领域(　　　)发展的内容。

A. 人际关系　　　B. 行为规范　　　C. 自我意识　　　D. 道德

3. 胡老师今天组织了社会活动"逛超市"，通过活动，幼儿了解到了在超市购物时的注意事项，这属于(　　　)方面的教育。

A. 社会行为规范　　　　　　　B. 人际交往

C. 自我意识　　　　　　　　　D. 社会文化

4. 中班幼儿"告状"现象频繁，这主要是因为幼儿(　　　)。

A. 人际关系的发展　　　　　　B. 自我意识的发展

C. 道德感的发展　　　　　　　D. 理智感的发展

5. 幼儿对道德规则的认知和实践服从于父母和老师等权威人物，体现了其道德发展的(　　　)特点。

A. 具体性　　　B. 情境性　　　C. 他律性　　　D. 模仿性

6. 小明学着"黑猫警长"的口气教训小朋友，体现了儿童道德发展的(　　　)特点。

A. 模仿性　　　B. 他律性　　　C. 情境性　　　D. 具体性

四、案例分析

中央台有一则公益广告让人印象深刻。一位年轻的母亲端来热水，伺候自己的婆婆洗脚。当忙碌了一天的妈妈拖着疲倦的身体回到房间时，她的儿子，一个四五岁的小男孩也端了一盆水，关切地说"妈妈洗脚"，并要给妈妈讲小鸭子的故事……

案例中幼儿的表现反映了幼儿社会性发展的什么特点？请结合案例说明。

【实践练习】

到幼儿园参观见习，看看幼儿园里都有哪些教育教学活动体现了行为规范与道德的发展；并根据所学知识，思考幼儿园里教师的教学内容是否适合幼儿的发展需要，如不恰当，尝试提出自己的建议。

第二讲
幼儿行为规范与道德教育活动的设计与指导

良好的行为规范和道德品质对一个人个性的养成及社会化的发展至关重要。幼儿期是人生的启蒙阶段，是塑造健康人格和完善社会化的重要时期。幼儿教师要利用多方位的资源，通过丰富多彩的教育内容，扩大幼儿的道德意识范围，帮助幼儿形成优良的道德品质和行为习惯。因此，教师在实施相关行为规范和道德教育时，应根据幼儿年龄段特点，选择适宜幼儿发展的目标、内容、方法与途径等，合理组织教学过程。据此，本任务拟阐释幼儿行为规范与道德发展活动的设计与指导。

一、幼儿行为规范与道德教育活动的设计 ●●●

幼儿行为规范和道德教育活动的一般设计模式主要表现为"导入，初步感知行为规范与道德—观察，形成对行为规范与道德的初步认知—讨论交流，加深对行为规范与道德的感知—实践体验，深入体会行为规范与道德—教师指导，总结提升，形成对行为规范与道德的正确认知"等环节。

(一)运用多种方式引出活动主题，初步感知行为规范与道德

教师在活动开始时，可以采用设疑、谈话、情景导入等方式激发幼儿兴趣，通过参观某一社会环境，或观看图片、影片或者讲故事来告诉幼儿本次活动要做什么，要学习哪些相关的行为规范与道德。在引出活动主题时，教师要灵活地采用多种方式，如儿歌、图片与语言指导相结合、游戏等方式；尤其是在幼儿园采用观察演示法或在真实场景中时，要使幼儿有目的地学习，激起幼儿对活动主题的好奇心和参与活动的积极性。

(二)引导幼儿充分观察，形成对行为规范与道德的初步认知

此环节的主要目的是在教师的指导下，使幼儿对新的认知对象如社会规范进行初步的感知，外出参观、实地观察等都是幼儿社会认知和社会学习的主要形式。相较于其他活动，在这种类型的活动中干扰幼儿注意力的因素有很多，所以活动过程中教师要注意随时使用关键性提问引导幼儿观察学习对象。例如，在活动"参观超市"中，教师要带领幼儿到超市进行实地观察，观察商店里有哪些工作人员，有哪些种类的商品，是怎样摆放的，顾客又是如何购物的，在超市购物时应遵守哪些社会规范等。

(三)组织幼儿自由表达自己的感受与认知体验，加深对行为规范与道德的感知

通过观察活动，幼儿对行为规范与道德已有初步的认识和了解。这时，教师有必要提供一个幼儿交流、讨论和对话的平台，请幼儿用自己的表达方式说出观察的结果，并对其进行判断。以"参观超市"的活动为例，参观结束后，教师可以组织幼儿进行对话交流："在超市里看到了什么，它放在哪个货架上？""在超市里，顾客是如何买东西的？""在超市里，你看到过哪些不文明的行为，应该怎样做才是文明的行为？"在这一环节中，教师与幼儿共同沉浸在对话、交流中。在教育关系上，教师与幼儿是平等的。按后现代教育理论的观点，教师是"平等中的首席"，应与幼儿共同参与学习思考、探究和体验。

4.引导幼儿在实践中体验社会行为规范与道德，形成正确认知

在观察与交流的基础上，幼儿已经对社会行为规范与道德形成初步认知，但认识不能停留在口头上，幼儿必须在日常生活中去模仿、学习，才能真正理解、掌握并遵守这些社会行为规范与道德。比如，"参观超市"活动，教师可以让幼儿把自己在超市里看到的不文明现象画出来，或者情景模拟超市购物现象，供大家交流评价。这类实践体验活动有助于加深幼儿对新的认知对象的认识，引导幼儿正确认识社会行为规范，使幼儿学会遵守社会规范；当幼儿对社会规范的认知发生冲突时，教师应对幼儿进行合理而积极的引导，如对"在超市中不想购买的物品可不可以随手乱放""博物馆里能不能随意拍照"等问题，当幼儿争论不休的时候，教师要对幼儿进行合理引导，启发幼儿思考，从而使他们找到真正的答案。

活动案例

中班社会活动：我是值日生

【设计意图】

幼儿升入中班后，自理能力明显增强，他们有着表现自身能力的强烈愿望，对做值日生表现出极大的热情，觉得展示自己的能力是件很光荣的事。可是，在日常生活中，常会出现"一窝蜂""好心办坏事，越帮越忙"等现象。幼儿如何主动地、有计划地、有质量地去做值日生，还需要教师的进一步引导。因此，为了满足大多数幼儿帮忙做事的愿望，增强其为集体服务的意识，养成良好的生活习惯，特设计本次活动，希望在活动中寻找教育契机，增强幼儿的责任意识，培养其责任认知。

【活动目标】

1.知道值日是为大家服务，树立为集体服务的自豪感。

2.了解值日生的一些具体方法，学做值日生。

【活动准备】

值日生标志，供幼儿练习用的学具、餐具等，歌曲《幼儿园里好事多》音乐。

【活动过程】

一、图片导入，激发情趣

幼儿观察《我们的教室》图片若干。

师："怎样使我们的教室保持整洁呢？"

(引导幼儿感受干净、漂亮的环境)

二、观察图片，理解值日生的含义

观察幼儿用书，说说他们在干什么。

（引导幼儿理解值日生的含义，知道有了值日生的服务，可以让大家有更多的时间学习和游戏，生活会更有秩序，可以让小朋友得到快乐，自己也会快乐）

三、小组讨论、合理分工

师：值日生可以在哪些方面为大家服务？小朋友们每天做值日，那么怎样才能做好？

（幼儿讨论值日生服务的内容及方法，激发幼儿做好值日生）

小结：我们做值日生要合理分工，认真负责，这是爱劳动、爱集体的表现。

四、分享体验值日生的快乐

（一）分组练习

幼儿带上值日标志，分组练习当值日生：分发学具、布置班内环境、整理图书及游戏资料、管理自然角、擦桌椅等，让幼儿体验做值日生的感觉。

（二）分享经验

师：值日做好了，你心里有什么感受？

五、放松活动

播放歌曲《幼儿园里好事多》，让幼儿欣赏。让幼儿知道做好值日生很光荣，要当好值日生。

【活动延伸】

回到家之后，做些力所能及的服务活动。

【活动分析】

该教学活动设计的思路是按照"图片导入，引出值日活动这一主题—观察图片，感知值日生的含义—小组讨论与交流，深入了解值日生的价值和任务—实践练习与分享，体验当值日生的感觉"来进行的。

通过这个活动，幼儿对值日生这个概念有了一个简单的认识，值日生这份工作不仅能使他们认真完成自己的事，还主动帮助其他幼儿做事，也更激发了他们当值日生的愿望，让他们感受做值日生的光荣感、自豪感和乐趣。

二、幼儿行为规范与道德教育活动的指导 ●●●

（一）准确把握行为规范与道德教育活动的目标

真正有效的幼儿社会规范教育不仅要在认知层面上影响幼儿，还要重视从情感态度层面上来感染幼儿，在行为习惯层面上来引导幼儿；同时还不能把三个层面的目标割裂开来，应当在具体的教育活动中，以综合的方式进行组织和实施。

幼儿社会教育总目标在各年龄段上的具体体现即年龄段目标，通过每个年龄阶段幼儿具体目标的逐步达成，引导幼儿逐步达成社会教育的总目标。比如，同样是养成良好的行为规范，不同年龄段的要求是不一样的：与同伴发生冲突时，小班幼儿能听从成人的劝解；中班幼儿能在他人帮助下和平解决；大班幼儿能通过协商、交流、谦让等方式自己解决。因此，年龄阶段目标应是总目标的具体、可操作的表现，且不同年龄阶段的目标之间应该是连续的、衔接的。因此，对幼儿社会领域行为规范和道德发展年龄阶段目标表述如表 5-2 所示。

表 5-2　幼儿行为规范与道德发展年龄段目标

	3～4 岁	4～5 岁	5～6 岁
行为规范与道德发展	1. 初步掌握日常生活中常用的礼貌用语，初步有礼貌地同他人交往。 2. 了解和掌握基本的卫生要求，养成初步的卫生习惯。 3. 懂得主要的交通安全常识和行人规则。 4. 在成人的提醒下做到不打扰别人，能遵守游戏和公共场所的规则。 5. 知道不经允许不能拿别人的东西，借用人的东西要归还。 6. 在成人的提醒下，要爱护玩具和其他物品。 7. 与同伴共同活动时，不争夺或抢占玩具。 8. 学会把用过的玩具、用品放回原位，培养幼儿初步的责任感。 9. 身边的人生病或不开心时，表示同情。	1. 在与他人交往中，能初步准确地使用礼貌用语。 2. 感受规则的意义，并能基本遵守规则。 3. 不私自拿不属于自己的东西。 4. 初步了解自己与他人的情绪，懂得同情和关心他人。 5. 初步懂得与他人合作、分享和谦让。 6. 了解周围成人的劳动，做一些力所能及的事，初步养成爱劳动、珍惜劳动成果的习惯。 7. 能克服困难，完成任务，知道接受了的任务要努力完成。 8. 知道说谎是不对的，初步养成诚实、守纪律的品德行为。 9. 在成人的提醒下，能节约粮食、水电等。 10. 初步了解周围主要的社会机构、设施，知道它们与人们生活的关系，萌发幼儿最初的爱家乡的情感。	1. 初步能遵守各项规章制度，学会以规章制度对照自己与他人的行为。 2. 能有礼貌地与人交往。 3. 理解规则的意义，能与同伴协商制定游戏和活动规则。 4. 做了错事敢于承认，不说谎。 5. 能认真负责地完成自己的任务。 6. 了解自己的成长及成人为此付出的劳动，萌发爱父母、老师及其他长辈的情感。 7. 了解自己所在集体，初步懂得做有益于集体的事，培养幼儿初步的集体荣誉感和责任感。 8. 初步懂得爱惜劳动成果，爱惜公物。 9. 爱护身边的环境，注意节约资源。 10. 初步学会分辨是非，萌发初步的爱憎感。 11. 初步了解我国的民族及丰富的物产，萌发爱祖国的情感。

教育教学目标的选择应从幼儿的生活出发，选择基于幼儿生活经验与生活实际、并能丰富其生活经验的内容，符合幼儿社会性教育的需要，且符合其当前社会性发展的实际情况。

(二)选择适宜幼儿行为规范与道德教育活动指导的方法与途径

1. 幼儿行为规范和道德教育活动设计的适宜方法

对于幼儿行为规范与道德教育来说，适宜的教育方法包括参观学习法、角色扮演法、价值澄清法和实践练习法等，在具体教学过程中，需根据特定的教育目标与内容选择合适的方法。因此，幼儿教师首先应了解的是这些方法通常更适合何种层次和类型的幼儿行为规范与道德教育目标和内容，然后根据具体教育活动目标和内容选用最合适的方法(如表 5-3)。

表 5-3　幼儿行为规范与道德发展适宜方法①

方法	适用的目标与内容
参观学习法	对行为规范和道德的初步认知
角色扮演法	对行为规范和道德的深入认知和初步体验
价值澄清法	对行为规范和道德的深入认知
实践练习法	符合行为规范和道德的基本行为方式

---

① 李焕稳：《幼儿社会教育》，161 页，北京，北京师范大学出版社，2012。

事实上，任何一种方法都能在不同程度上促进认知、情感和技能三种目标的实现。然而，对于确定更好的幼儿行为规范与道德教育活动的具体目标和内容而言，却存在哪种方法实施起来效能更高、效果更持久的问题。一般来说，对于较为简单的基础认知类目标，最好采用参观学习法，即组织幼儿到真实的社会场景中进行参观，然后回幼儿园进行讨论。运用参观法时，教师应提前做好准备工作，参观指导时要注意幼儿的安全，参观后要做好总结、巩固工作。对于较为复杂的认知目标，则应当在参观基础上，采用价值澄清法，即幼儿获得直观认识和体验后，在教师的组织下进行讨论和表达，并在教师引导下获得正确认知。对于初步的情感目标和技能目标，一般通过幼儿园内的一日生活和游戏活动就可达成。而对于较为复杂的情感目标和技能目标，则需要借助实践练习法，充分尊重幼儿的主动性与积极性，使幼儿尽可能多地参与真实的社会活动，循序渐进呈现练习内容，并组织幼儿进行反复练习。

总的来说，在活动过程的组织与实施过程中，最关键的是教师应尽量使幼儿有"动手操作"式的主动参与。《幼儿园工作规程》指出，幼儿一日活动的组织应当动静交替，注重幼儿的直接感知、实际操作和亲身体验，保证幼儿愉快的、有益的自由活动。幼儿是教育活动的主体，只有幼儿在活动中主动参与、有感知体验，才能真正达到目的，尽管有些教育活动表面上使用多种手段，但实际上主要是"教师讲、幼儿听，教师演示、幼儿看"的活动模式，这种活动对幼儿的发展作用甚微。幼儿的经验以直接经验为主，教师应注重引导幼儿通过亲身体验和实际操作来进行学习。当然，幼儿在尝试、操作过程中必然会犯错误，这就需要教师宽容、鼓励他们，耐心引导他们总结经验；对幼儿的活动进行适时提问或引导，以保证教育活动顺利实施。另外，教师的提问、讲解、讲述和演示中的语言都要避免成人化语言或专业化术语，以确保与幼儿的有效沟通。

想一想

1. 一天，孩子在纸上随便画着画，边画边和妈妈闲聊："妈妈，我喜欢画画。"妈妈问："是吗？你为什么喜欢画画？"孩子说："让我想一想，嗯……我也说不清楚，反正我很喜欢画画。"妈妈又问："那你有没有想过长大后，要画好多人家喜欢的画呢？"孩子说："没有。"妈妈没有再追问下去，而是留给孩子时间自己"回味"刚才的对话："是啊，我怎么没想过长大当个画家呢？""嗯，我得从现在开始使劲儿画画，将来画好多好多的画给人家看。"请问案例中体现的是什么方法？

2. 下午，浩浩和俊俊在角色游戏区玩起了医院游戏。浩浩扮演大夫，俊俊扮演病人，俊俊装作生病的样子，跟浩浩说："医生，我生病了，要看病。"浩浩认真地说："看病要先挂号。"于是便拿出挂号单开始写写画画，替"病人"挂了号。然后"医生"拿着听诊器放在"病人"的胸口上认真听着，听完之后又让"病人"张开口查看一番，最后判断"病人"是感冒了，于是，给"病人"开了治感冒的药，并嘱咐"病人"去交款、拿药……请问案例中体现的是什么方法？

---

2. 幼儿社会行为规范与道德教育活动设计的适宜途径

开展幼儿社会行为规范与道德教育活动时，教师应科学设计集体教学与主题活动的环节，以保证幼儿在认知、情感和技能方面的发展都能得到兼顾；重视游戏活动和一日生活活动的独特价值；多采用情景模拟等直观手段，以保证活动效果。

(1)幼儿园开展的教育活动。幼儿园开展的行为规范与道德教育活动容易走入重认知、轻情感和社会行为技能的误区。因此，教师在设计幼儿社会行为规范与道德教育活动时，不仅要在目标设定上妥善处理好社会认知、社会情感与社会行为技能之间的关系，还要给幼儿多提供实践练习的机会，防止单纯说教。根据社会教育活动目的、内容的不同和幼儿发展水平的差异，幼儿园进行社会行为规范和道德教育活动的形式有参观活动、谈话活动、实践活动、讲述活动、情境教育和扮演活动、综合主题活动等。

在幼儿园内进行的集体教学效率高，教师容易了解幼儿相关行为规范与道德的认知与表现，且活动中愉快情绪的相互感染，也有助于提高幼儿学习行为规范与道德的兴趣和积极性；但由于脱离真实的生活情境，直观性较差，因此，在一定程度上削弱了活动的实际效果。为此，在幼儿园开展幼儿行为规范与道德教育活动时，教师应充分借助直观手段，为幼儿营造模拟的社会情境，以生动形象的方式引导幼儿参与活动，并诱导幼儿练习自己的感性经验，从而保证活动的实际效果。

活动案例

大班社会领域集体活动：捡到东西还给别人

【活动目标】

1. 知道捡到东西应该还给失主，养成良好的品德。

2. 通过将捡到的东西还给别人，学会解决此类问题的方法。

【活动准备】

1. 图片：在哭的孩子。

2. 动物头饰、玩具汽车、小伞、菜篮、铃铛项链。

【活动过程】

一、图片导入

观察图片，引出课题。

图片：小姑娘哭了。

提问：小姑娘为什么哭了？

（让幼儿根据自己的想象进行讲述）

教师：小姑娘心爱的玩具丢了，心里非常难过，谁捡到了小姑娘心爱的玩具呢？

二、情感体验

激起幼儿生活经验的记忆，体验东西丢失时焦急的心情和找到东西时高兴的心情。

提问幼儿。

1. 你有没有丢过东西？丢过什么东西？丢东西的时候是什么样的心情？

2. 你丢了东西，别人捡到了还给你时，你是什么样的心情？

3. 你有没有捡到过别人的东西？你是怎样做的？还给别人东西时，你的心情是怎样的？

三、学习将捡到的东西还给别人的方法

1. 演示：小狗丢了自己的铃铛、小鸡丢了自己的小伞、小兔丢了自己的玩具、小猴丢了铅笔盒……

提问：我们怎样帮助小动物们找到丢失的东西呢？

师：先问问它们丢失了什么，再问问它们到过什么地方，然后帮忙找。

2. 幼儿分组帮助小动物寻找丢失的东西。

3. 幼儿将捡到的东西还给失主。

提问：还东西的时候，还要问清楚哪些事情？

师：还东西的时候，要问清楚他的东西是什么样的，什么颜色，有什么标记，说对了才能将东西还给失主。

四、组织幼儿讨论捡到东西为什么要还给别人

1. 提问：你是在哪找到小动物丢失的东西的？你将捡到的东西还给小动物时，他们是怎么说的？他们高兴吗？你当时是什么样的心情？

小结：大家在小动物经过的路上找到了他们丢失的东西，将捡到的东西还给小动物时，他们非常高兴，连声说"谢谢"。

2. 讨论：捡到东西为什么要还给别人？

小结：失主会难过，会着急；不是自己的东西不能拿。

五、结束

讨论：捡到东西却找不到失主怎么办？

【活动延伸】

将故事角色图片投放到语言区，幼儿可自由结伴讲故事。

【活动分析】

案例中通过集体教育"图片导入，形成对丢东西的初步认知—回忆过去的经历，初步体验丢东西的感受—角色扮演，掌握捡到东西还给别人的方法—组织讨论，深入认知捡到东西还给别人的意义"完成教学活动，让幼儿在回忆自己的经历、演示、交流与讨论的过程中获得相关经验，教学效率高，有助于提高幼儿学习的积极性。

幼儿园进行的社会领域主题教学活动在内容上融合健康、语言、科学、艺术等学习领域，系列主题活动的开展能够帮助幼儿形成对行为规范与道德的深入认知，促进幼儿情感、能力、知识与技能等方面的发展。所以，教师在进行主题教学活动时，可以根据所设定的教学目标，渗透其他领域的内容，循序渐进加深幼儿对行为规范与道德的认知，最终形成并掌握相关行为规范与道德。

（2）营造良好氛围，创设良好环境。环境对人的影响具有自发性、偶然性、经常性和广泛性，并存在潜移默化的作用，良好的环境有助于幼儿行为规范和道德的形成与发展。因此，布置集艺术性和教育性于一体的环境，营造良好的氛围，对幼儿行为规范和道德教育具有重要意义。例如，在教室、活动室、走廊等场所放置一些主题鲜明的社会活动图片，可以促进幼儿对行为规范和道德的认知；提供绘画、手工、搭积木等适宜并促进合作的材料，可以引导幼儿享受合作、分享、关爱及乐趣，使幼儿在良好氛围中不知不觉受到教育。

（3）在真实的社会环境中。社会领域与其他领域的教育最大的不同在于其随机性特别强。其中，行为规范与道德教育渗透在日常生活的很多细节中，教师应抓住生活细节对幼儿进行教育。例如，幼儿对当值日生很感兴趣，知道这是光荣的事情，却对值日生究竟要做哪些事情不太清楚，且缺乏一定的责任感。因此，教师可以在激发和保持幼儿良好兴趣时，逐步让幼儿明白值日生工作的意义，引导其由对值日具有简单兴趣向对班级责任感过渡。在日常生活中对幼儿进行社会行为规范与道德教育时，教师需要及时反馈，以使幼儿明确什么是对、什么是错，当幼儿表现出主动使用礼貌用语，与同伴合作、共享，关心、帮助他人等良好行

为时，教师应及时给予肯定、表扬，以强化其良好的行为规范与道德。例如，幼儿对他人说"谢谢"后，教师可接着对其说"宝宝真懂礼貌"，也可以向幼儿点头、微笑，竖起大拇指、用手轻轻拍其肩膀，还可以建立奖励机制，在墙上设置"奖评栏"。

行为规范与道德教育活动和生活密切相关，因此要充分利用真实的社会环境来开展活动。例如，为了让中班幼儿了解售货员与顾客的角色规范与准则，教师可以开展"参观超市"的活动。首先，教师事先与幼儿园附近的超市联系，选择适宜的参观地点，制订好参观计划。活动开始时，通过谈话引起中班幼儿对参观超市的兴趣，并提出参观要求，如观察超市里卖什么东西，营业员是怎么卖东西的，等等。其次，带领幼儿参观超市，引导其观察超市里营业员和顾客的活动，并记住营业员和顾客之间的简单对话，同时还要注意观察营业员是怎么放置物品的。最后，回到幼儿园组织班级幼儿讨论超市里有哪些人，他们在干什么，营业员是怎样卖东西、怎么对待顾客的，等等。活动延伸时，可提示幼儿收集各种包装袋和物品盒子，在活动区开展"小超市"游戏。该活动选择的环境是结合幼儿的生活经验开展的、并与幼儿生活联系紧密的超市。此类活动开展时，需要教师带领幼儿离开幼儿园，前往与特定主题相关的社会场所参观，通过观察学习的方式，获得关于特定的社会行为规范与道德的认识。

在真实的社会场所中开展的社会行为规范教育活动，需要教师采取充分的安全防范措施，如邀请家长一起参与、统一幼儿着装等。同时，还要准备好紧急安全问题处理预案，防止出现幼儿意外伤害或走失事件的发生，做到有备无患、以防万一。教师需要提前做好与特定社会环境有关的部门或人员的联系与沟通工作。例如，到医院参观，需要先取得医院的同意，还需要医院方面为保证教育效果适当做些准备和接待工作。一般来讲，在真实社会场所开展的活动与在幼儿园开展的活动不是单独进行的，而是有机衔接、互为补充的。一方面，在幼儿前往真实的社会场所参与活动之前，教师应当已经在幼儿园中开展过一些先行活动，帮助幼儿做好经验准备，保证幼儿对将要前往的社会场所有一定的了解，同时又有一定的疑问，从而带着目的参与活动；另一方面，在真实社会场所的活动结束后接下来的几天，教师最好在幼儿园继续组织几次活动，设计出与幼儿的现有发展水平和特定的社会场所相符合的实践活动，尽可能给幼儿创造充分的实践练习机会，避免将活动简单地停留在"走马观花式"的观察层面上。

（4）在其他领域中渗透。《幼儿园教育指导纲要（试行）》指出，幼儿园的教育内容是全面性、启蒙性的，可以相对划分为健康、语言、社会、科学、艺术等五个领域，也可做其他不同的划分。各领域的内容相互渗透，从不同的角度促进幼儿情感、态度、能力、知识、技能等方面的发展。这就要求教师有敏感的社会教育意识，善于从各个领域的活动中去发掘社会教育的内容，并自觉地把幼儿社会性的培养作为幼儿社会教育的根本目的，自然地将社会教育融入活动中。

各领域教学活动也是引导幼儿进行社会规范认知的有效途径。第一，在各领域教学活动中可渗透社会认知教育的内容，如通过看《两只小羊过桥》的图片讲故事，可以教育幼儿在日常生活中学会谦让，这是在语言教育活动中蕴含的社会教育因素。第二，在组织各领域教学活动的过程中，重视对幼儿社会规范行为的引导，如在美术活动"照哈哈镜"中，让幼儿排队照哈哈镜，可以引导幼儿懂得谦让的品质，并习得轮流做事的行为规范。

无论是幼儿园专门的教育活动，还是在环境创设、真实社会场所中开展的教育活动，或者在其他领域渗透行为规范与道德教育，都是为了通过幼儿的直接感知、亲身体验和实际操作，切实可行地增进幼儿直观经验，加深幼儿对行为规范和道德的认知，最终促使幼儿习得相应的行为规范，内化为道德品质。

（三）幼儿行为规范与道德教育活动设计的指导要点

1. 体现幼儿在行为规范与道德发展过程中的主动性和主体性

幼儿很早就表现出对社会环境和现象的好奇心，并在此基础上形成对社会规范的认知。近年来，研究者发现，幼儿对行为规范和道德观念的认知，不再是简单地接受成人的传递和要求，只记住现行社会的行为准则就可以了，而已经由行为准则发展被动的接受者变为主动者。他们不是被动的个体，而是社会活动中积极的参与者。他们在充分了解行为规范和道德的基础上做出自己的判断、抉择，形成自己的见解。从个体的角度出发，这个建构过程就是个体对外部世界的体验过程，是个体用自己的身心去感受、关注、欣赏、评价外部世界进而形成经验的过程。它必然是个体自主进行的活动，其他人无法代替个体的主体地位。它具有主观能动性，不是对行为规范和道德认识原封不动地认同和接受，而是自主地感悟和发现，是行为规范和道德情感的内化表现。因此，社会领域教育活动要充分体现幼儿的主体地位，营造宽松和谐的氛围，让幼儿以主动的和创造性的方式参与社会认知教育活动，在主动建构中形成社会道德规范。

2. 将游戏和体验作为行为规范和道德教育活动设计的途径

维果茨基认为，研究幼儿心理不能脱离幼儿具体的生活环境。其"社会建构主义"思想认为，游戏是促进幼儿社会性发展的手段。《幼儿园教师专业标准（试行）》指出，重视环境和游戏对幼儿发展的独特作用，创设富有教育意义的环境氛围，将游戏作为幼儿的主要活动。教师可以组织幼儿开展角色游戏，以增进幼儿对行为规范和道德发展的认知。例如，体验到别人家做客、文明乘车、带娃娃到医院看病就诊等角色游戏，都可以丰富和强化幼儿对文明礼貌行为规范和人际交往规范的认知。目前，"体验"被学术界认为是社会规范与道德生成的一种重要方式和途径。"体验"就是让幼儿亲身去经历，使其在实践的过程中动手动脑，在对社会环境和社会活动的直接"体验"中建构行为规范和道德价值观。

3. 利用多种社会资源对幼儿进行教育，鼓励幼儿与周围环境产生积极互动

《幼儿园教育指导纲要（试行）》指出，幼儿园应与家庭、社区密切合作，与小学相互衔接，综合利用各种教育资源，共同为幼儿的发展创造良好的条件。《幼儿园教师专业标准（试行）》也明确指出，重视幼儿园、家庭和社区的合作，综合利用各种资源。因此，在对幼儿实施社会教育时，幼儿园可以充分利用社区的物力资源——商店、工厂等；利用人力资源——具有专业文化知识的社会各界人士、家长等为幼儿园服务，共享资源，开展更加开放的、社会化的幼儿教育，让家庭、社区成为幼儿进行真实场景化探索的重要基地，以促进教育社会化、社会教育化的进程。例如，让不同职业的家长给幼儿讲解社会的多种职业分工，利用社区资源安排幼儿了解与自己生活有关的各行各业人们的劳动，增加他们的社会认知，培养其对劳动者的热爱和对劳动成果的尊重。

拓展阅读

《幼儿园教育指导纲要（试行）》在社会领域的指导要点中明确指出，要创设一个使幼儿感受到接纳、关爱和支持的良好环境，避免单一、呆板的言语说教。当我们用积极的眼光、正面的姿态、接纳与宽容的心理去面对幼儿、去和幼儿互动的时候，实际上是在给他们一个良好的"社会的界定"，促使幼儿也用一种积极的态度去看待自己。

接纳、关爱和支持的良好学习环境，意味着一个能够诱发、维持、巩固和强化积极的社会行为的环境，这种环境使幼儿意识到应该具备以下基本特征。

丰富多样的物质材料能充分满足幼儿活动的需要，支持幼儿的自主性活动和选择，促进幼儿的交往和合作，帮助幼儿更好地表达自己的意愿和情感，进而形成良好的社会认知。在提供物质材料时，要改变"人手一份"的方式，学习用具、操作材料应适当多准备一些，让幼儿有所选择，满足不同水平幼儿的需要，同时也能让教师在教学过程中做到尊重每个幼儿的想法、经验和创造，使教学更加生动活泼，不拘泥于原有文本。

在活动氛围上是宽容的和接纳的。积极的社会情感有利于幼儿形成正确的社会行为，使他们更加积极主动和充满自信地和外界交往；宽容和接纳的环境氛围意味着教师要正确看待幼儿在活动中的"错误"表现，以发展的眼光看待幼儿的成长。宽容和接纳的活动氛围要求教师要用多元的、多角度的观点，来看幼儿在活动中的表现，要给他们创设一个安全、宽松自由的活动氛围，让他们能够随心所欲、自由自在地表达自我。

环境的选择与设计具有某种倾向性或暗示性。环境是重要的教育资源，应通过环境的创设和利用，有效地促进幼儿的发展；《幼儿园教育指导纲要(试行)》指出："社会领域的教育具有潜移默化的特点。"由此可知，环境是无言的教师，可以起到暗示作用，其效果比教师的言语说教来得更实在。

4. 幼儿行为规范与道德教育应注意规范的内化

幼儿社会行为规范与道德教育主要是在教师、家长或其他成人的教化下，幼儿将社会行为规范与道德内化为自己的行为规范与道德准则，形成规则意识和良好行为规范的过程。例如，父母带幼儿出门时遇到熟人，教幼儿打招呼，叫"叔叔(或阿姨)"等。父母教幼儿打招呼的行为就是人际交往规则教育，从刚开始在父母的教导下与人打招呼，到随着年龄的增长，主动与人打招呼，幼儿逐渐将外在的人际交往规则内化为自身的规范意识，这就是对幼儿进行行为规范教育的过程。同时，随着时代的发展，行为规范与道德在不断地发生变化，社会行为规范与道德教育也相应地发生着变化。因此，对幼儿社会规范教育的终极目的就是使幼儿能够具有形成和内化社会行为规范与道德的能力。所以，行为规范与道德教育的目的不是让幼儿机械地记忆一些规范条文，或单纯地顺从权威人物的行为要求，而是要使规则内化到幼儿自身，其实质是把成人的行为要求纳入幼儿的认知结构体系中，成为幼儿占优势的价值观或行为习惯。

拓展阅读

幼儿社会规范的内化会经历以下过程。

第一，幼儿被动地顺从成人的规则要求。一方面，出于尊敬教育者的威信、权力和避罚；另一方面，出于对教育者的依恋和获得赞许、接纳的需要，幼儿会接受、服从规则，但自觉性较低，虽然行动上暂时能做到，但内心的自我中心状态尚未改变。

第二，幼儿在执行过程中逐渐理解规则的意义和可能产生的后果，不断自觉调节个体愿望与遵守规则之间的矛盾，对违背规则的不良后果留下了较深印象，或在行为练习中得到良性强化。

第三，幼儿通过观察或模仿学习，了解执行规则与违反规则的不同结果，认识和情感渐趋一致，能够运用规则评价自己和他人的行为。在无人监督的情况下，也会因不执行规则而感到不安和羞愧，能自觉抵制干扰和诱惑，坚持执行规则。

三、幼儿行为规范与道德教育活动设计与实施的注意事项 ●●●

(一)幼儿行为规范与道德教育活动的实施原则

根据国内外学者的相关理论及其实验研究，幼儿行为规范与道德发展可分为三个水平：服从水平、模仿水平和理解水平。其中，幼儿期主要处于服从水平和模仿水平阶段。因此，教育教学应遵循由近及远，由具体到抽象；直观形象、切忌说教；情感性与体验性；呈现正面案例为主的原则。

1. 由近及远，由具体到抽象

幼儿对周围事物和现象认知的总趋势是由近及远、由简单到复杂，逐步扩展和深化。因此，引导幼儿形成对行为规范与道德的认知时，首先，应引导幼儿认知容易看到的、真实感人的社会现象和容易参与的有趣活动，逐渐在其心中形成亲切的社区、可爱的家乡和伟大的祖国等美好印象。其次，要尽量多联系幼儿的已有经验，如引导幼儿关注红绿灯的规则、与人交往的礼仪规范、轮流规则等，在春、秋季节组织幼儿去踏青和登山，和教师一起到博物馆、公园、福利院、红色教育基地访问，等等。随着幼儿认知范围的不断扩大，他们能逐渐了解各种社会设施的作用，从而逐渐形成对不同劳动者的尊敬、感激之情。最后，不同地区的幼儿园选择教育素材时，可因地制宜、就地取"材"。例如，南京的中山陵、上海的东方明珠塔、甘肃的造林治沙工程和敦煌石窟壁画等，这些都是对当地幼儿进行爱家乡、爱党、爱祖国教育的"活教材"。

2. 直观、形象，切忌说教

首先，对行为规范与道德教育活动内容的选择应尽可能从幼儿的生活经验与生活实际出发，选择那些能丰富幼儿生活经验的内容，让幼儿的社会教育回归到真实的生活中，使幼儿更加直观地认识周边的生活环境。例如，为了培养幼儿的责任感和服务意识，教师可以开展"值日生"的活动。活动开始时，通过图片呈现与谈话，引起中班幼儿对漂亮、干净环境的兴趣，引导其理解值日生的含义；接着，组织幼儿围绕值日生服务的内容及方法进行小组讨论，激发幼儿做好值日生的愿望；最后让幼儿带上值日标志分组进行值日生练习：分发学具、布置班内环境、整理图书及游戏资料、管理自然角、擦桌椅等，让幼儿体验做值日生的感觉，并分享体验值日生的快乐。活动选择的内容是与幼儿生活紧密联系的服务与责任意识，是结合幼儿的生活经验开展的。教师先带领幼儿观看图片而后讨论，再分工体验值日生的角色，这样的活动安排使幼儿对值日生的认识更加直观，经验获取更为有效。其次，对行为规范和道德的教育活动，常常需要在一定的情境中开展，应注重认知对象的直观性、情境性和易操作性。所以，教师要积极创造条件鼓励幼儿与环境、材料的互动。例如，大班社会活动"帮助盲人"，教师先播放一组反映盲人生活不便的图片；然后让幼儿戴上眼罩走路体验盲人的生活，思考如果自己是盲人，在生活上会遇到哪些不便，会多么需要别人来帮助自己；最后讨论该如何帮助盲人。案例中，教师创设情境引导幼儿换位思考，这有利于幼儿把自己置于对方处境中去认识、体验和思考问题，在这个过程中，幼儿与环境发生了相互作用，这种作用促进幼儿产生情感共鸣，让幼儿体验到关心、帮助盲人的意义和价值。

对于幼儿而言，需要学习的内容有很多，但是如果学习的内容不能引起幼儿的兴趣，会使他们无精打采、兴致全无。因此，为了让幼儿获得有意义的学习，提高幼儿学习的效率，选择幼儿社会教育内容时，要选择那些生动有趣、富有鲜活时代感的内容，这样才能激发幼儿的学习热情。在组织行为规范与道德教育活动时，应根据幼儿的生活经验选取教学案例，回归到生活实际，与此同时，尽量在一定的情境中进行，这样容易使幼儿接受并生成兴趣，

激发他们参加活动的积极性和主动性，产生强烈的求知欲望。例如，组织幼儿在活动区模拟超市购物、扮演小警察指挥交通等。

3. 情感性和体验性原则

皮亚杰说，没有一个行为模式(即使是合理的)不含有情感因素作为动机；但是反过来，如果没有构成行为模式的认识结构的知觉与理解的参与，那就没有情感可言。幼儿行为规范与道德教育的重点不是知识量的多少，而是在认知过程中给予幼儿的社会情感体验深度，以及是否能够培养幼儿正确的社会态度。因此，对幼儿进行行为规范与道德教育，需要把认识、情感与行为有机组合，形成一个整体，这样才能取得良好的效果。幼儿的知识经验有限，逻辑推理、抽象思维能力尚处在萌芽状态，难以科学、系统地从理性层面把握和分析社会行为规范与道德现象。对认知要求过高、过全，活动时间过长，或内容单调枯燥，都会导致教育活动的趣味性、新颖性和可操作性不足，这对幼儿的社会学习不利。因此，幼儿社会行为规范与道德教育要利用多样化的手段，加深和巩固幼儿的社会知识，让幼儿在愉快的活动过程中，有机会动口、动手、动脑，主动表达出对周围环境的印象。《幼儿园教师专业标准(试行)》指出，重视丰富幼儿多方面的直接经验，将探索、交往等实践活动作为幼儿最重要的学习方式。因此，教师要尽量多让幼儿参与实际操作活动，如合作绘画、做灯、搭建交通工具模型、办家乡产品展览会、植树、种花或参加收获活动，等等。同时，社会行为规范与道德教育应着眼于让幼儿获得最基本的社会知识，并在此基础上，引导幼儿产生对同伴的友爱之情、对家乡的依恋之情、对普通劳动者的尊敬之情、对兄弟民族的手足之情、对祖国文化的喜爱之情和对祖国成就的自豪之情、对党的感恩之情等。这些社会情感会为其今后形成稳定的社会态度体系奠定良好的基础。

4. 选取正面的社会现象作为社会行为规范与道德教育活动的案例

现实生活中既有很多诚实、勇敢、勤劳、守信、关心他人的榜样，也有斗殴、打架、欺骗等消极丑恶的现象。教师选择社会行为规范与道德教育活动内容时，应选择正面的社会现象作为案例，避免幼儿因为好奇而模仿、尝试消极现象以及避免消极现象引起幼儿对他人与社会的过度恐惧。当许多幼儿因关注负面行为并产生困惑时，教师可以在教育活动中少量涉及社会消极现象，帮助幼儿分辨是非、好坏，支持正确行为，反对错误行为。

除此之外，基于幼儿发展的社会行为规范与道德教育活动的实施过程，应当让幼儿学习"做力所能及的事""做有适度挑战的事"。《幼儿园教育指导纲要(试行)》指出，教育活动内容的组织与实施原则——既要符合幼儿的发展水平，又要有一定的挑战性。所以，教学活动的组织与实施要遵循幼儿的身心发展规律，内容不应偏难、偏深，超出幼儿的社会性发展水平，否则会严重挫伤幼儿学习的积极性；另外，也不应过于浅显，以免对幼儿的社会性发展起不到促进作用，尤其要避免重复已有的经验。行为规范与道德的学习与内化需要长时间的积累，如果在一次教育活动中，涉及的社会规范过多，容易导致幼儿认知混乱，降低教学效率；如果在一次教育活动中，仅涉及一两个简单的行为规范，有助于幼儿获得清晰的知识经验，有效指导自己的行为，将规范内化，由他律发展为自律。可见，设计社会行为规范与道德教育活动时，活动目标应符合幼儿的认知发展水平，简单、易达到。

(二)幼儿行为规范与道德教育活动设计与组织的基本要求

因发展水平和社会经验不同，不同幼儿在内化行为规范和道德的过程中会有很大的差异。在对幼儿进行社会行为规范与道德教育时，应注意以下几点要求。

第一，认真研究，制定符合幼儿身心发展特点和本园实际的行为规则体系。在充分分析各班现实情况的基础上，反复论证每条规则的合理性和必要性，引导幼儿从需要出发共同讨论和论证规则，理解规则的含义，懂得建立规则的必要性，激发幼儿主动、自觉实施规则的积极性。

第二，规则的数量不宜过多，表述要清楚、明确，便于记忆，易于执行。随着幼儿年龄和环境的变化，要不断更新规则，循序渐进，逐步增加规则的难度，经过反复实践，使规则内化为幼儿不需要提醒或外力监督的行为习惯。

第三，在执行规则过程中要及时讲评，指明效果与范例，经常表扬、鼓励幼儿符合教师预期的言行，肯定幼儿的进步和规则对集体生活的益处。由于情绪的冲动性和不稳定性，且自制力和坚持性较差，幼儿容易发生认识和行为脱节的现象。当幼儿违反规则时，先让幼儿申述原因和想法，给予其信任并指出正确的做法，不要随意训斥、侮辱、恐吓幼儿，以免伤害其自尊心和自信心。

第四，幼儿来自不同的家庭，文化背景不同，对规则认知的心理准备有较大差距。教师必须和家长在教育态度上保持一致，同时教师要反省规则的难度和进度是否适当，要采取灵活、有效的步骤和方法，加强个别指导，从实际出发落实规则要求，避免因家庭脱节而增加幼儿的心理负担。

除此之外，教师要树立过程意识，即幼儿的学习发展是一个连续的、渐进的、螺旋上升的过程。因此，教师在组织任何一个教学活动时，都要反复"思前""顾后"，使每一次教学活动成为一个个促进幼儿发展的平台，实现教育的联系和发展的结合，前面的活动为后面的活动做好铺垫，后面活动应该是前面活动的发展、提高和升华。只有重视幼儿的经验准备，才能不断引导幼儿在原有基础上构建新的经验。

▶ **本讲练习**

【理论练习】

一、填空题

1. 在幼儿行为规范和道德教育活动的一般设计模式中，_____环节可以帮助幼儿深入体会行为规范与道德，形成正确认知。

2._____是指幼儿获得直观认识和体验后，在教师的组织下进行讨论和表达，并在教师引导下获得正确认知。

3. 开展幼儿社会行为规范与道德发展教育活动时，教师应科学设计集体教学与主题活动的环节，以保证幼儿在_____、_____和_____方面的发展都能得到兼顾。

二、单项选择题

1. 研究者发现，幼儿对行为规范和道德观念的认知是个体自主进行的活动，它具有主观能动性，是行为规范和道德情感的内化表现。这体现了（　　）的指导要点。

A. 幼儿在行为规范与道德发展过程中的主动性和主体性

B. 将游戏和体验作为行为规范和道德发展生成的途径

C. 鼓励幼儿与周围环境产生积极互动

D. 幼儿行为规范与道德教育应注意规范的内化

2. 在进行幼儿行为规范与道德发展的指导时，应利用（　　）对幼儿进行教育，鼓励幼儿与周围环境产生积极互动。

A. 家庭资源　　　B. 社区资源　　　C. 幼儿园资源　　　D. 多种社会资源

3. 以下关于幼儿行为规范与道德发展教育活动设计与组织的基本要求，说法不正确的一项是（　　）。

A. 认真研究，制定符合幼儿身心发展特点和本园的行为规则体系

B. 规则的数量越多越好

C. 在执行规则过程中要及时讲评

D. 教师必须和家长在教育态度上保持一致，从实际出发落实规则要求

三、简答题

1. 请简述幼儿行为规范与道德教育活动设计的指导要点。

2. 请简述幼儿行为规范与道德教育活动的实施原则。

【实践练习】

1. 小组实践活动：7～8人一组，分别到幼儿园小、中、大班见习，收集并观察幼儿园行为规范与道德发展的主题活动，讨论并分析幼儿园教学活动的改进措施。

2. 查询并简要介绍当地的红色教育基地。

· 第五单元检测题 ·

第六单元

幼儿社会环境与归属感教育活动

▶ 单元导入

　　如何告诉小伙伴你的家是怎样的呢？如何告诉好朋友你的幼儿园是什么样子的呢？你怎么在琳琅满目的超市中找到自己心爱的玩具？你的家乡在哪里？有什么特产推荐给远道而来的客人？通过一系列此类的教育活动，不仅发展了幼儿的语言表达能力，开阔了知识视野，还培养了幼儿对周围环境的关注，并产生相应的情感，从而形成初步的归属感……

　　幼儿园教师除了要帮助小朋友寻找问题的答案，还要借助这些活动培养幼儿良好的归属感。那么，应该如何进行相关的设计与指导才能达到教育目的呢？本单元的学习将会为大家做出解答。

▶ 思维导图

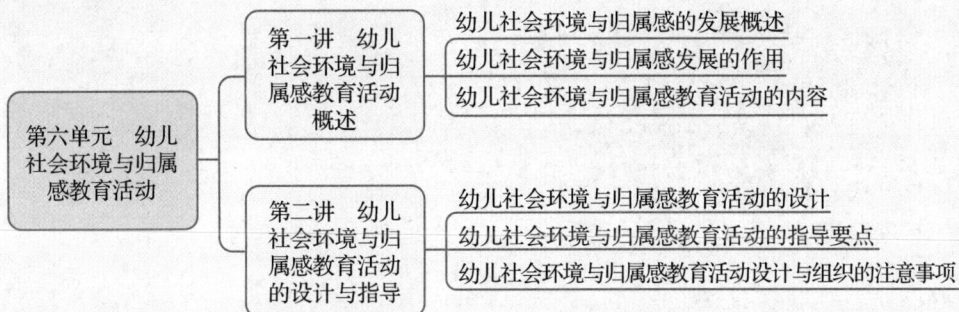

第六单元 幼儿社会环境与归属感教育活动	第一讲 幼儿社会环境与归属感教育活动概述	幼儿社会环境与归属感的发展概述
		幼儿社会环境与归属感发展的作用
		幼儿社会环境与归属感教育活动的内容
	第二讲 幼儿社会环境与归属感教育活动的设计与指导	幼儿社会环境与归属感教育活动的设计
		幼儿社会环境与归属感教育活动的指导要点
		幼儿社会环境与归属感教育活动设计与组织的注意事项

▶ 学习目标

　　1. 感受并形成集体归属感，深化家国情怀。

　　2. 了解幼儿社会环境与归属感教育活动的内容与要求。

　　3. 掌握幼儿社会环境与归属感教育活动的设计环节与指导要点。

　　4. 设计并实施幼儿社会环境与归属感教育活动。

▶ 典型案例

　　……2017年9月4日，3岁2个月的飞飞即将进入幼儿园……"我们家飞飞明天就要上幼儿园了，到了幼儿园要多多吃饭，不要和小朋友抢玩具啊。"飞飞到了上幼儿园的年纪，爷爷奶奶特意来到飞飞家，为飞飞加油鼓劲儿。"我才不会和小朋友抢玩具呢！幼儿园有好多好玩的玩具，我每个都要玩一遍。"

　　……2017年10月3日，进入幼儿园一个月的飞飞来到奶奶家……"飞飞，幼儿园好玩吗？"奶奶好奇地问。"不好玩。操场上有滑梯，老师不让玩，要出去的时候大家一起玩。"飞飞噘着小嘴，有点不高兴。

……2018 年 2 月 2 日，入园一学期的飞飞再次来到奶奶家……"这下我们飞飞高兴咯，终于可以不去上学了。"奶奶捂着嘴偷笑。"可是我过年就见不到何雨辰了。"飞飞略有一点小伤感……飞飞对幼儿园的认识，从最开始以为是玩耍的地方，到后来觉得幼儿园有很多规矩，老师管得严，不愿上幼儿园，直至最后在幼儿园有了自己的好朋友，也会因为见不到好朋友而失落。

思考：飞飞认识幼儿园，需要了解哪些内容？除了幼儿园，飞飞还需要认识哪些社会环境？

第一讲

幼儿社会环境与归属感教育活动概述

本讲微课

> 儿童是个精神胚体，有赖环境的保护、滋润。

——蒙台梭利

在幼儿社会性发展的过程中，幼儿必将与周围环境产生互动，如同苏霍姆林斯基所说，幼儿美的品质的建立，以周围世界的美、人的关系的美和精神的高尚、善良和诚实为基础。幼儿通过与环境的互动，不断加深自己的认知，并在此过程中确立自己与环境中其他人的关系，在提供与获取帮助和关爱的基础上，收获安全感与归属感。

一、幼儿社会环境与归属感的发展概述 ●●●

(一)幼儿社会环境与归属感发展的内涵

幼儿社会性的发展遵循由己及人的规律，经历与自我、与他人的关系之后，就要发展与社会的关系。发展与社会的关系，幼儿需要了解所接触的、所生活的社会是一个什么样的系统，也就是说要对社会环境有所了解。

1. 社会环境

社会环境是社会学中的概念，它是指个体以外的所有的主观和客观存在，包括家庭、朋友等群体、组织、社区和社会。[1] 社会环境是与自然环境相对的概念，是人参与社会生活创造或改变而形成的环境体系。

2. 归属感

埃里希·弗洛姆提出人都有归属于群体的本能，这是归属感需要。根据美国心理学家马斯洛的需要层次理论，归属的需要是指个体加入一定的组织或者团体、被团体成员接纳和尊重的愿望。依据这个理论，归属感可被认为是个体对归属的需要能够得到满足的渴望及其得到满足后带来的心理体验。[2] 对于幼儿来说，归属感是其感觉到自己是家庭、幼儿园或团体中的重要成员，被其他人认为自己是有价值的、能被他人接受以及与他人成为一个整体的一种情感，是对自己所处的群体在思想上、感情上和心理上的认同和投入。[3] 归属感是幼儿了解社会、融入社会的重要表现。

3. 社会环境与归属感发展

在幼儿社会教育中，幼儿需要了解自己所处的社会环境，通过自己与社会环境的互动，真正融入社会，与社会环境成为一体，所以社会环境与归属感发展是其社会性发展的重要内容。

幼儿社会环境与归属感发展主要是指通过让幼儿了解常接触的环境和机构，知晓其名称、人员构成、功能、设施、外形、与自己的关系等信息，幼儿与自己所处的环境中的人产生互动与交流，产生一种"我们"的情感，最终促进幼儿社会性发展，提升幼儿的社会适应能力。

---

① 顾东辉：《社会工作概论》，98页，上海，复旦大学出版社，2008。
② 侯小富：《城市居民社区归属感的心理结构维度研究》，硕士学位论文，西南民族大学，2017。
③ 张明红：《学前儿童归属感培养的教育建议》，载《幼儿教育》，2015(25)。

想一想：

幼儿社会环境与归属感发展与社会认知的关系

心理学家弗拉维尔认为，社会认知包括人对自己的认知、对人与人关系的认知和对生活环境的认知。社会环境教育活动属于社会认知教育活动的一部分。

归属感是在幼儿社会性发展中起重要作用的一种情感，归属感最早由美国心理学家马斯洛提出。需要层次理论认为，"归属和爱的需要"是"自我实现"的前提。

归属感的建立能帮助幼儿按照环境或群体的规范约束自己的行为，增加其对不同环境的社会规范认知。

(二)幼儿社会环境与归属感发展的趋势

幼儿社会环境与归属感的发展体现了幼儿认知发展的三个趋势。

1. 由近及远

幼儿社会环境与归属感的发展，从幼儿最先接触的家庭环境开始，再到幼儿园、社会机构、家乡、国家、世界等，生活半径由近及远(如图 6-1)。幼儿最开始从对家庭成员、家庭环境的认知中获得必要的安全感，把自己当成是家庭中必不可少的一员，从家人和家庭中获得安慰。到了 3 岁以后，幼儿会进入伙伴关系阶段。在这一阶段幼儿会与幼儿园的教师、同伴进行互动，喜欢自己的班级、教师和好朋友，关心班集体的荣誉，会因为自己对班级做出贡献而感到高兴。随着幼儿生活圈的扩大，以及家庭和幼儿园的教育，幼儿开始了解自己的社区和家乡的特点，也知道自己与外国人的明显区别，能因自己是中国人而感到自豪。

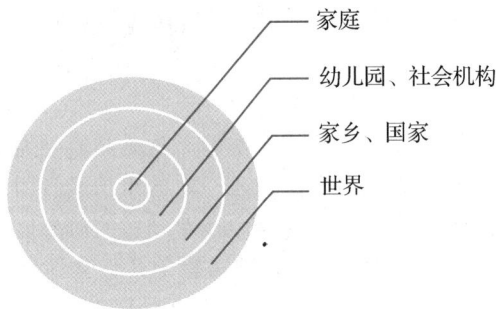

图 6-1　幼儿社会生活环境图

2. 由小到大

幼儿社会环境与归属感的发展从最小的社会单位——家庭开始。家庭是幼儿社会性发展的摇篮，幼儿在家庭中掌握与家人交往的方法，为今后与他人交往打下基础。随后幼儿开始接触社区，了解社区的构成、规则等，幼儿在社区环境中感知社会机构为自己带来的便利与欢乐。接着幼儿对社会环境与归属感的发展逐渐扩大到家乡、国家乃至世界，会为家乡、祖国的发展与变化感到欢喜，能与他人共享这份自豪之情，从而形成对家乡和祖国的归属感。

3. 由熟悉到陌生

幼儿社会环境与归属感的发展，从了解家庭人员开始，体会自己在家庭中的位置、与父母的关系、亲人之间的远近疏离。接着了解自己生活的社区，经常接触的邻里，所在幼儿园的名字、环境，自己所在班级的老师与同学，感受幼儿园温暖的氛围。然后开始了解自己家乡的名称、在地图上的位置，了解本民族的特色和风俗。最后知道世界上还有许多其他的国家，有不同的文化和习俗，但全世界也是一个大家庭。

二、幼儿社会环境与归属感发展的作用 ●●●

幼儿社会环境与归属感发展对幼儿具有十分重要的作用。

首先，幼儿社会环境与归属感发展代表着幼儿社会认知的发展。随着幼儿活动空间的扩大，其接触的社会环境越来越多，对不同的环境及人员角色的了解不断增加，这也扩充着幼儿的社会认知。

其次，幼儿社会环境与归属感发展能促进幼儿自我意识的发展。幼儿产生归属于某群体的情感，会促进幼儿对自己在群体中身份的认识，也可通过群体中的他人，更加了解自己与他人的不同，了解自己的身心状况，也能厘清自己与他人相处的关系以及自己在群体中的位置和作用，促进幼儿自我意识的发展。

最后，幼儿社会环境与归属感发展能激发幼儿亲社会行为的出现。幼儿通过社会环境，让自身与他人进行互动，不仅可以建立归属于群体的积极情感，还有群体对自身物质与情感的支持。这种良性互动会促使幼儿为了维护自己所处的集体环境的稳定，产生积极行为。

由此可见，幼儿社会环境与归属感发展对幼儿、他人乃至社会都有很大的意义与价值。

三、幼儿社会环境与归属感教育活动的内容 ●●●

《3—6岁儿童学习与发展指南》对幼儿归属感的界定包括：对家庭、社区、班级、幼儿园、家乡、国家与民族的认知，及对这些群体的认同感和自豪感。[1]

因此，幼儿社会环境与归属感教育活动包括家庭与归属感发展、幼儿园（或托儿所）与归属感发展、社会机构与归属感发展、家乡、民族和国家与归属感发展。

（一）家庭与归属感发展

幼儿家庭与归属感的发展建立在对家庭的认知、体会家庭成员对自己的情感与认同，以及自己为家庭其他人员做力所能及的事情的基础上。

幼儿对家庭的认知经历了一个逐步发展的过程。幼儿最先形成的是对父母的认知，然后形成对其他家庭成员的认知，最后发展到对家用物品的认知。他们从了解日常生活规范开始，逐步发展到认识家庭中的社会规范。在家庭认知方面，幼儿教师需要引导幼儿了解家庭成员的称谓、姓名、职业、出生年月或属相等；也要帮助幼儿清楚自己的家庭住址、电话号码、家庭中的主要设施等；还要帮助幼儿知道家庭中常见的生活用品，了解家用电器的名称、功能等。

幼儿教师帮助幼儿建立对家庭成员的认知时，注意引导幼儿体会他们与自己的关系和情感发展，激发幼儿对家庭的热爱和关心。例如，大班社会教育活动——"我的一家人"，教师通过情景表演，将家中互相关爱的场景呈现给幼儿，随后让幼儿分享自己家中相亲相爱的故事，帮助幼儿培养关心、爱护家庭成员的情感等。

幼儿园在组织幼儿家庭与归属感的教育活动中，基于幼儿了解家中生活用品和家用电器的基础上，培养幼儿的自我服务意识，提高幼儿生活自理和动手能力，并让幼儿为家庭成员做一些力所能及的事情。

---

[1] 张明红：《3～6岁儿童归属感及其发展》，载《幼儿教育》，2015(25)。

（二）幼儿园（或托儿所）与归属感发展

幼儿园（或托儿所）是幼儿参与社会生活接触的第一个集体教育机构。幼儿了解幼儿园（或托儿所），喜欢自己的幼儿园（或托儿所）和班级，愿意为集体做事情，并为集体的成绩感到高兴是幼儿园（或托儿所）与归属感发展的主要内容。

幼儿对幼儿园（或托儿所）的认知主要包括了解自己幼儿园（或托儿所）的名称、地址，知道自己班级的名称和所在班级教师的姓名，认识机构内其他教师和工作人员的姓名及其从事的主要工作，了解幼儿园（或托儿所）的室内外环境、主要设施等。

幼儿教师帮助幼儿建立对班级成员、园所人员的认知时，注意引导幼儿对师生情、伙伴情的体会，增强幼儿的融入感。例如，中班社会教育活动——"我最爱的新芽班"，幼儿通过回忆在何时接受老师或其他小朋友的帮助以及获得帮助后的感受，增强幼儿与班级其他成员的情感联系。

（三）社会机构与归属感发展

社会机构也是幼儿生活中必不可少的部分。幼儿在这些机构中与他人进行互动，遵守其中特定的行为规范，得到他人的帮助与关爱，也学会帮助和关爱他人，这些都会影响幼儿归属感的产生。

幼儿常见的社会机构包括医院、邮局、商场、超市、餐厅、银行、公园、电影院、博物馆、图书馆等，也包括常见的公共交通工具，如共享单车、公交车、地铁、轮船、飞机、洒水车、清洁车、救护车、消防车、警车等。幼儿需要了解社会机构中的职业名称、各种职业人群的主要工作以及和自己的关系等内容。

幼儿教师帮助幼儿建立对社会机构的认知时，注意引导幼儿对社会机构的行为规范及机构存在意义的理解，以便幼儿能参与社会活动，找到自己的社会角色。例如，中班社会教育活动——"医院"，教师让幼儿分别扮演医生和病人，抗击新冠疫情的"大白"医护人员们，使幼儿明白医院是帮助病人治病的，逐步帮助一些害怕医生、害怕去医院的幼儿明白医生的意义，提高幼儿的适应性。

（四）家乡、民族和国家与归属感发展

幼儿的成长，也会受到家乡、民族和国家的影响。幼儿家乡、民族和国家与归属感发展包括对家乡、民族和国家的认知，培养幼儿爱家乡、爱祖国的情感，以及民族自尊心、自信心、荣誉感和自豪感。

幼儿对家乡、民族和国家的认知包括知道自己家乡、民族和国家的名称，以及在地图上对应的大致方位；知道国家的名称、国旗、国徽、国歌、首都、主要的省份与城市；知道家乡的风景名胜、著名建筑、风土人情、主要的生活方式与习俗，感知家乡的变化与发展；了解国家和民族的重大节日（如春节、元宵节、清明节、端午节、中秋节、重阳节等），知道与自己关系密切的节日（如六一儿童节、教师节、国庆节等），了解节气（如《二十四节气歌》）以及四季变换。

幼儿教师帮助幼儿了解自己的家乡、民族和国家时，需注重幼儿的情感体验，激发幼儿的热爱之情和自豪感。例如，中班社会教育活动——"祖国真美"，教师通过让幼儿观看几个省份的代表性建筑或动物（北京：天安门广场、长城；上海：东方明珠；四川：熊猫），让幼儿感知祖国的大好山河、悠久的历史和灿烂的文化，以及新时代中国取得的伟大成就，激发幼儿的自豪感。

相关链接

《3—6 岁儿童学习与发展指南》社会适应目标 3(表 6-1)

表 6-1 目标 3 具有初步的归属感

3～4 岁	4～5 岁	5～6 岁
1. 知道和自己一起生活的家庭成员及与自己的关系，体会到自己是家庭的一员。 2. 能感受到家庭生活的温暖，爱父母，亲近与信赖长辈。 3. 能说出自己家所在街道、小区(乡镇、村)的名称。 4. 认识国旗，知道国歌。	1. 喜欢自己所在的幼儿园和班级，积极参加集体活动。 2. 能说出自己家所在地的省、市、县(区)名称，知道当地有代表性的物产或景观。 3. 知道自己是中国人。 4. 奏国歌、升国旗时能自动站好。	1. 愿意为集体做事，为集体的成绩感到高兴。 2. 能感受到家乡的发展变化并为此感到高兴。 3. 知道自己的民族，知道中国是一个多民族的大家庭，各民族之间要互相尊重，团结友爱。 4. 知道国家一些重大成就，爱祖国，为自己是中国人感到自豪。

本讲练习

【理论练习】

1.(   )是人参与社会生活创造或改变而形成的环境体系。

A. 社会性   B. 社会环境   C. 社会生活   D. 社会文化

2. 从最先接触的家庭开始，再到幼儿园、社会机构、家乡、国家、世界等，生活半径由近及远，这体现幼儿社会环境与归属感发展(   )的特点。

A. 由近及远   B. 由小到大

C. 由熟悉到陌生   D. 由慢到快

3. 幼儿社会环境与归属感的发展从最小的社会单位——家庭开始，再逐渐扩展到幼儿园、社区、民族、国家等，这体现了幼儿社会环境与归属感发展(   )的特点。

A. 由近及远   B. 由小到大

C. 由熟悉到陌生   D. 由慢到快

4. 从了解家庭人员开始，接着了解自己生活的社区，熟悉所在幼儿园的名字、环境，然后开始了解自己家乡的名称、在地图上的位置，最后知道生活的世界，这体现了幼儿社会环境与归属感发展(   )的特点。

A. 由近及远   B. 由小到大   C. 由熟悉到陌生   D. 由慢到快

5. 下列(   )不属于幼儿社会环境与归属感发展对幼儿的积极价值。

A. 促进自我意识的发展   B. 发展社会认知

C. 增加攻击性行为出现的概率   D. 培养亲社会行为

6. 幼儿教师帮助幼儿建立对班级成员、园所人员的认知时，注意引导幼儿对师生情、伙伴情的体会，增强幼儿的融入感，这主要是培养幼儿(   )。

A. 对自我的意识   B. 对家庭的归属感

C. 对社会机构的归属感   D. 对幼儿园的归属感

7. (　　)包含对家乡、国家和民族的认知，培养爱家乡、爱祖国的情感，以及民族自尊心、自信心、荣誉感和自豪感。

A. 家庭与归属感发展　　　　　　　　B. 幼儿园与归属感的发展

C. 社会环境与归属感发展　　　　　　D. 家乡、民族和国家与归属感发展

8. 中班"夸夸我的妈妈"社会活动，主要是为了加深幼儿对妈妈的了解，增强幼儿与妈妈之间的感情，幼儿能主动对妈妈表达感激、钦佩之情，这符合幼儿园组织开展(　　)活动。

A. 家庭与归属感发展　　　　　　　　B. 幼儿园与归属感发展

C. 社会机构与归属感发展　　　　　　D. 家乡、民族和国家与归属感发展

9. 中班社会教育活动——"医院"，教师让幼儿自己扮演医生和病人，使幼儿明白医院是帮助病人治病的，逐步帮助一些害怕医生、害怕去医院的幼儿明白医生的意义，提升幼儿的适应性，这符合幼儿园组织开展(　　)活动。

A. 家庭与归属感发展　　　　　　　　B. 幼儿园与归属感发展

C. 社会机构与归属感发展　　　　　　D. 家乡、民族和国家与归属感发展

10. 大班"家乡的桥"，让幼儿感知家乡悠久的历史与发展变化，激发幼儿的自豪感，这符合幼儿园组织开展(　　)活动。

A. 家庭与归属感发展　　　　　　　　B. 幼儿园与归属感发展

C. 社会机构与归属感发展　　　　　　D. 家乡、民族和国家与归属感发展

【实践练习】

1. 到幼儿园参观见习，看看幼儿园里都有哪些教育教学活动体现了社会环境与归属感的发展。并根据所学知识，思考幼儿园里教师的教学内容是否符合幼儿的发展需要，如不符合，尝试提出自己的建议。

2. 做一次实地调查。调查所在幼儿园小班、中班、大班社会领域的教育内容，并结合调查情况，寻找社会环境与归属感发展的规律。

第二讲

幼儿社会环境与归属感教育活动的设计与指导

幼儿社会环境与归属感教育的内容主要是通过社会环境与归属感教育活动来实现的，活动的成功开展有赖于科学、合理的活动设计，以及有效地组织与实施活动。

一、幼儿社会环境与归属感教育活动的设计 ●●●

幼儿社会环境与归属感的教育活动，可以通过多种方法与途径开展。在活动实施前幼儿

教师需要根据幼儿的年龄特征和发展需要，及时捕捉幼儿的兴趣点，发展幼儿的社会认知，促进其社会适应能力的提升。按照幼儿社会教育主题活动的设计流程来进行。其中，幼儿社会环境与归属感主题教育活动的设计流程主要包括从幼儿的兴趣和发展需要中确定主题与目标、编制主题网络图、选择教育活动等步骤。

(一)从幼儿的兴趣和发展需要中确定主题与目标

活动设计要根据幼儿一日生活的内容来展开，尤其是要根据幼儿的兴趣点和幼儿的发展需要来确定活动主题，这样的设计往往会具有良好的活动效果。在幼儿社会环境与归属感主题教育活动中，主题一般以幼儿常接触的环境为话题，同时还要考虑幼儿社会性发展的年龄特点和生活经验。我们知道幼儿社会性发展遵循由己及人的规律，因此在确定小班幼儿的社会环境与归属感主题教育活动时，我们可以选择他们最了解、也最开始接触的社会环境为主题，如"我爱我家""我的幼儿园"等；中班幼儿更多地关注与班级其他成员的关系，这时我们则可以将主题定为"我们共同的班集体"；大班幼儿接触社会环境的范围越来越广，不仅局限在家庭与幼儿园，这时我们可以结合大班幼儿的社会经验，将大班幼儿社会环境与归属感教育主题定为"我的社区""我的家乡"等。

确定主题活动的目标。幼儿社会环境与归属感主题教育活动的总目标是以发展幼儿对社会环境的认知、建立归属感为主要内容，并兼顾其他领域的目标。每一个主题目标又包含情感、认知和能力三方面的目标。例如，中班"我爱我家"的主题活动中，总目标有：了解自己家庭的成员组成，热爱自己的家人；体会家庭成员对自己的爱，感受家庭的爱，尊重、孝敬长辈；能使用多种方法收集家庭成员信息，懂得简单的记录；敢于大胆地表达对其他人员的爱。其中，"布丁过生日"的目标设为：通过观察家人为布丁准备的生日礼物，体验礼物的意义，感受家和亲情的温暖；观察手影的变化，能用语言表达自己的想象，并对手影游戏产生兴趣。[①]

(二)编制主题网络图

社会环境与归属感主题教育活动的主题网络图是将该主题下的所有相关内容绘制成图，以便教师与幼儿更好地围绕社会环境与归属感开展教育活动。教师应围绕选定的主题，结合幼儿的生活经验，将该主题下的所有活动内容罗列出来。例如，大班主题活动"颍淮家乡美"，它的主题网络图如图 6-2 所示。

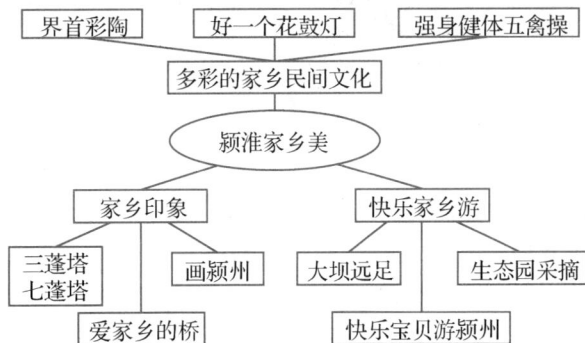

图 6-2　"颍淮家乡美"主题网络图[②]

---

①　金晓燕：《布丁过生日》，载《幼儿教育》，2010(7)。

②　贺利亚、王梅：《大班主题活动：颍淮家乡美》，载《家教世界》，2015(17)。

选择教育活动。按照绘制的主题网络图，结合幼儿、教师及本园特点，选择合适的教育活动，并设计完整的活动方案。

（三）幼儿社会环境与归属感集体教育活动的设计

根据幼儿社会教育集体教育活动的设计流程，幼儿社会环境与归属感集体教育活动的设计流程主要包括把握活动的目标、确定适宜的教育活动内容以及选择恰当的教育途径。

1. 把握科学的活动目标

幼儿社会环境与归属感教育活动的目标主要是发展幼儿在社会环境方面的认知，同时培养幼儿在不同环境中的归属感，提升社会适应能力。

例如，中班社会领域活动"祖国真美"，教师通过让幼儿观看旅行照片，从而帮助幼儿了解祖国的地大物博，她设定的三个目标如下。

①体会祖国的大好河山，萌发身为中国人的自豪感。

②知道祖国的首都，能在地图上找首都的位置。

③能用完整的语言表述自己的旅行经历。

2. 确定适宜的教育活动内容

幼儿社会环境与归属感教育活动的内容主要围绕家庭、幼儿园、社会机构、家乡、民族和国家等内容展开。教师确定内容时，要注意符合幼儿本身的认知发展水平和习惯，并能为今后的发展奠定基础。例如，小班在开设主题活动"好玩的娃娃家"时，让幼儿说说自己喜欢的玩具、照片等，让幼儿充分体验生活中的美好。然后收集相关的素材，把幼儿喜欢的东西加到主题墙饰中，作为组成元素。这样的主题墙不仅有效激发了幼儿的兴趣，还可以丰富幼儿的情感体验，一举两得。

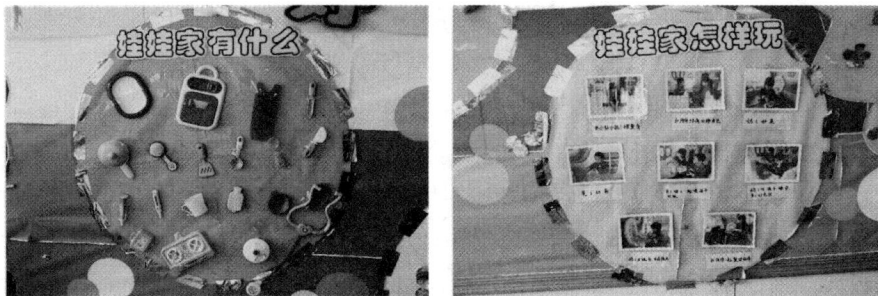

图 6-3　好玩的娃娃家主题墙饰
（天津市华夏未来幼教集团第一幼儿园　提供）

3. 选择恰当的教育途径

幼儿社会环境与归属感教育的最大特点就是与真实的社会生活联系密切，因此必须充分利用真实的社会场所来开展活动。这种类型的社会教育活动，需要教师带领幼儿离开幼儿园，前往与特定主题相关的社会场所参观访问。通过观察学习的方式，获得关于特定的社会环境和社会规范的认识。在活动过程的设计上，需要教师更多考虑如何引导幼儿针对特定的社会环境来进行观察和讨论，以何种方式组织幼儿在真实的社会环境中进行实践和探索，尤其是对幼儿安全管理工作如何进行设计，等等。

从理论上讲，幼儿社会环境与归属感教育活动开展的最佳场所应是真实的社会环境，但考虑到幼儿园开展教育活动的成本、实施的可能性及幼儿观察学习存在的不足等问题，在幼儿园开展社会环境与归属感教育活动在事实上也是必要的选择。

总言之，在幼儿社会环境与归属感教育活动中，我们在导入时要调动幼儿生活经验，建立幼儿与社会环境的联系；在展开部分要通过实际讨论、游戏等方式让幼儿体验不同的社会环境；在结束部分，升华幼儿情感，让幼儿初步建立归属感。

活动案例

参观小学(大班)①

【设计意图】

大班的幼儿很快就要上学了，他们对小学又好奇，又陌生，有许多的问题想问老师。为了让幼儿在上学前做好充分的心理准备，我们组织了参观小学的活动。

【活动目标】

1. 初步熟悉小学的校园环境和小学生的学习生活。

2. 知道自己即将进入小学，成为光荣的小学生了，激发幼儿入学的愿望。

【活动准备】

联系好附近一所条件较好的小学(实验小学)，请一年级准备一节数学课或一节语文课。

【活动过程】

一、导入活动

老师："再过几个月，小朋友就要离开幼儿园，上小学读书了，你们想不想去看看小学里的哥哥姐姐究竟是什么样子的呢?"

幼儿："想!"

老师："好，今天我们就一起去实验小学参观，小朋友们要仔细看看小学和幼儿园有哪些不同，看看小学生是怎样升旗、怎样上课的。"

二、参观小学

(一)参观传达室

1. 一走进校门，就看到有一个房间，这是什么地方?(引导幼儿问问门口的老伯伯，认识字的小朋友可以读一读牌子上的字)

2. 传达室是干什么用的?(请房间里的老伯伯做介绍：传达室是为了小朋友的安全，不让外边的人随便进来，小学生也不能随便出去)

(二)参观大操场

1. 让小朋友在大操场上从这头跑到那头，感受操场很大。

2. 老师："小学的操场和幼儿园的操场比一比哪个操场大? 为什么小学的操场那么大?"(小学生比幼儿园小朋友多)

3. 看一看操场上有什么运动器械?

---

① 李焕稳：《学前儿童社会教育》，121 页，北京，北京师范大学出版社，2016。

4. 老师总结："小学操场上的运动器械比幼儿园多，比幼儿园的大，有的运动器械还很高。有跳高、跳远用的沙坑，有打篮球用的篮球场、有向上爬的竹竿，还有双杠、单杠等，有的是高年级的哥哥、姐姐锻炼身体用的，有的是一年级小朋友玩的，玩运动器械时要注意安全。"

5. 观看小学生升旗、早操。引导幼儿观看小学生在操场上排着整齐的队伍升旗，并观察升旗时戴红领巾的小学生是怎么做的？看一看小学生做操时的精神、动作和队伍。

（三）参观小学生的教室，并同幼儿园活动室做比较

1. 小学的教室比幼儿园大，所以说是"宽敞的教室"。

2. 小学的课桌椅同幼儿园的不一样，是两个人用一张桌子，称为"双人课桌椅"。

3. 教室里两块大黑板，一块是老师教小学生学数学、语文、绘画时用的，一块是小朋友自己写字、画图用的。

4. 老师："幼儿园的活动室里有玩具橱，小学的教室里为什么没有？"（启发幼儿谈后老师小结：因为小学是小学生上课学习的地方，他们上午、下午都要上课，中午不睡午觉，每上完一节课休息一会儿又要上第二节课，小学生玩的时间比我们幼儿园小朋友少，所以教室里就没有玩具橱了）

（四）观看小学生上课

1. 听一听小学生上课前要响几次铃？听第一次铃声时告诉幼儿这是预备铃，小学生是怎样准备上课的？

2. 提醒幼儿见到老师主动问好，并引导他们要像小学生一样坐端正。看看桌上学习用品放的位置。

3. 听小学老师上课，看小学生怎么动脑筋举手回答老师的问题，如何注意听讲。

4. 下课后小学生干什么？（有的自己放松一会儿，有的自己去厕所小便，有的为下一节课做准备工作）

三、回到幼儿园

老师："今天我们参观了什么小学？看到了什么？应该怎样准备做个小学生？"（请幼儿交流）

【活动延伸】

可请几位本园去年毕业入小学的哥哥姐姐来园开个见面会，让幼儿向一年级的哥哥姐姐提问题，让他们对小学的生活和学习有更进一步的了解。

【活动评析】

通过组织这一次参观小学的活动，使幼儿对小学有了清楚的感性认识，萌发了进入小学学习的愿望，也为幼儿进入小学做好了心理准备，帮助幼儿提前适应小学生活。

在大班下学期，"幼小衔接"工作是一个重点，在社会活动中，通过参观这种形式，帮助幼儿进入小学了解相关情况，会让幼儿对进入小学学习产生好奇，一步步了解之后会对自己即将成为一名小学生而感到骄傲。

"再见幼儿园"说课音频

二、幼儿社会环境与归属感教育活动的指导要点 ●●●

在幼儿社会环境与归属感教育活动开展的过程中，可能会遇到不少问题。比如，社会环境与归属感教育活动只注重社会环境的认知，而忽视幼儿在不同环境中的情感体验；社会环境与归属感教育活动组织形式太过单一，幼儿兴趣不浓等。为了使社会环境与归属感教育活动真正有效地开展，在实施过程中要注意以下几点。

(一)创设良好的教育环境

幼儿社会性发展的根本特点是通过与周围环境的互动发展社会性，幼儿社会环境与归属感的发展更是对周围环境的认知与情感体验，所以教师要特别注意为幼儿创设良好的教育环境。教育环境不仅包括物质环境，还包括精神环境。

物质环境主要包括班级的布置要温馨，给幼儿"家"的感觉；活动区域布置合理，幼儿既可以方便地体验不同的区角材料，也能避免因为教具数量少而引发争执(如图6-4)。

图6-4 幼儿园功能区的环境

精神环境主要指教师、幼儿、家长之间形成一种关怀、平等、愉快、和谐的心理氛围，幼儿在这种氛围中能形成对社会环境的良好认知，更重要的是，良好的心理环境能帮助幼儿体会和谐的人际关系，更好地融入不同环境，有利于安全感和归属感的形成。

拓展阅读：短头发也漂亮

北京市第五幼儿园　石利颖

清晨，娜娜一反常态，无精打采地跟在妈妈身后慢吞吞地走进了班级。还没等我问好，率直的妈妈就拉了一下我的手，小声道："娜娜闹脾气了，说石老师只喜欢长头发的女孩子！"

"长头发的女孩"这几个字让我眼前闪现出一幅画面：中午起床后，老师都会给长头发的女孩梳辫子，而且我还喜欢给她们变着花样梳。而娜娜是短头发，每次只能眼巴巴地看着我们。我明白了，的确是我忽略了短头发女孩的感受，是我的举动让她们产生了错觉。我马上蹲下身，将娜娜搂在了怀里："石老师最爱娜娜了，石老师今天要把短头发的娜娜变得更美！"听到我的话，孩子的头很自然地靠在我的肩上，很满足。看着妈妈临走时信任的眼神，我的心中不禁有些许愧疚，热热的感觉从脸颊蔓延到耳根。

中午利用孩子们午睡的时间，我在门口的小店里买了6个漂亮的小发卡。

起床后，还没等长头发的姑娘们来找我梳小辫，我便宣布了新的决定："今天，石老师要先请短发的女孩子来找我。"话音未落，长头发的婷婷不满地追问道："石老师，该给我们梳小辫了，她们又没有长头发。"几个长头发姑娘同样附和着："对呀，她们又不用梳小辫。"我故作神秘地将短头发的女孩们带进了盥洗室，并悄悄地关上了门。

当6个短头发的小女孩戴着漂亮的小卡子出现在大家面前时，我看到了小伙伴们羡慕的目光，更看到了短发女孩们灿烂的微笑。

下午离园时，娜娜快乐地投入妈妈的怀抱，指着自己头上的小卡子兴奋地说："妈妈快看，漂亮吗？石老师喜欢我！"

让一个孩子喜欢你并不难，难的是要让所有的孩子都喜欢你。这就需要你把所有的孩子都装到心里，不要忽视他们任何一个眼神和表情，真心实意地疼爱他们，这样才能走进他们的内心世界，赢得他们的爱与尊重。自此以后，我在关注某一个或某几个孩子时，也会体谅其他孩子的感受，即使是小男孩，我也会拿起小梳子在他们的头上梳几下："嗯，石老师一梳，变得更帅了！"我的教育就是让每一个孩子都能感受到我的爱。

(二)提供足够的交往机会，让幼儿尽快融入集体

幼儿由家庭走向幼儿园，开始全新的集体生活，由自我中心逐渐向集体意识转化，就要逐渐适应新的环境，提高社会适应能力，这样才能在幼儿园愉快地生活与学习。幼儿社会适应能力的发展建立在幼儿与周围生活环境、其他人群的交往基础上。幼儿通过与他人交往，了解不同环境的行为准则，习得与他人相处的技能，建立良好的人际关系。所以，教师可以通过有意识地利用一日生活的各个环节和机会，为幼儿创造人际交往的机会，让幼儿有更多的交往机会，让幼儿尽快融入集体。通过互相配合，促进彼此的情感交流，培养归属感。例如，中班社会活动"宝宝生病了"，教师创设小朋友在家中生病，家人照料的情境，让"生病"的小朋友感受家人无微不至的照顾与关心。

教育故事

游戏"老狼老狼几点钟"
天津市宁河区第一幼儿园　张梁芳

游戏时由一个小朋友扮演老狼，其余小朋友扮演小羊。小羊围着老狼问："老狼老狼几点钟？"老狼可任意回答时间，当老狼说到"12点钟"时，狼就要抓小羊，小羊可以跑到"家里"，被抓住的小羊即退出游戏。

评析：在该游戏中社会教育的主要价值体现在培养幼儿的"去自我中心化"，大部分幼儿在游戏时，除了只顾自己快速奔跑外，还要站在老狼的角度，考虑老狼会往哪个方向追，老狼跑步的速度等。

游戏"拉网捕鱼"
天津市宁河区第一幼儿园　张梁芳

游戏时由一名幼儿先扮演网，其他幼儿扮演鱼，网可以抓任意的鱼，鱼被抓住后，也成为网，扮演网的小朋友要手拉手共同捕鱼，网若"破"了，捕到了鱼也不算数。

评析：该游戏的社会教育价值主要体现在培养幼儿的合作能力上。幼儿组成的网为了抓到更多的鱼，既要牵住同伴的手不放，又要和同伴把前进的方向统一好。幼儿在游戏中就能体会到合作的重要性，并学会合作的方法。

（三）运用多样的教育方法

社会领域的教育活动教学方法多种多样，幼儿教师可以根据活动目标、幼儿的年龄特征、教学内容等选择合适的教育方法。

1. 以语言引导为主的方法

教师借助语言向幼儿讲解有关社会环境的内容、注意事项、方法等；或者通过与幼儿谈话，梳理幼儿已具备的社会环境的经验；教师还可以向幼儿提供一个话题，让幼儿互相讨论，发表意见，帮助幼儿了解社会环境，发展归属感。

例如，大班社会活动"我的祖国"，教师向幼儿介绍中国地图时，就会说："大家看，在这幅地图上，我们能看到许多的省份，这是我们的首都——北京。北京有很多名胜古迹，长城、故宫、颐和园……"又如，中班的社会活动"红色消防车"，教师通过问答引入"火和消防车"的主题。师："小朋友们，你们知道火可以干什么吗？"幼："火可以做饭""可以吃火锅""可以烤火取暖"……师："哦，小朋友知道了火这么多的用途，那老师想问问大家，假如有人烤火时不小心把房子烧着了怎么办？"又如，中班社会活动"亲亲一家人"，教师引导幼儿去关心敬老院的孤寡老人，向幼儿提问："小朋友，还有一些老爷爷老奶奶他们没有家人，但他们也很需要别人的关心，那大家想一想，我们可以为他们做什么呢？"

2. 以情境体验为主的方法

以情境体验为主的方法，是指教师创设相应的情境，帮助幼儿获得情感体验，提升幼儿社会适应能力的方法。教师通过讲故事、情境表演等方式帮助幼儿体验、理解他人的情感和体会，或者通过角色扮演，让幼儿增进对不同角色的认知与理解。例如，在中班社会活动"妈妈生病了"，教师组织幼儿表演，帮助幼儿体会生病的"妈妈"的感受——受到孩子的问候和照顾觉得很暖心，从而让幼儿学会关爱家人、照顾家人。

3. 以感知观察为主的方法

以感知观察为主的方法是指教师借助直接的实物，帮助幼儿形成认知的方法。教师可以向幼儿展示实物、照片、视频等，或者组织幼儿到园外的场所，对实际事物或现象进行观察，从而获得新知识的方法。例如，小班社会活动"超市"、中班社会活动"参观博物馆"、大班社会活动"参观军营"等，直接把幼儿带到超市、博物馆和军营中，让幼儿直接感知超市、博物馆和军营的环境。

拓展阅读：参观活动的组织①

一、参观前的准备

（一）教师的准备

1. 确定参观地点，确定行走路线，准确的时间。

2. 制订参观的具体流程与预案。

3. 实地考察参观场所，落实方案中的细节。

4. 设计与落实互动体验环节。

5. 做好物质方面准备，如餐饮、纸、衣物、车辆、药品等。

① 李焕稳：《幼儿社会教育》(第二版)，154～155页，北京，北京师范大学出版社，2014。

6. 与家长的沟通，取得家长的支持，做好出行的准备。

（二）幼儿的准备

相关内容的经验梳理、准备以及出行物品的准备、注意事项等。

（三）参观的组织

出发前的组织：整队集中检查行装，清点人数与检查所带的物品。

出发途中的组织：保证幼儿的安全，如步行时教师走在马路外侧，坐车时提醒幼儿不要将手脚伸出窗外。

到达时的组织：重新整队，用提问的方式提出参观需要的注意事项和参观的目的。

参观过程中的组织：教师与参观地的工作人员合作，组织幼儿有秩序地参观，提请工作人员介绍参观的对象时避免用专业术语。活动体验环节要适合幼儿的年龄特点，是其力所能及的，并要注意安全。

结束时的组织：选用恰当的方法，如参观邮局，考虑到工作人员忙，可自然结束；若不忙，可用联欢和实践的方式结束。

（四）参观活动的注意事项

参观时间最好选上午，幼儿精神状态好，兴趣高涨。

组织人员适当增加，外出环境陌生、新鲜，幼儿易兴奋，自我保护意识与能力差，需要成人的帮助与引导。

参观回来后，可组织谈话，通过谈话可以梳理与分享幼儿由参观而得到的感性经验，进一步加深他们的印象。

可开设相应的活动区域（延伸活动），如参观邮局的延伸活动"邮票展""与邮局有关物品展""学寄信"等。

（四）注重家、园、社会合作

家庭、幼儿园、社会既是幼儿社会环境与归属感教育活动的主要内容，又是幼儿社会环境与归属感发展的重要途径。家庭、幼儿园和社会的合作不仅能帮助幼儿更好地发展社会认知，还能帮助幼儿更快地适应社会。

家庭是幼儿安全成长的港湾，应为幼儿创设温暖、关爱、平等的家庭生活氛围，建立良好的亲子关系，让幼儿在积极健康的人际关系中获得安全感和信任感，发展自信和自尊，在良好的社会环境及文化的熏陶中学会遵守规则。

幼儿教育水平的提高要靠家长、教师、幼儿三方有效的互动来实现，在活动中家长、幼儿、教师共同活动、共同成长。

每个家庭和每一所幼儿园都处于一定的社区中，不同家庭和幼儿园所处的社区、周边环境也不完全相同。所以，家长和教师要从实际出发，依靠社区，因地制宜地运用社区的教育资源，帮助幼儿增加对社区、家乡的认知。教师可以"社区的位置""社区的人们""社区的环境""社区的交往"为主题组织教育活动，增加幼儿对社区的感性认识，使幼儿知道社区是由不同的家庭、街道、建筑物组成的，萌发幼儿爱护公物和公共环境的意识，促进幼儿家乡归属感的发展。

活动案例

敬老、爱老，从我做起
天津市滨海新区第一幼儿园

【活动意图】

尊老、敬老是中华民族的传统美德，我园结合重阳节(农历九月初九)开展关于"尊老、敬老"为目的的主题活动，创建一个爱老、敬老、养老、助老的氛围。为了更好地培养幼儿尊老、爱老的优良习惯，我园在重阳节前夕，组织幼儿与爷爷、奶奶们一起联欢，用自己的方式表达对爷爷、奶奶等老人的关心和爱护。

【活动目标】

1. 简单了解重阳节的来历，以及重阳节的一些风俗习惯。

2. 知道尊敬老人，愿意为老人献爱心。

3. 通过社区活动，锻炼幼儿的社会交往能力和口语表达能力。

【活动准备】

1. 制作好的纸工作品。

2. 活动前提醒幼儿在社区活动时注意安全，不四处乱跑；注意文明礼仪：不随地乱扔垃圾、吐痰；对人和气。

3. 讨论：怎样和社区的老人打招呼、为老人服务、送纸工作品。

【活动过程】

一、带领幼儿来到社区

1. 按照规划的场地就座，开展热心服务活动。

2. 大胆地与爷爷奶奶打招呼，并会主动邀请爷爷奶奶。

3. 为老人服务：敲背、按摩、给爷爷奶奶唱首歌、向爷爷奶奶送礼物等。

二、活动后讨论小节

1. 鼓励幼儿说说自己是怎样为爷爷奶奶服务的？

2. 交流：对今天活动的感受？

3. 讨论：以后可以为爷爷奶奶做些什么？

【活动延伸】

在家或是在生活中怎样尊敬、孝敬老人？

三、幼儿社会环境与归属感教育活动设计与组织的注意事项 ●●●

(一)在幼儿园里开展教育活动的注意事项

1. 促进幼儿在认知、情感态度和行为方式三个维度上的综合发展

一方面，要重视游戏活动和一日生活活动的独特价值；另一方面，要科学设计集体教学活动的环节，以保证幼儿在认知、情感态度和行为方式方面的发展都能兼顾到。

由于社会环境和社会规范通常与大量的社会知识直接相关，在幼儿园开展的幼儿社会环境与规范教育活动容易走入重社会认知，轻社会情感、社会行为技能与习惯的误区。因此，教师在设计幼儿社会环境与归属感教育活动时，不仅要在目标设定上妥善处理好社会认知、社会情感与社会行为技能与习惯之间的比重关系，还需要在活动中为幼儿多提供实践练习的

机会，防止单纯的说教。

2. 多采用情景模拟等直观手段，以保证活动的效果

在幼儿园开展的幼儿社会环境与归属感教育活动的优点是效率较高、组织难度较低，缺点是远离真实的社会环境，直观性较差，在一定程度上削弱了活动的实际效果。为此，在幼儿园开展的社会环境与归属感教育活动需要教师充分借助直观手段，为幼儿营造模拟的社会情境，以生动形象的方式，吸引幼儿参与活动，并引导幼儿联系自己的感性经验，保证活动的实际效果。例如，中班社会活动"逛超市"，教师不仅能让幼儿直接观察超市的构成，感受超市的氛围，还可以让幼儿学习兑换钱币、遵守规则等内容。

3. 融入幼儿的一日生活

幼儿社会环境与归属感教育活动不只是通过集体教育来实现的，在一日生活的各个方面都可以渗透幼儿社会环境与归属感教育。比如，帮助幼儿了解幼儿园环境时，教师不仅可以通过集体活动帮助幼儿知道幼儿园的名称、地址等，还可以在幼儿入园时，在班级门口迎接，和幼儿主动问好，在如厕、吃饭、睡觉等活动中及时给予幼儿帮助……幼儿不仅能知道幼儿园的物质环境，还能通过师幼关系、同伴关系的建立对幼儿园环境形成安全感。

(二)在真实社会环境中开展教育活动的注意事项

幼儿社会环境与归属感教育的最大特点就是与真实的社会生活联系密切，因此，必须充分利用真实的社会场所开展活动。这种类型的社会教育活动，需要教师带领幼儿离开幼儿园，前往与特定主题相关的社会场所参观访问。通过观察学习的方式，获得关于特定的社会环境和社会规范的认识。如果可能，还可以与相关人员进行互动，以帮助幼儿更加直观、深入地了解相关的社会环境和社会规范。在开展此类教育活动时，应注意以下事项。

1. 做好安全工作

教师需要制定充分的安全防范措施，如邀请家长一起参与，统一幼儿的着装等，防止幼儿出现意外伤害或走失的问题。同时，还要准备好紧急安全问题处理预案，做到有备无患，以防万一。

2. 做好与相关部门和人员的衔接工作

为保证在真实社会环境中开展教育活动的实际效果，教师需要提前做好与特定社会环境相关的部门或人员的联系与沟通工作。例如，到医院参观，需要先取得医院的同意，还需要医院方面为保证教育效果适当做些准备和接待工作，而这些都需要在教师提前进行联系与沟通的前提下才能做好。

3. 将在真实社会场所开展的活动与在幼儿园开展的活动有机衔接

幼儿园组织一次外出活动很不容易，一定要设计周密，保证取得最大的教育效果。一方面，在幼儿前往真实的社会场所开展活动之前，教师应当在幼儿园中已经开展过一些先行活动，帮助幼儿做好经验准备，保证幼儿对将要前往的社会场所有一定的了解，同时又有一定的疑问，带着目的参与活动。另一方面，在真实社会场所的活动结束后的几天时间里，教师最好在幼儿园继续组织几次活动，如以谈话或画画的方式总结观察和实践所得到的经验，并引导幼儿巩固和提炼这些经验等。

4. 多给幼儿提供实践练习的机会

教师应当设计出与幼儿现有发展水平和特定社会场所相符合的实践活动，尽可能给幼儿创造充分的实践练习机会，避免将活动简单停留在"走马观花式"的观察层面上。

活动案例

高高兴兴上幼儿园

【主题来源】

上幼儿园啦！在家里备受娇宠的小宝贝，带着许多小问号，要离开父母的怀抱，进入一个全新的世界，开始学习在集体中独立生活了。幼儿要学习与别人交往、尝试独立做事、尝试合作、尝试分享等。可是，每一个孩子都是一本丰富的书，别小瞧了他们，他们都有自己的个性呀：或爱哭鼻子，或古灵精怪，或大方，或胆怯，或爱独处……这么多孩子要在一个集体中生活，难免会上演许多小故事。那么，如何帮助孩子尽快熟悉幼儿园，适应集体生活，喜欢上幼儿园呢？

在"高高兴兴上幼儿园"主题活动中，幼儿生活在教师用爱心、热情、关怀营造的环境中，看教师变魔术、听教师讲故事、认识自己的小标记、与小伙伴们玩有趣的游戏等，从而逐渐喜欢上幼儿园，每天高高兴兴上幼儿园。

开学了，幼儿第一天来到幼儿园接触的便是陌生的一切：老师、同伴、环境等。为了让幼儿喜欢和熟悉新的一切，忘记离开父母的焦虑，喜欢幼儿园，我们为幼儿创设了温馨而有特色的环境，为了增进师生之间的感情，我们小班选用了"我的幼儿园""小宝宝"两个主题活动来同时开展。

主题"我的幼儿园"中设的点有和哥哥姐姐做游戏，让幼儿在哥哥姐姐的带领下感受幼儿园愉快生活的同时拉近了幼儿间的距离，让小班幼儿学会与同伴交往相处。你玩、我玩、大家玩可以让幼儿学会与人分享；"送玩具宝宝回家"的活动可以教会幼儿一些基本的活动规则。幼儿时期比较重要的一个培养目标就是培养幼儿的行为规则，这也是幼儿园一个长期的目标，所以在这个主题中注重的是幼儿的日常生活，让他们从我做起、从身边的小事做起。主题"小宝宝"中"我的名字"一项适合让幼儿互相认识，"我的身体"让幼儿认识自己的身体部位，学会一些保护自己的方法，增强幼儿的安全意识。这些活动都很适合刚来园的幼儿，能让他们更快地熟悉幼儿园的日常生活，且有益于幼儿对规则的掌握和遵守。主题活动就在预设和生成中交叉进行。

【主题目标】

1. 知道自己所在幼儿园的名称、班级及自己的姓名。喜欢自己班上的教师，能从声音、身材等方面辨认本班教师。体会与教师、同伴拥抱的亲切感。

2. 体验在幼儿园活动的快乐。能选择喜爱的小图标作为自己的标记，并能根据标记找到自己的物品。知道要用自己的杯子喝水、用自己的毛巾擦手等。

3. 在生活和游戏中学习欣赏色彩鲜明、具有童趣的艺术作品、玩具等。学习欣赏简短的儿童歌曲及乐曲，对欣赏活动感兴趣。

4. 乐于参加集体活动，并能遵守简单的集体规则。

5. 学习用普通话表述自己的意愿，能关注自己与同伴的五官与四肢。

【主题活动网络图】

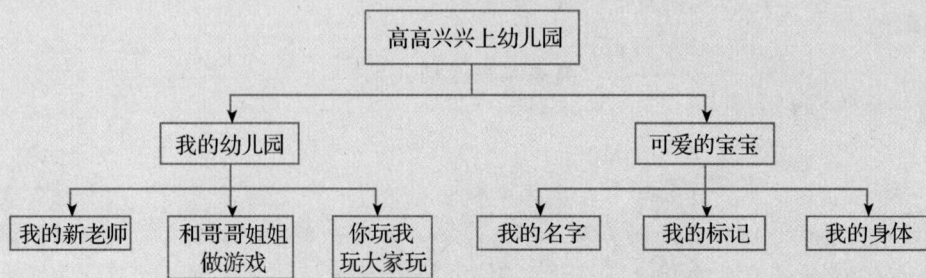

```
                    高高兴兴上幼儿园
          ┌──────────────┴──────────────┐
      我的幼儿园                      可爱的宝宝
   ┌─────┼─────┐              ┌─────┼─────┐
我的新老师 和哥哥姐姐 你玩我     我的名字 我的标记 我的身体
         做游戏   玩大家玩
```

图 6-5　"高高兴兴上幼儿园"主题网络图

【主题活动内容介绍】

我的新老师（语言）、神奇的魔术盒（游戏）、幼儿园玩一玩（健康）、我的标记（社会）、笑嘻嘻（语言）、嘟嘟爱上幼儿园（语言）、我上幼儿园（音乐）、我来画（美术）、亲亲（音乐）、幼儿园也是我的家（语言）、大家来上幼儿园（语言）、我是笑娃娃（综合）。

【环境创设】

1. 保教人员以亲切的目光、温和的语气和和蔼的态度接待幼儿，为幼儿创设一个愉快、宽松的环境。活动室内装饰色彩鲜明，形象生动，营造了一个温馨可爱的环境氛围。

2. 在班内贴上评价表，如"乖乖好宝宝""宝宝吃得香"等一些可爱又方便操作的评价表。

3. 将幼儿的生活照片布置在环境中，收集全家福让幼儿参与装饰、布置墙面，将环境装饰得让幼儿熟悉而又有生活气息。

4. 开设区域活动，如培养幼儿生活能力的"嘻嘻哈哈过家家"，投放纽扣、夹子等易摆弄的材料吸引幼儿在玩中得到锻炼。

5. 在"中华小当家"活动中让幼儿展示自己的操作成果，引发幼儿对美工活动的兴趣。

6. 开设家园小信箱，使其成为幼儿园与家庭间互动的桥梁，完善家长工作。

【活动区域】

一、语言区

创设"幼儿园里有谁？"语言游戏的背景及操作材料。

故事："胖熊吹气球"的图片和视频资料。

幼儿从家中带来与同伴分享的图书。

二、美工区

提供折、剪、粘的各种材料，让幼儿装扮"我的幼儿园"。

为河里的小鱼找朋友，画乌龟、小鸭等。

涂色：给"弟弟妹妹"穿上漂亮的衣服。

三、益智区

小鱼吹泡泡：根据鱼身上的数字吹相应的图形泡泡。

小蝌蚪找妈妈：根据青蛙妈妈身上的数字找相应的蝌蚪。

动物车：点数车轮并按数字顺序排列小车。

四、玩具区

提供吹塑纸、橡皮泥和吸管供幼儿玩奶茶铺的游戏。

幼儿从家中带来各种玩具与同伴玩玩具商店的游戏。

【家园共育】

1. 出家长园地第一期：如何使您的孩子顺利度过入园关？

2. 家长在家多与幼儿交谈有关幼儿园的事情，关注幼儿的情绪情感。

3. 帮助幼儿建立规律的作息时间，提醒家长在家中培养幼儿按时午睡的习惯。

4. 让幼儿知道自己的学名，引导家长在家中也直呼幼儿学名。

5. 鼓励幼儿用语言告诉老师自己的需要，如喝水、如厕等。

6. 培养幼儿饭前、便后洗手的习惯，养成坐姿端正、正确使用餐具、细嚼慢咽的进餐习惯，以及每天定时大便的习惯。

7. 家长与教师之间加强沟通，及时交流幼儿的健康状况、睡眠时间、饮食状况等。

8. 在家让幼儿尝试自己穿衣、穿鞋、整理玩具，逐步培养幼儿的生活自理能力。

9. 多与幼儿交谈有关幼儿园的事情，关注幼儿的情绪情感。

10. 关心幼儿结交新朋友的情况。

11. 家长共同参与主题活动，一起收集相关照片、资料(如全家福照片等)。

12. 每天及时与家长交谈幼儿入园后的表现，重点对情绪不太稳定的幼儿家长提出积极建议。

活动案例

我爱我的祖国(中班)

【活动目标】

1. 幼儿乐于参与活动，爱家乡、爱祖国，并产生强烈的民族认同感。

2. 知道各民族的服饰特点和饮食文化。

3. 能够理解并尊重不同民族的文化。

【活动准备】

1. 经验准备：幼儿对少数民族的文化有一定了解，知道自己的民族。

2. 物质准备：《我爱我的祖国》PPT课件、少数民族服饰操作卡、葡萄干。

【活动重、难点】

1. 乐于参与活动，爱家乡、爱祖国，产生强烈的民族认同感。知道各民族的服饰特点和饮食文化。

2. 能够理解并尊重不同民族的文化。

【活动过程】

一、歌曲导入，激发幼儿的兴趣

师：小朋友们，老师今天带来了一首好听的儿歌。请小朋友们一起来听一听，歌里面唱了什么？(播放儿歌《五十六个民族》)

提问：歌词里面有多少个民族？你们知道自己是什么民族的吗？你还知道哪些民族？

小结：我们伟大的祖国一共有56个民族，其中55个是少数民族。

二、感知不同民族的文化特点

今天老师要扮演导游的角色，和小朋友们一起去旅游，现在我们一起出发，猜猜我们的第一站会去哪儿？

（一）播放PPT，出示北京天安门的图片

师：这次旅行的第一站是北京，小朋友们快看，有一位满族的女生走过来了。仔细看一看，她跟我们有什么不一样？（教师引导观察，幼儿自由作答）

满族的女生穿旗装，下摆至小腿，有绣花卉纹饰，戴旗头，穿花盆鞋。

我们跟这位小人儿说再见，去下一个地方旅游吧。

（二）播放PPT，出示内蒙古大草原图片

我们来到了旅行的第二站——内蒙古大草原。你们看，又来了一位蒙古族的小伙子，我们跟他打招呼吧。他的衣服跟我们的又有什么不一样呢？（教师引导观察，幼儿自由作答）

蒙古族服饰具有浓郁的草原风格特色，以袍服为主，便于鞍马骑乘。

（三）播放PPT，出示新疆吐鲁番图片

旅游的第三站是新疆的吐鲁番。小朋友们跟这位维吾尔族的女生打个招呼吧。她穿的衣服又有什么特点呢？（教师引导观察，幼儿自由作答）

这位维吾尔族的女孩还给小朋友带来了当地的特产——葡萄干，你们赶紧尝尝吧。（分发葡萄干）

维吾尔族的人们戴的是绣花帽，着的是绣花衣，穿的是绣花鞋，扎的是绣花巾，背的是绣花袋，他们的衣服颜色鲜艳，都与鲜花有关。当地还盛产水果。

我们跟这位善良的维吾尔族的女孩子说"谢谢"和"再见"吧！

（四）播放PPT，出示云南地标图片

欢迎各位小朋友来到云南，看，这里的孔雀多漂亮。又有一位新朋友走过来了，这是一位傣族小姑娘，她的衣服是什么样子的？（教师引导观察，幼儿自由作答）

傣族服饰淡雅美观，既讲究实用，又有很强的装饰意味。你看，这位小姑娘上着紧身内衣，外罩紧无领窄袖短衫，下穿彩色筒裙，长及脚面，并用精美的银质腰带束裙。

今天我们一共去了四个地方旅游，看到了四种民族的衣服，你们知道汉族的服装是什么样子的吗？或者，你还知道哪些少数民族的其他文化呢？（饮食、习俗、房屋等）

小结：每一个民族都有属于他们独有的民族特色。我们56个民族是相亲相爱的一家人，因为我们有一个伟大的母亲叫中国。我们要热爱自己的民族，也要尊重其他民族的文化。

三、在游戏中进一步了解不同民族的服装特色

幼儿人手一份操作卡。给已经出示了部分服饰的小人儿搭配正确的服饰，教师巡回指导。

【活动延伸】

区角合作：在手工区继续给小人儿搭配服饰。

　　家园共育：回家后与爸爸妈妈一起分享已经知道的不同民族的文化，了解更多的民族文化。

　　分析：教师通过歌曲导入，让幼儿在歌曲中找到今天活动的主题——民族；呈现图片，引导幼儿观察不同民族的服饰特点及特产，帮助幼儿了解不同民族的风土人情；最后以游戏、区角活动结束，让幼儿在体验中发展认知。

▶本讲练习

【理论练习】

1. 幼儿社会环境与归属感主题教育活动的设计流程主要包括从（　　）中确定主题与目标、编制主题网络图、选择教育活动等步骤。

A. 幼儿的兴趣和发展需要　　　　　　　B. 教师的发展

C. 已有材料　　　　　　　　　　　　　D. 现有活动方案

2.（　　）主要是将同一主题下的所有相关内容绘制成图。

A. 主题图　　　　　　　　　　　　　　B. 思维导图

C. 主题网络图　　　　　　　　　　　　D. 设计流程图

3. 幼儿社会环境与归属感教育活动的目标主要是发展幼儿在（　　）方面的认知，同时培养幼儿在不同环境中的归属感，提升社会适应能力。

A. 社会文化　　　　B. 自我意识　　　　C. 社会环境　　　　D. 社会机构

4. 教师确定内容时，要注意符合幼儿本身的（　　）水平和习惯，并能为今后的发展奠定基础。

A. 认知发展　　　　B. 兴趣　　　　　　C. 年龄　　　　　　D. 行为

5. 幼儿社会环境与归属感教育的最大特点就是与真实的社会生活联系密切，因此，针对此种类型的社会教育活动，我们最适宜采用（　　）方法。

A. 情境体验　　　　B. 角色扮演　　　　C. 访谈　　　　　　D. 实地参观

6. 教育环境不仅包括物质环境，也包括精神环境。物质环境主要包括班级的布置要温馨，精神环境主要指教师、幼儿、家长之间形成一种关怀、平等、愉快、和谐的心理氛围，幼儿在这种氛围中有利于安全感和（　　）的形成

A. 归属感　　　　　B. 愉悦感　　　　　C. 成就感　　　　　D. 荣誉感

7. 教师可以通过有意识利用（　　）的各个环节和机会，为幼儿创造人际交往的机会，让幼儿尽快融入集体。

A. 随机教育　　　　B. 环境教育　　　　C. 教育活动　　　　D. 一日生活

8. 中班社会活动"弟弟生病了"，教师组织幼儿表演，帮助幼儿体会生病的"弟弟"的感受；让幼儿学会关爱家人、照顾家人，这采用了（　　）方法。

A. 情境体验　　　　B. 角色扮演　　　　C. 访谈　　　　　　D. 实地参观

9. 大班幼儿实地参观消防队采用了（　　）方法。

A. 情境体验　　　　B. 角色扮演　　　　C. 访谈　　　　　　D. 实地参观

10. 幼儿园教师以"社区的位置""社区的人们"等为主题组织教育活动，增加幼儿对社区的感性认识，使幼儿知道社区是由不同的家庭、街道、建筑物组成的；教师还指导家长在平

时生活中注意引导幼儿爱护公物，培养幼儿保护公共环境意识，这体现了（　　　）。

    A. 善用不同方法　　　　　　　　　B. 提供交往机会

    C. 注重家、园、社区共育　　　　　D. 随机教育的智慧

【实践练习】

1. 每年 9 月，新鑫幼儿园都会迎来一群可爱的小朋友，但是有些小朋友对幼儿园的环境很不熟悉，请你根据小班幼儿的特点，设计相关的社会环境与归属感教育活动。

2. 灿灿老师想让大班的小朋友了解图书馆的规则及借阅图书的方法，请你结合大班幼儿的特点，帮助灿灿老师设计一个相关活动。

·第六单元检测题·

▶ 第七单元

▶ 幼儿社会文化教育活动

▶ 单元导入

个人生活的历史首先是适应由他的社区代代相传下来的生活模式和标准，从他出生之时起，他生于其中的风俗就在塑造着他的经验与行为，到他能说话时，他就成了自己文化的小小创造物，而当他长大成人并能参与这种文化活动时，其文化的习惯就是他的习惯，其文化的信仰就是他的信仰，其文化的不可能性亦是他的不可能性。

——露丝·本尼迪克特

▶ 思维导图

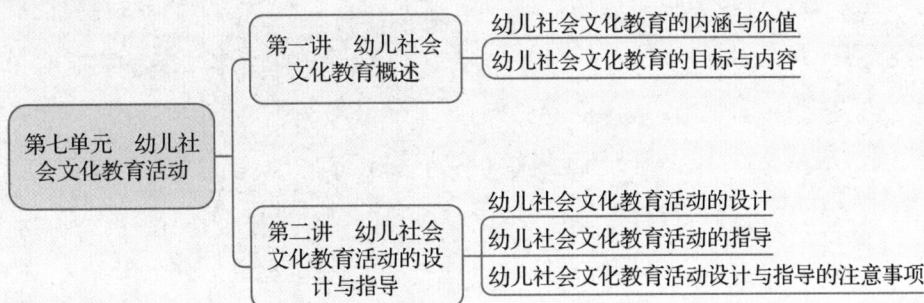

▶ 学习目标

1. 树立文化自信，强化工匠精神。
2. 掌握幼儿社会文化教育的目标与内容。
3. 掌握幼儿社会文化教育活动的设计环节与指导要点。
4. 能实施幼儿社会文化教育活动，能说课、反思与评价。

▶ 典型案例

5月18日是国际博物馆日，这一天世界各地的博物馆都将举办各种宣传、纪念活动，来庆祝自己的节日，让更多的人了解博物馆，更好地发挥博物馆的社会功能。很多幼儿园也会组织幼儿，或者动员家长带领幼儿参观博物馆。大三班的王老师，也准备组织班级幼儿参观博物馆，但是要参观博物馆的哪些内容，又如何与幼儿园的课程结合起来呢？王老师陷入了深思。

如果你是王老师，你会怎么组织这次活动呢？如何让博物馆这样的社会文化机构成为幼儿学习的资源呢？开启本章的学习旅程，相信你一定能解答这些问题。

图 7-1 参观博物馆 （张雨阳画）

第一讲

幼儿社会文化教育概述

文化本来就是传统，不论哪一个社会，绝不会没有传统的。衣食住行种种最基本的事务，我们并不要事事费心思，那是因为我们托祖宗之福——有着可遵守的成法。

——费孝通

一、幼儿社会文化教育的内涵与价值 ●●●

(一)幼儿社会文化教育的内涵

"文化"一词最早见于西汉刘向的《说苑·指武》，他认为，圣人之治天下也，先文德而后武力。凡武之兴，为不服也。文化不改，然后加诛。他首次将"文""化"两字连用，意指封建王朝的文治教化。这与我们现在所称的"文化"虽有一定关联，实际含义却相去甚远。《辞海》中对"文化"的定义有广义与狭义之分：从广义来说，文化指人类社会历史实践过程中所创造的物质财富和精神财富的总和；从狭义来说，指社会的精神文化，即社会的价值观念、思想道德、科技、教育、艺术、文学、宗教、传统习俗及其制度的一种复合体。英国文化学家泰勒在《原始文化》一书中提出了"狭义文化"的早期经典学说，即文化是包括知识、信仰、艺术、道德、法律、习俗和任何人作为一名社会成员而获得的能力和习惯在内的复杂整体。

幼儿在社会化发展的过程中，无时无刻不受到社会文化的影响，幼儿的行为也在无形中表现出社会文化的烙印。幼儿社会文化教育就是通过教育启蒙幼儿的社会文化知识，形成社会认同的行为规范，萌发民族文化的亲切感、自豪感，并对世界其他国家和民族的优秀文化有尊重与理解的态度。

(二)幼儿社会文化教育的价值

德国著名的哲学人类学家兰德曼说，由于人有漫长的童年期，所以文化的掌握乃是一件非常困难的事情，他在漫长的、必要的时间内，不仅必须及早接触文化，而且需要不断地接触文化。由此可见，幼儿期开展社会文化教育是非常有必要的。《幼儿园教育指导纲要(试行)》指出，充分利用社会资源，引导幼儿实际感受祖国文化的丰富与优秀，感受家乡的变化和发展，激发幼儿爱家乡、爱祖国的情感。适当向幼儿介绍我国各民族和世界其他国家、民族的文化，使其感知人类文化的多样性和差异性，培养理解、尊重、平等的态度。开展社会文化教育对幼儿自身的发展和社会文化的传承都具有重要的意义。

1. 有利于发展幼儿的社会认知，促进幼儿的社会化过程

幼儿的生长与发展离不开社会文化，幼儿必须在特定的社会文化环境中形成适应社会文化的人格，掌握特定的社会公认的行为方式。从幼儿自身的发展来说，开展幼儿社会文化教育，对于幼儿的社会性发展具有重大的意义。

社会文化教育有利于发展幼儿的社会认知和社会情感。第一，通过开展社会文化教育，能让幼儿了解自己生活的家庭、社区和社会机构中的规则与习俗。幼儿只有掌握了这些知识，才能被社会接纳，融入社会生活。第二，通过开展社会文化教育，能让幼儿了解家乡的

地方特色和民族优秀传统文化，从而有利于幼儿萌发文化的认同感和心灵的归属感，丰富幼儿的社会情感。

2. 有利于提升幼儿的文化认同，萌发文化归属感

新时期的幼儿从小生活在多元文化的社会情境中，他们的语言中夹杂着不少外来词，他们的饮食中充斥着很多洋食品，他们的生活中有来自西方的电视、电影、歌曲、读物等。有的幼儿从小接触外来文化，甚至崇尚外来文化，丧失了民族文化自信心。幼儿社会文化教育有利于提升幼儿的文化认同。《3—6岁儿童学习与发展指南》也明确提出，要让幼儿知道自己的民族，知道中国是一个多民族的大家庭，各民族之间要互相尊重，团结友爱。

正如露丝·本尼迪克特所说，人从呱呱坠地的那一刻起，就受到他周围文化的影响，这种文化既有当地文化，也有外来文化……地方文化的精髓可以渗透到幼儿的血液里，对其进行早期的文化启蒙。通过开展社会文化教育，让民族文化浸润幼儿的心灵，有利于奠定幼儿的精神根基，提升幼儿的文化认同，萌发归属感。例如，带领幼儿认识、品尝家乡的美食，了解饮食文化背后的故事，这种家乡的味道会成为幼儿的精神烙印，即使他成年之后远离家乡，也会怀念家乡的味道。用可信、可爱、可敬的中国形象讲好中国故事、传播好中国声音。增强幼儿的文化认同与文化自信。立足并热爱足下的土地，从文化自觉走向文化自信。

3. 有利于拓展幼儿的社会视野，形成包容与尊重的态度

国际21世纪教育委员会委员鲁道夫·斯塔文哈根指出，在一个日益多元文化的世界里，教育应对的挑战是巨大的。当地球上的居民感到世界化过程确实存在时，"我的邻居可能不再是同我一样的人"的想法遽然产生。对于许多人来说，这种发现可能构成对人的一种打击，因为它对迄今为止永恒不变的邻居关系、社区和国家的传统概念提出了挑战；它打乱了长期建立起来的与他人的联系方式，并表明种族多样性突然闯入日常生活。今日世界是一个文化多元的时代，今日社会是一个多元文化社会。进入21世纪以来，经济全球化进程进一步加快，各国各地区的联系愈加紧密，文化问题成为各国各地区的主要问题之一。2001年11月2日，联合国教育、科学及文化组织大会第三十一届会议通过了《世界文化多样性宣言》（简称《宣言》），《宣言》指出，文化多样性是人类的共同遗产，应当从当代人和子孙后代的利益考虑予以承认和肯定。在日益走向多样化的当今社会中必须确保属于多元的、不同的和发展的文化特性的个人和群体的和睦关系和共处。因此，开展社会文化教育，让幼儿了解和认识不同文化，并形成对多元文化的正确态度，对幼儿未来的发展是非常有必要的。

拓展阅读：《世界文化多样性宣言》（节选）

特性、多样性和多元化

第1条　文化多样性——人类的共同遗产

文化在不同的时代和不同的地方具有各种不同的表现形式。这种多样性的具体表现是构成人类的各群体和各社会的特性所具有的独特性和多样化。文化多样性是交流、革新和创作的源泉，对人类来讲就像生物多样性对维持生物平衡那样必不可少。从这个意义上讲，文化多样性是人类的共同遗产，应当从当代人和子孙后代的利益考虑予以承认和肯定。

第2条　从文化多样性到文化多元化

在日益走向多样化的当今社会中，必须确保属于多元的、不同的和发展的文化特性的个

人和群体的和睦关系和共处。主张所有公民的融入和参与的政策是增强社会凝聚力、民间社会活力及维护和平的可靠保障。因此，这种文化多元化是与文化多样性这一客观现实相应的一套政策。文化多元化与民主制度密不可分，它有利于文化交流和能够充实公众生活的创作能力的发挥。

第 3 条　文化多样性——发展的因素

文化多样性增加了每个人的选择机会；它是发展的源泉之一，它不仅是促进经济增长的因素，而且还是享有令人满意的智力、情感、道德精神生活的手段。

文化多样性与人权

第 4 条　人权——文化多样性的保障

捍卫文化多样性是伦理方面的迫切需要，与尊重人的尊严是密不可分的。它要求人们必须尊重人权和基本自由，特别是尊重少数人群体和土著人民的各种权利。任何人不得以文化多样性为由，损害受国际法保护的人权或限制其范围。

第 5 条　文化权利——文化多样性的有利条件

文化权利是人权的一个组成部分，它们是一致的、不可分割的和相互依存的。富有创造力的多样性的发展，要求充分地实现《世界人权宣言》第 27 条和《经济、社会、文化权利国际公约》第 13 条和第 15 条所规定的文化权利。因此，每个人都应当能够用其选择的语言，特别是用自己的母语来表达自己的思想，进行创作和传播自己的作品；每个人都有权接受充分尊重其文化特性的优质教育和培训；每个人都应当能够参加其选择的文化生活和从事自己所特有的文化活动，但必须在尊重人权和基本自由的范围内。

第 6 条　促进面向所有人的文化多样性

在保障思想通过文字和图像的自由交流的同时，务必使所有的文化都能表现自己和宣传自己。言论自由，传媒的多元化，语言多元化，平等享有各种艺术表现形式，科学和技术知识——包括数码知识——以及所有文化都有利用表达和传播手段的机会等，均是文化多样性的可靠保证。

文化多样性与创作

第 7 条　文化遗产——创作的源泉

每项创作都来源于有关的文化传统，但也在同其他文化传统的交流中得到充分的发展。因此，各种形式的文化遗产都应当作为人类的经历和期望的见证得到保护、开发利用和代代相传，以支持各种创作和建立各种文化之间的真正对话。

第 8 条　文化物品和文化服务——不同一般的商品

面对为创作和革新开辟了广阔前景的经济和技术的发展变化，应当特别注意创作意愿的多样性，公正地考虑作者和艺术家的权利，以及文化物品和文化服务的特殊性。因为它们体现的是特性、价值观和观念，不应被视为一般的商品或消费品。

第 9 条　文化政策——推动创作的积极因素

文化政策应当在确保思想和作品的自由交流的情况下，利用那些有能力在地方和世界一级发挥其作用的文化产业，创造有利于生产和传播文化物品和文化服务的条件。每个国家都应在遵守其国际义务的前提下，制定本国的文化政策，并采取其认为最为合适的行动方法，即不管是在行动上给予支持还是制定必要的规章制度，来实施这一政策。

二、幼儿社会文化教育的目标与内容 ●●●

(一)幼儿社会文化教育的目标

幼儿社会文化教育的目标是开展幼儿社会文化教育的依据，要设计幼儿社会文化教育活动，首先得明确幼儿社会文化教育的目标。张明红指出，幼儿园社会文化教育活动的目标主要包括以下几方面。第一，初步感受具有代表性的社区文化。第二，了解祖国传统节日、人文景观、少数民族和文化精品等，对祖国的传统文化感兴趣。第三，初步感受世界著名的人文景观及优秀的艺术作品，对世界文化感兴趣。第四，了解世界是由许多国家和民族组成的，萌发热爱和平的情感。第五，愿意接触或了解不同国家、不同种族的人，感受他们的风俗习惯。《3—6岁儿童学习与发展指南》指出，接纳、尊重与自己生活方式或习惯不同的人。利用民间游戏、传统节日等，适当向幼儿介绍我国各民族和世界其他国家、民族的文化，帮助幼儿感知文化的多样性和差异性，理解人们之间是平等的，应该互相尊重，友好相处。

有学者提出，教育的目的首先应该是文化认同教育，其次是身处在各国文化下，能与各国文化交流、碰撞或交融发展。[①] 因此，幼儿社会文化教育的目标主要表现为以下两点。第一，了解本民族、本国的文化，形成民族文化的认同感和归属感。第二，了解全球范围内的优秀文化，拓宽幼儿的视野，并逐渐形成对不同文化的包容、理解与尊重，为培养具有全球意识的公民奠定基础。

按照三维目标的结构体系来划分，幼儿社会文化教育的目标主要表现为以下三点。

第一，情感目标：愿意接触或了解不同国家、不同种族的人，感受他们的风俗习惯，对祖国优秀传统文化和世界文化感兴趣。

第二，认知目标：知道世界是由许多国家和民族组成的，初步了解我国主要民族和世界其他国家和民族的节日、传统工艺、民俗习惯等社会文化，感知文化的多样性和差异性，理解人们之间是平等的，应该互相尊重，友好相处。

第三，能力目标：接纳、尊重与自己的生活方式或习惯不同的人。

(二)幼儿社会文化教育的内容

有研究者指出，社会文化课程一般可以分为三种情形。第一，在全球范围内，体现各个国家的优秀文化。第二，在一个国家内，体现各个民族的优秀文化。第三，在一个民族内，体现各个方面、各个层次的优秀文化。《幼儿园教育指导纲要(试行)》(以下简称《纲要》)在社会领域的内容与要求中指出，充分利用社会资源，引导幼儿实际感受祖国文化的丰富与优秀，感受家乡的变化和发展，激发幼儿爱家乡、爱祖国的情感。适当向幼儿介绍我国各民族和世界其他国家、民族的文化，使其感知人类文化的多样性和差异性，培养理解、尊重、平等的态度。依据幼儿社会文化教育的目标，以及《纲要》的文件精神，我们将幼儿社会文化教育的内容分为传统文化和世界文化两部分内容。传统文化又包括传统节日、民俗文化、传统工艺等内容，世界文化包括国际上的典型节日，以及世界不同民族和区域的生活习俗。具体内容如表7-1所示。

---

① 张诗亚：《"位育"之道——全球化中的华人教育路向》，载《西南师范大学学报(人文社科版)》，2006(6)。

表 7-1　幼儿社会文化教育的内容

主要内容	一级分解	二级分解
传统文化	传统节日	春节、元宵节、清明节、端午节、中秋节、重阳节、腊八节、除夕、节气等
	民俗文化	衣食住行、口头语言、民间游戏、神话传说等
	传统工艺	剪纸、风筝、刺绣、年画、戏曲、建筑等
世界文化	典型节日	母亲节、父亲节、儿童节等
	生活习俗	礼仪、饮食、语言等

(一)优秀传统文化

1. 传统节日

传统节日是文化中最重要的组成部分,其种类繁多,内容丰富。我国幼儿教育之父陈鹤琴先生在鼓楼幼稚园开展幼儿园课程的科学实验期间,曾以万年历为参照,将每月中有教育价值的节日、节气编进了幼儿园的课程中。教师在选择节日活动时,一方面可以选择具有代表性的中国节日,如中国八大传统节日——春节、元宵节、清明节、端午节、七夕节、中秋节、重阳节和腊八节,以及二十四节气等;另一方面也要兼顾我国各少数民族的传统节日,如傣族的泼水节、蒙古族的那达慕大会、彝族的火把节、苗族的跳花节、藏族的藏历年和望果节等。节日活动中包含着丰富的文化教育资源,综合而言,可以从以下两方面来挖掘节日教育的价值。

第一,节日传说。节日传说是长期流传于民间的对节日文化起源的介绍,一般以特定的历史或神话人物为基础,表达了人民群众对先人的思念和对未来美好生活的期盼。根据节日传说的性质和目的,可粗略分为纪念类传说和驱邪避害类传说两大类。其中纪念类传说旨在纪念某位具体的历史人物、历史事件或神话传说中的人物和事件,如端午节"纪念屈原"的传说,中秋节"嫦娥奔月"的神话传说。驱邪避害类传说记录了中国古人为获得安宁生活,与疾病、邪恶进行艰苦卓绝斗争的历史,如春节的"年"的传说、重阳节的"汝河灭瘟魔"的传说。由于节日传说一般远离幼儿生活经验,教师可以通过播放相关动画视频、阅读绘本等方式让幼儿较为直观地了解相关知识,切忌通过单纯的说教形式,向幼儿灌输节日传说的知识。

第二,节日习俗。几乎每个节日都有自己的习俗。这些习俗是节日的象征,也是人们庆祝节日的载体。节日习俗包括节日的饮食、节日开展的活动等内容,节日习俗是节日活动的重要组成部分。教师可以组织幼儿制作和品尝节日饮食,玩节日游戏,从而带领幼儿体验不同节日的文化特征(如表 7-2 所示)。

表 7-2　传统节日活动的核心特征①

节日	身体实践	来源传说	情感体验
春节	饮食:糖果、饺子等过年的吃食 习俗:民俗游戏(放炮、放烟花),贴年画和春联,拜年,压岁钱,挂灯笼,祭祖和拜神等	十二生肖故事 年兽的故事 春节中拜神传说	团圆 喜庆欢乐

---

① 李娜:《幼儿园节日活动中社会教育的现状研究》,硕士学位论文,南京师范大学,2016(有改动)。

续表

节日	身体实践	来源传说	情感体验
端午节	饮食：粽子、茶叶蛋 习俗：挂香囊、划龙舟等	屈原的故事 黄巢的传说	忠诚爱国
中秋节	饮食：月饼 习俗：赏月	中秋节的来历 嫦娥奔月	团圆
重阳节	饮食：重阳糕 习俗：登高	重阳节的来历	尊敬、孝敬老人
清明节	饮食：青团 习俗：祭祖、踏青	清明节的来历	追念先祖 踏青感受春天

2. 民俗文化

钱穆先生说，风俗为文化奠深基，苟非能形成风俗，则文化理想仅如空中楼阁，终将烟消而云散。民俗文化是民族文化的基层部分，是民族文化的根源，继承和发展民族文化需要从民俗文化入手。钟敬文先生说，这种近乎神秘的民俗文化凝聚力，不但要使朝夕生活、呼吸在一起的成员，被那无形的仙绳捆束在一起，把现在活着的人跟已经逝去的祖宗、前辈连接在一起；而且它还把那些分散在世界各地的华侨、华裔也团结在一起。……而在民族传统文化中，源远流长的民间风俗、习尚所起的凝聚作用，是特别值得注目的。民俗文化包括的内容广泛，既包括人们生活中的衣食住行，又包括人们所使用的口头语言、民间游戏等（如表 7-3）。民俗文化是符合幼儿发展特点并能够为幼儿所接受的文化形式，同时，它带有强烈的民族精神属性，是培养幼儿初步的民族认同和国家认同的适宜内容。

表 7-3 民俗文化的主要内容与目标

主要内容	主要目标	案例
衣食住行	初步认识各民族具有典型意义的衣食住行，初步体会其含义，了解与衣食住行相关的礼仪等，体验各族人民的生存智慧。	少数民族的服饰、虎头帽；饺子、元宵、过桥米线；蒙古包、四合院等。
口头语言	了解本地方言，初步学习使用本地方言，萌发对本地语言的认同感。知道本地部分儿歌、童谣、俗语等，初步体会本地民众的行为规范、生活态度与基本观念等。	各地方言；地方俗语、儿歌、童谣等。
民间游戏	认识了解民族以及本地玩具、游戏和竞技材料等，了解民族以及本地游戏、舞蹈和传统体育，萌发对民族以及本地游戏、舞蹈和传统体育的喜爱。	陀螺、放风筝、抖空竹、丢石子、划龙舟等；花鼓灯、舞狮、扭秧歌等。

3. 传统工艺

传统工艺是民族文化的重要体现。它植根于我国独特的文化艺术传统及审美意识，主要表现的是本民族人民群众的艺术审美情趣。我国是一个多民族的国家，56 个民族在长期的历史发展过程中形成了各具特色、风格迥异的艺术形式，在经年累月的发展过程中，累积了丰富的民族艺术宝库。

传统工艺包括的内容广泛，主要分为绘画、传统手工艺、戏剧、服饰、建筑、书法、舞蹈等。幼儿园开展传统工艺教育，可以根据地域特征优先选择地方区域内的民族艺术，如安徽省的幼儿园可以选择徽派建筑、黄梅戏、花鼓灯等艺术形式进行学习，也可以选择幼儿感兴趣的，或者能够接触到的其他区域的民族艺术，如认识少数民族的服饰、开展传统手工艺的制作与学习等。

幼儿园在开展传统工艺活动时需要注意的是，既能从艺术角度出发，带领幼儿感受和欣赏民族艺术的美，组织幼儿制作或创造传统工艺，又能从社会领域出发，挖掘传统工艺的社会教育价值，让幼儿感受中国劳动人民的智慧与勤劳的精神，感受传统工艺的文化底蕴，感受国家文化的博大精深，从而激发幼儿对传统工艺的热爱和亲切感，萌发对民族文化的自豪感和归属感。

(二)世界文化

1. 典型节日

有学者对节日进行了这样的划分：从空间角度来分，节日可分为我国汉族的节日、我国少数民族的节日和外来节日类。前面介绍的传统节日主要指的是汉族的节日，以及我国少数民族的节日，这里讲的典型节日主要是指外来节日，世界文化范围中具有普遍性的节日有母亲节、父亲节、六一儿童节等。

2. 生活习俗

世界文化范畴内的生活习俗主要包括不同国家和民族的礼仪、饮食、语言等。比如，了解不同国家的美食文化；认识不同国家的语言，知道不同民族或地区的人们可能使用不同的语言，初步感受其他民族或地区的儿歌、语言，认识到语言的多样性。简要了解几种其他民族和国家的衣食住行，感受不同风格的生活样貌，获得多样化的学习和审美体验，能够培养幼儿多样性思维能力和文化包容意识。万物并育而不相害，道并行而不相悖。只有各国行天下之大道，和睦相处、合作共赢，繁荣才能持久，安全才有保障。让我们的孩子从小就树立起构建一个包容、繁荣、清洁、美丽的人类命运共同体美好愿景。

> **本讲练习**

【理论练习】

1. 以下选项，（ ）不属于幼儿社会文化教育的内容。

　　A. 中国传统节日　　　B. 民族手工艺　　　　C. 国际节日　　　　　D. 垃圾分类

2. 我国幼儿教育之父陈鹤琴先生在鼓楼幼稚园开展幼儿园课程的科学实验期间，曾以万年历为参照，将每月中有教育价值的节日、节气编进了幼儿园的课程计划中。陈鹤琴的做法是把（ ）作为幼儿社会文化教育的主要内容。

　　A. 节日文化　　　　　B. 饮食文化　　　　　C. 民间游戏　　　　　D. 民俗文化

3.《幼儿园教育指导纲要（试行）》提出，充分利用社会资源，引导幼儿实际感受祖国文化的丰富与优秀，感受家乡的变化和发展，激发幼儿（ ）的情感。

　　A. 爱父母长辈　　　　B. 爱老师　　　　　　C. 爱家乡、爱祖国　　D. 爱同伴

【实践练习】

1. 收集节日相关资源（视频、图片、文字、教案等），建立自己的幼儿园节日活动资源库。

2. 查找与幼儿园社会文化相关的绘本，以图片或 PPT 形式建立资源库。

3. 走访本地的博物馆、文化馆等文化机构，了解地域文化，并思考哪些内容适合幼儿园的社会文化教育。

4. 选择一所幼儿园，以幼儿园为原点，在方圆 5 千米内搜寻适宜的社会文化教育资源，并整理相关的课程内容。

第二讲

幼儿社会文化教育活动的设计与指导

一、幼儿社会文化教育活动的设计 ●●●

(一)幼儿社会文化主题教学活动的设计

主题教学活动是在一定时间内，围绕一个中心开展的幼儿园教育活动。从社会文化教育的目标来看，无论是社会文化情感的激发，还是社会文化知识的启蒙，都不是短时间内可以完成的，采用主题教学的形式，能够让幼儿更加充分和全面地感受与了解社会文化。在设计幼儿社会文化主题教学活动时，需要注意以下两点。

1. 选择适宜的主题

确定主题是主题教学活动设计的首要任务。社会文化教育内容中有很多适宜开展主题教学活动的主题，教师可以根据幼儿的生活经验和兴趣需要，结合教学计划，选择适宜的主题。比如，在临近各种节日的时候，教师可以选择节日作为主题，如"欢欢喜喜过大年""热热闹闹过端午"等；在民俗文化的学习中，教师可以结合幼儿的生活经验，引发相关的主题活动，如"多彩的少数民族"等。

2. 确定合适的目标

主题教学活动打破了领域的壁垒，采用多种形式、多种途径让幼儿感知和学习。因此，社会文化主题教学活动不再仅仅局限于社会领域，其目标涉及与主题相关的不同领域、不同类型的活动。在制定主题活动目标时，要注意围绕社会文化主题，以社会领域为中心，而不只局限于社会领域，在内容上可以融入健康、语言、科学、艺术等学习领域。

活动案例

大班主题活动：红红火火过大年①

【主题产生】

春节是中国最隆重的传统节日，也是亲人团聚的日子。临近春节，家家户户都在忙着办年货、大扫除，孩子们看着大人们忙碌的身影，内心期盼着这一天的到来。经常会问："还有几天过年呀?"可关于春节的习俗幼儿了解得很少，春节对他们来说是既熟悉又陌生的事情。每年春节期间是幼儿园课程断档的时期，所以我们设计生成了这一主题"红红火火过大年"。

【主题说明】

随着幼儿年龄的增长，他们对春节的简单习俗已有了一些感性认识，喜欢在别人面前表达自己的情感，有着强烈的求知和探索欲望。我们通过"红红火火过大年"主题，引导幼儿了解"春节习俗"(贴春联、挂中国结、贴年画、贴福字、挂灯笼、逛庙会、给

---

① 线亚威：《幼儿园主题教育活动精品案例纪实》，232～256 页，北京，高等教育出版社，2011(有改动)。

压岁钱等），进一步加深幼儿对春节的认识。另外，我们还要通过对"压岁钱"合理使用的讨论，让幼儿学会有计划花钱。幼儿在体验快乐的同时，充分感受、理解中国最传统的节日习俗文化。

【主题目标】

1. 知道农历新年（春节）是中国人的传统节日，是一家人团聚的日子。了解具有民族特色的春节庆祝方式和活动，知道拜年、采办年货、吃团圆饭等春节主要活动的意义。

2. 能运用多种方式和手段记录并介绍春节，了解压岁钱的意义，并学会合理支配。

3. 了解关于春节的各种传说和"年文化"的含义，能用完整、连贯、恰当的语言表达对春节的理解和祝福等。

4. 逐步形成关心长辈、互相谦让的思想品德，懂得拜年时的一些基本礼仪并初步学会自我保护。

【主题网络图】

"红红火火过大年"的主题网络图如图 7-2 所示。

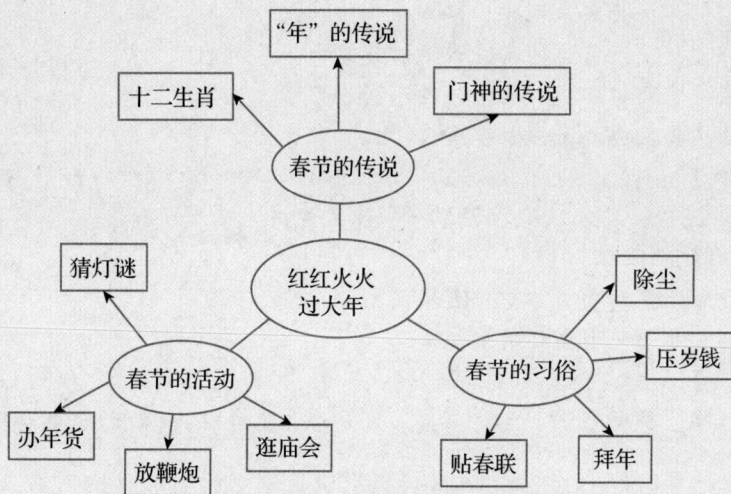

图 7-2 红红火火过大年

【主题环境】

一、主题墙

张贴春节活动方案告知家长。

收集和张贴一些过年的民间风俗照片、图片供幼儿欣赏。

和幼儿共同收集大量有关春联的照片，收集春联的相关知识，各班级门口张贴幼儿和教师共同创作、制作的春联。

带领幼儿利用红纸进行手工制作和绘画活动，呈现出一片火红的年味，如年年有余、烟花爆竹辞旧岁等。

将活动中幼儿收集来的过年相关物品，布置在教室里、门厅上、走廊里，创设喜气洋洋的新年环境。

二、活动区

1. 角色区：全园开展"逛庙会活动"，各班设置游戏场地，全园幼儿可自由选择游戏内容，完成一个游戏得一个笑脸，积满6个可换一份精美礼品。

2. 美工区：投放各种材质的红纸，供幼儿进行剪纸、折纸、绘画、写"福"字练习。

3. 氛围营造：适时播放一些有关新年欢快的背景音乐，让幼儿置身于欢快、热闹的氛围中，营造过年的喜庆气氛。

4. 语言区：教师和幼儿共同学习有关祝福的成语及拜年的话。

(1)数字成语接龙。一帆风顺、二龙戏珠、三阳开泰、四季平安、五福临门、六六大顺、七星高照、八方来财、九九同心、十全十美、百事可乐、千事顺心、万事如意。

(2)祝福吉祥语接龙。恭贺新禧、喜气洋洋、洋洋得意、意气风发、福星高照、招财进宝、抱宝怀珍、珍味佳肴、威风八面、面目一新。

(3)春节谚语。二十三糖瓜粘，二十四扫房日，二十五去碾谷，二十六去买肉，二十七去宰鸡，二十八把面发，二十九蒸馒头，三十晚上扭一扭，大年初一拱拱手。

三、家园共育

1. 收集有关年的故事、图片，丰富幼儿知识。

2. 收集布置环境所需要的年味十足的装饰物。

3. 请家长在家里办年货、除尘、贴春联时带领幼儿共同完成。

4. 在除夕夜燃放爆竹时注意安全。

【活动案例】

活动一 十二生肖

【活动目标】

1. 知道十二生肖动物名称及排列顺序。

2. 了解十二生肖轮回循环的规律。

【活动准备】

1. 物质准备：民间剪纸、生肖邮票、班级幼儿生肖玩具(与人数相等)、十二生肖头饰。

2. 知识准备：幼儿了解自己和家人的生肖，填写生肖调查表。

3. 关于十二生肖介绍的课件。

【活动过程】

一、感知交流

教师送每名幼儿一个生肖玩具，激发幼儿对生肖的认知兴趣。

教师：过年了，猜猜我为什么送这个礼物给你们？今年是什么年？小朋友是属什么的？你的爸爸妈妈又是属什么的？

二、欣赏生肖艺术品

教师出示十二生肖剪纸及邮票供幼儿欣赏。

三、学习活动

幼儿观看十二生肖课件。

教师：十二生肖是按顺序来排的，一年接着一年，你知道谁排第一吗？

教师小结：生肖按照以下顺序排列——鼠、牛、虎、兔、龙、蛇、马、羊、猴、鸡、狗、猪，一年一个生肖，轮回循环。

四、音乐游戏"十二生肖歌"

1. 请小朋友戴一个动物头饰，随音乐表演。

2. 教师引导幼儿关注十二生肖的顺序和各种生肖动物的声音和动作。

【活动延伸】

在科学区投放十二生肖图片，让幼儿学习给生肖排序。

活动二　说春联

【活动目标】

1. 知道中国人在春节时有张贴春联的习俗，了解春联象征着人们对新年的愿望。

2. 简单了解春联的构造与韵律。

【活动准备】

1. 收集各种大小、长短不一的春联。

2. 让幼儿预先熟悉自家或邻居家所张贴的春联内容，并对其含义有一定的了解。

【活动过程】

一、导入活动

1. 教师出示喜庆的春联，引起幼儿兴趣。

教师：这是什么？是贴在哪里的？什么时候贴得最多？

2. 幼儿讨论：为什么春联要选红纸写？为什么人们在过年时都要贴春联？

教师总结：红色是中国的吉祥色，每逢春节，家家户户都要选一副大红春联贴在门上，是为了增强节日喜庆的气氛，表达美好的愿望。

二、讨论与交流

1. 老师刚才是按什么顺序读的？这些对联有什么共同的特点？

2. 请幼儿说出自己收集的春联，并能解释春联的含义。

教师小结：对联要从右到左读，再读横批，上下联要字数一样多，字尾要押韵。

三、装饰春联

展示收集来的各种春联，幼儿分组用不同方式装饰春联，然后贴到各班门口。

【活动延伸】

在家里让家长和幼儿一起分享春联的特点和要求，它的文学形式是工整、对偶、精巧。

活动三　办年货

【活动目标】

1. 学习巩固 10 以内的连加或连减运算。

2. 认识人民币。

3. 在购买过程中感受过年的快乐气氛。

【活动准备】

1. 知识准备：已经熟练掌握 10 以内的分解组合。

2. 物质准备：超市物品图片若干，上面标注 1～5 元价格标签，10 元、5 元、1 元游戏钱币若干张，购物表每人一张。

【活动过程】

一、准备活动

教师和幼儿共同布置"年货一条街"场景。

教师出示收集的物品图片,介绍关于办年货应采购的相关物品及价格,并布置好"年货一条街"。

二、学习活动

1. 为每位幼儿发 10 元钱(分别有 1 元、5 元、10 元的)。

2. 教师:教师出示图片(灯笼 6 元)请给我 6 元钱?我应找你多少钱?

教师出示图片(一包糖果 4 元)请给我 4 元钱?你应怎样付钱?

3. 教师引导幼儿学习用加、减法算式记录自己的购买活动。

三、游戏活动

1. 幼儿到购物街办年货,在实践中学习 10 以内的加减法。

2. 操作并记录。幼儿根据自己的需要用 10 元钱购物,把选购的商品摘下来贴到购物表中,并记录下价格。

教师指导能力差的幼儿运用算珠或数棒帮忙。

四、分享评价

幼儿互相交流和分享自己记录的加减算式及采办年货的过程,体验在采办年货过程中进行计数活动的快乐。

教师:请你说说刚才买了什么?怎样列算式?

【活动延伸】

综合系列活动,请家长在办年货时带幼儿一同前往。

活动四　干干净净的年(略)

活动五　红红火火的年(略)

活动六　瑞兔迎春(略)

活动七　年画里的幸福(略)

活动八　敲锣打鼓放鞭炮(略)

活动九　拜年啦(略)

活动十　压岁钱(略)

活动十一　猜灯谜(略)

活动十二　迎春游戏合家欢(略)

【活动反思】

我们主要从"认识春节—迎接春节—欢度春节"三个环节入手,以"迎春节"为核心,通过谈话活动、分组收集资料、总结分享活动、歌曲欣赏活动来加深幼儿对春节的认识与了解;通过亲手制作过年物品、策划布置活动室环境来进一步为迎接春节做准备;让每个幼儿都有机会参与活动,并引导幼儿学会合作、分享;最后的"亲子联欢会——逛庙会"将活动推向高潮,让幼儿真真切切地体验春节的喜庆气氛,体验亲人、朋友间友爱、温馨的情感氛围。

我们让幼儿了解年的由来，在通过了解春节习俗，如春联、中国结、年画、"福"字、灯笼等，进一步加深幼儿对春节的认识。教师引导幼儿通过各种方式，记录并介绍春节活动名称。与此同时，我们还让幼儿了解压岁钱的含义并学习合理地支配压岁钱，学习用各种艺术形式表达对春节喜庆欢腾的理解。我们正是在这种生活化的活动中让幼儿了解了春节的社会意义、幼儿之间交往的方式等，培养了他们敢于表现的良好习惯，整个活动丰富多彩。另外，在主题活动中，我们充分利用家长资源，如幼儿与家长共同完成主题调查表、共同收集整理相关的春节素材、积极参与主题教育的创设、家长引导幼儿合理支配压岁钱。我们还鼓励家长带幼儿观赏和参与春节前的筹备工作(如办年货等)，感受春节不同寻常的喜庆热闹。

在"红红火火过大年"的活动中，我们邀请了家长参与此次活动，举办"迎春游戏合家欢"活动，通过此活动，促进了家园关系的和谐，提升了幼儿园的影响力。

在新年庆祝活动中，我们让每一个幼儿都能积极参与，并获得成功的体验，同时也感受到了新年的喜庆气氛。

通过这一系列活动，我们发现还可从以下两方面进行丰富和完善：可与幼儿共同制作"红红火火过大年"系列主题图书，巩固已有经验；也可以开展"红红火火过大年"为主题的汇报展示活动。有条件的话，还可以邀请其他少数民族的小朋友一起过年，使幼儿了解我国是一个多民族的国家，增强幼儿的爱国情感。

(二)幼儿社会文化集体教学活动的设计

幼儿社会文化教育的途径是多样化的，其中集体教学活动是教师有目的、有计划、有组织地对幼儿实施影响，让幼儿感受与感知社会文化，萌发民族文化的亲切感和自豪感，以及对世界优秀文化的包容心和认同感的重要途径。设计幼儿社会文化教育活动并没有统一的格式和流程，重点在于把握住幼儿的特点，理解社会文化教育的目标与方法。对于初学者而言，我们也可以参照以下基本结构来开展幼儿社会文化集体教学活动。

1. 情境导入，感受文化氛围

第一环节是导入活动主题，引导幼儿初步感受文化氛围，激发幼儿的学习兴趣。在适宜的情境氛围中，幼儿更容易受到文化的熏陶，从而产生移情。因此，该环节重点是能够呈现适宜的情境，既能烘托文化氛围，激发幼儿的参与兴趣，又能恰当地引出活动主题。

设计该环节时，需要注意的是，教师要提前了解幼儿的生活经验，选择适宜的活动情境。对于幼儿已有经验的活动，教师可以通过谈话或图片等形式唤起幼儿的生活经验，如幼儿已经有了过年的生活经验，教师可以出示与过年有关的图片，提出过年的话题，引发幼儿对"年"的回忆。对于幼儿缺乏生活经验的活动，教师可以通过视频、绘本等较为形象和直观的方式创设相关情境，激发幼儿的学习兴趣。例如，在"多彩的民族服饰"教学活动中，幼儿在生活中可能没有或很少接触少数民族的服饰，教师可以提前准备一些少数民族服饰，穿在身上让幼儿欣赏，或者播放一些少数民族服饰的视频，激发幼儿的学习兴趣。

2. 交流讨论，初步感知社会文化

第二环节，教师可以通过形象和具体的方式，让幼儿初步感知社会文化知识，如节日的来源与习俗，民俗文化的生活底蕴，以及传统工艺作品的形式与内容等。由于这些知识大多

远离幼儿的生活经验，因此采用单纯的讲授较为枯燥和晦涩，不利于幼儿的理解。教师可以结合相关的视频、绘本、参观等直观和形象的方式，让幼儿感受文化知识。并在此基础上，通过设置相关的提问，让幼儿表达自己的理解。例如，在开展"快乐的端午节"活动中，教师为了让幼儿了解端午节的来源与习俗，通过播放关于屈原的视频，讲解黄巢的故事，让幼儿了

想一想：母亲节即将来临，中二班张老师准备开展一节"妈妈爱我我爱她"的教学活动。请你想一想张老师可以选择哪些教学内容，以及可以提出哪些问题帮助幼儿理解相关内容？

解吃粽子、划龙舟、插艾叶等习俗的历史渊源，并提出"端午节是哪一天""端午节是为了纪念谁""端午节为什么要吃粽子""你在家里是怎么过端午节的"等问题，引导幼儿表达自己对端午节的初步理解。

该环节重点是初步感知社会文化知识，同时还要注意教学内容的选择与加工。社会文化知识体系庞杂，内容丰富，并非所有的内容都适合幼儿学习，切忌全盘接受或拿来主义。教师要根据幼儿的年龄特点、经验特点来选择适宜的内容。例如，在"六一儿童节"活动中，幼儿只需了解"六一"是谁的节日，是哪一天，了解"六一儿童节"常见的庆祝方式即可，关于"六一儿童节"来源的历史背景则不需要重点了解。

3. 操作体验，深入体会社会文化

第三环节，在幼儿对社会文化有了初步的了解之后，教师可以设置相关的操作体验活动，让幼儿在操作中，深入体验社会文化的内涵。操作体验的方式可以是幼儿的操作活动、体育游戏、区域游戏，也可以是亲子活动等。教师可根据活动的内容和需要选择适宜的方式。例如，在节日活动"元宵节"中，教师可以选择亲子活动的方式，邀请家长带领幼儿一起搓元宵，体验搓元宵的趣味，并且和家人一起品尝元宵，深入体会元宵团团圆圆的文化内涵。在传统工艺活动"有趣的剪纸"中，教师可以选择操作活动的方式，让幼儿自己设计剪纸样式，动手剪出喜欢的造型，在设计和操作中感受剪纸的文化意蕴。

设计该环节时，教师要注意挖掘社会文化的内涵，切忌为了体验而体验。教学活动是有目的、有计划开展的活动，任何一个环节都具有相应的教育价值，操作体验是为了让幼儿深刻感受社会文化，教师在设计相关活动时，要突出这一要求。

温馨提示

交流讨论和操作体验两个环节的顺序不是固定不变的。有的活动为了让幼儿交流讨论得更加充分，可以先进行操作体验，如参观活动，先参观体验，再进行交流讨论。因此，第二环节和第三环节的顺序可以根据需要灵活调整。

4. 总结提升，萌发社会文化情感

第四环节是总结提升环节，这一环节重在激发幼儿的社会文化情感。教师可以对社会文化知识进行总结提炼，加深幼儿的印象，也可以通过提问的形式，让幼儿说说操作体验的感受，激发幼儿对传统文化的亲切感和认同感以及对多元文化的尊重和理解。

设计该环节需要注意的是，总结不是教师的独白，要注意引导幼儿说。设计时要注意提出适宜的问题，引导幼儿说出感知的内容和内心的感受。例如，在"参观伞博物馆"的活动中，教师可以在总结环节提问"你最喜欢哪一把伞""你为什么喜欢这个""参观完伞博物馆，你的感受是什么"等问题，来激发幼儿对中国传统工艺的喜爱，对民族文化的自豪感和认同感。

二、幼儿社会文化教育活动的指导 ●●●

(一)幼儿社会文化教育的方法

幼儿社会文化教育的重点并不是幼儿掌握了多少知识，也不是幼儿生活方式和技能等的学习，而是通过幼儿对文化的感知和体验，进而增进对文化的理解和深化认同。因此，幼儿社会文化教育活动的开展切忌灌输与说教，可以将传统的游戏、故事、儿歌、礼仪等融入课程中，也可以采用参观、讨论等方法，注重体验和养成。

在节日活动中，适宜采用讨论法和体验法。可以先结合与节日相关的视频、绘本、故事等，了解节日的传说和来源。例如，在中秋节活动中，可以通过视频了解嫦娥奔月的故事，了解中秋节吃月饼和赏月的来历。然后再采用体验法，在游戏和活动中体验节日的习俗，感受节日的氛围，如品尝各种口味的月饼，感受大家一起分享月饼的快乐。

在民俗文化和传统工艺活动中，适宜采用参观、讨论、探究和体验等方法。例如，教师或家长可以组织幼儿到民俗博物馆、文化馆、文字馆、声音馆等地参观，也可以邀请传统手工艺的传承人走进幼儿园，带幼儿感受地方民俗文化和传统工艺。在参观和感受的基础上，引导幼儿进行观察记录，组织幼儿开展讨论与探究，并通过尝试操作感受民俗文化和传统工艺的魅力。

在生活习俗活动中，适宜采用观察、示范和体验等方法。教师可以播放相关视频，让幼儿观察不同国家和民族的生活习惯有何不同，也可以通过示范，让幼儿感受不同国家的礼仪和语言，并让幼儿亲自体验，如尝试使用西餐的餐具、感受西餐餐具与中餐餐具的不同。

✎ 教育故事

浓浓豆香味 美味豆腐花①

伴随着一声悠长的"卖豆腐花"声，一辆三轮车载着一桶豆腐花从幼儿园门口经过。吆喝声唤起了老师们共同的味觉记忆，也引起了孩子们不小的兴趣。"豆腐花是什么？""它是用黄豆做的吗？""好吃吗？我也想尝尝。"走，我们一起去陡门村南蒋巷蒋钰香老人家中参观豆腐花的制作吧！

来到蒋爷爷家，小朋友们被一些制作豆腐花的工具吸引了，石磨、沥布、大火灶、大铁锅、木桶等。蒋钰香爷爷笑眯眯地给孩子们介绍起这些工具的用途以及豆腐花的制作过程："黄豆要提前一天用水浸泡，然后将泡好的豆子用石磨磨成豆浆，再过箩、筛浆，将筛过的豆浆倒入火灶上的大铁锅中煮制，最后点浆凝固就成豆腐花了。"

蒋爷爷边说边操作起来，看着爷爷熟练地磨豆浆、筛浆，小朋友们都竖起了大拇指。筛好的豆浆倒入了大铁锅中，煮豆浆的过程中一股浓浓的豆香味扑鼻而来。接下来是最关键的一步，将煮好的豆浆装入木桶内进行点浆凝固，蒋爷爷用自家传承技艺——石膏点浆的方法，将石膏浆冲入煮好的豆浆里，盖上盖子。过了一会儿，见证奇迹的时刻到了，孩子们瞪大了双眼，当打开盖子的那一刻，孩子们发出了尖叫声："哇！变成豆腐花了，好神奇呀！"豆浆已凝成胶状的乳白色豆腐花。蒋爷爷用长柄的勺伸进桶内，然后转动勺柄轻轻一舀，勺面上就盖上了满满一层鲜润嫩滑的豆腐花，再拌上酱油、香葱、虾皮、紫菜、榨菜等各种佐料，一碗色香味俱全的豆腐花就大功告成了。孩子们端起豆腐花品尝着，个个喷喷称赞，吃得可香了！

---

① 张月娟：《巧用社区资源构建"舌尖上的味道"特色课程》，载《幼儿100(教师版)》，2018(C3)。

（二）幼儿社会文化教育的途径

开展幼儿社会文化教育的途径是多样化的，既可以通过专门的教育活动来集中开展，也可以借助特殊的节日庆典活动来进行，还可以在幼儿的游戏、生活等活动中渗透开展。除此之外，由于社会文化的特殊性，家庭、社区和社会机构也是幼儿社会教育的重要场所。

1. 在专门的教育活动中学习社会文化

专门的教育活动是指教师围绕社会文化的某一主题，有目的、有计划、有组织地开展主题教学活动，或者社会领域集体教学活动，在活动中增进幼儿对社会文化的理解和感悟。专门的主题教学活动，可以围绕选定的社会文化教育主题，通过多领域、多途径的方式开展相关的教育活动。例如，在"多彩的少数民族"这一主题中，教师开展了"独特的节日""特色饮食""漂亮的服饰"三个主题活动，并分别开展了语言活动"聪明的阿凡提"、社会活动"快乐的泼水节"、音乐活动"赛歌会"、健康活动"好吃的羊肉串"以及区角游戏"民族舞表演"等活动。

2. 在节日活动中感受社会文化

节日活动是幼儿学习社会文化的重要途径。由于不同的节日蕴含着不同的文化知识，并有相应的习俗活动。教师可以根据节日的特点，收集相关的节日知识、图片、视频等内容，建立相应的资源体系，根据幼儿园和班级的课程计划将一年中的重要节日纳入课程体系中。在实施节日活动时，首先要通过环境创设营造节日氛围，继而可以通过教学活动全面深入地认识节日的文化内涵，还可以开展亲子活动、区域游戏来丰富节日活动。

活动案例

元宵节节日活动方案

安徽省合肥市幼教集团包河欣星幼儿园

【活动目的】

让幼儿体验传统佳节的快乐，感受浓浓的元宵节氛围，在体验活动的过程中了解有关元宵节的传统民俗活动，传承中华民俗文化。

参加人员：全体幼儿、教师、部分志愿家长。

活动地点：幼儿园操场、塑胶场地、班级。

【活动准备】

1. 教研组讨论活动方案，班级制作花灯。

2. 各班联系家长代表参与活动。

3. 提前做好场地安排，各班布置游戏场地和环境，做好各区之间的分割。

【活动设计】

一、民俗庙会篇

（一）民间手工坊

1."陶艺坊"：幼儿在教师和家长的组织下，用陶泥制作陶艺。

2."染艺坊"：幼儿使用扎染的方法印制手帕、T恤。

3."花灯坊"：利用各类纸张、废旧盒子等制作各式花灯。

4."木工坊"：利用各类木板、刨花等材料制作木制工艺品。

5."石磨坊"：幼儿用小石磨将糯米加水磨成糯米面。

（二）民俗风情大舞台

"扇操"区、"舞狮"区、"舞龙"区、"划旱船"区、"踩高跷"区、"赏灯猜灯谜"区、套圈游艺区。

（三）民俗美食街

1."冰糖葫芦"：幼儿用山楂和蜂蜜制作冰糖葫芦。

2."汤圆铺"：幼儿用巧克力豆、QQ糖制作甜心小汤圆。

3."棉花糖"：亲子制作棉花糖。

4."大碗茶"：教师提前将茶泡好，幼儿现场为客人倒茶。

由大班幼儿从制作到销售，在幼儿园操场"摆摊"，一条龙服务，全园幼儿"逛庙会、品美食、赏花灯、猜灯谜"活动，让幼儿感受民俗庙会热闹的氛围。

二、工艺制作篇

各班级均有民俗相关的美工制作。

小班：搓元宵（彩泥）。

中班：现场制作花灯。

大班：陶艺等（结合庙会展示）。

各班级安排教师组织亲子参加活动的方式，参与民俗庙会活动随机安排工艺制作和"逛庙会"活动，让幼儿感受浓浓的节日氛围（如图7-3、图7-4）。

图7-3 做元宵

图7-4 舞狮子

3. 在游戏活动中体验社会文化

幼儿园教育应该以游戏为基本活动，教师在创设游戏环境、选择游戏材料时可以将社会文化渗透其中，让幼儿在游戏中体验社会文化。幼儿可以在区域游戏中感受和体验社会文化。例如，幼儿园开展的"家乡美食一条街"游戏活动，先让幼儿和家长一起调查并品尝家乡美食，了解家乡美食的历史文化，并将调查内容记录下来。教师通过投放家乡美食的图片素材、游戏材料，让幼儿自己动手制作"家乡美食"，并开展角色游戏。通过一系列的游戏活动，幼儿充分地认识到了家乡的美食文化。

幼儿还可以在户外体育游戏中玩民间游戏，体验渗透在民间游戏中的地域文化。有研究表明，玩民间游戏不仅能让幼儿了解和传承本地和本民族文化，还能使其受到本地和本民族传统文化和精神的熏陶。让幼儿在玩的过程中了解生活、亲近生活，通过模仿现实生活中的事物和人物的行为、习俗，建立起民族认同感，在心理上产生亲切感，培养民族情感。① 比如，有的幼儿园开展了"抖空竹"民间体育游戏，作为第一批国家级非物质文化遗产项目，教师不仅通过练习"抖空竹"锻炼了幼儿的体魄，还带幼儿了解了抖空竹的历史渊源，观看了国际舞台上中国"抖空竹"的表演盛况，激发了幼儿对国家文化遗产的热爱和自豪之情。

4. 在环境中展示文化特色

马拉古奇说，环境必须是一个水族箱，可以映照出想法、价值、态度以及身在其中的人们的文化。幼儿园的环境不仅仅是装饰，还是幼儿的第三位教师，具有潜移默化的影响作用。例如，幼儿园在春节时对环境进行布置，大门口及长廊上悬挂着红灯笼，教室的墙上张贴着生肖手绘图、年画，教室的区角中投放"饺子"、新年红包等材料，烘托出了新年的氛围，让幼儿在环境中认识新年的习俗。

环境不仅可以作为会说话的老师，还可以通过记录的形式展示幼儿自己的探索与学习。例如，幼儿园在开展民族手工艺特色活动时，教师在班级环境中张贴幼儿的剪纸作品，摆放幼儿的泥塑作品，悬挂幼儿制作的风筝，并在幼儿园的大厅展览幼儿与家长一起制作的民族手工艺作品。用幼儿自己的艺术作品装饰环境，激发了幼儿学习民族艺术的兴趣，体现了幼儿对民族艺术的解读。

5. 在家庭合作中养成文化底蕴

家长资源是最基本的资源。教师需要了解每一位家长的职业和特长，发动家长参与幼儿园的教育活动。例如，教师可以邀请会民族手工艺的家长带幼儿制作民族手工艺品，讲解民族手工艺的知识；邀请少数民族的家长来谈谈本民族的饮食、服饰文化；邀请爷爷奶奶在重阳节走进幼儿园，开展敬老、爱老活动。同时，由于社会文化教育是一个长期养成的过程，在这个过程中，家庭扮演着重要的角色。比如，许多重要的传统节日都是在家庭中度过的，教师可以在家园合作中，让家长带领幼儿关注节日中的文化特征。

6. 在社区和社会机构中浸润地方文化

社区是幼儿园的重要资源，一般可分为自然资源、人力资源和物质资源。教师可以对社区资源做一个评估，因地制宜地运用社区的社会教育资源，发挥有利因素，转化不利因素，促进幼儿社会性发展。例如，幼儿园可以充分利用社区的人力资源，聘请社区中的专家、学者、文化名人等到幼儿园开展讲座。教师还可以开展"区域旅行"活动，带领幼儿参观社区中的消防站、图书馆、历史之家以及其他的物质资源。教师可以采取不同种类的领域旅行，这些领域旅行活动可以在一节课、一整天，或是几天的时间内来完成。②

社会机构，特别是与社会文化相关的博物馆、文化馆等地，是社会文化教育的重要资源。教师需要具备博物意识，首先自己要了解地方的社会文化机构，然后创造条件让幼儿有机会走进社会文化机构，通过参观、游览、调查、讨论等方式，充分了解这些机构中的学习资源。

---

① 刘婧：《民间游戏在幼儿园教育活动中的应用研究——以重庆市 A 幼儿园大班为例》，硕士学位论文，西南大学，2011。

② 冯淑娟：《幼儿园利用社区资源进行社会领域教育的研究》，硕士学位论文，华东师范大学，2007。

活动案例

<h3 style="text-align:center">博物馆帮我了解家乡美①</h3>

在大班的班本课程"家乡美"主题活动中，博物馆资源发挥了其特有的优势，让幼儿在充分的体验、实践中对自己的家乡有了全新的认识，同时我们对博物馆资源与课程的融合也有了更深的认识和思考。

一、教师首先要有博物意识

教师是课程的建设者、实施者，教师首先要具备博物意识，才能在幼儿兴趣点的基础上开发出以"博物馆资源"为主要线索的课程，创造条件让幼儿和博物馆资源进行连接。我园地处市区中心，紧邻泰兴市文化博物馆，利用博物馆资源建设课程具有得天独厚的优势。老师们在上下班途中或周末假日，随时都可以进入博物馆参观，查找资料。每逢三八节、教师节、党建日等，幼儿园会组织教师进行主题参观学习，并和博物馆联谊，部分年轻老师主动申请成为博物馆讲解员志愿者。因此，我园教师具备较强的博物意识、较深厚的博物底蕴，能够灵活利用博物馆资源优化课程结构。

在大班"家乡美"活动开展前期，老师们就利用周末时间深入博物馆进行学习，掌握了可利用的各种资源，并和博物馆工作人员沟通协商将博物馆作为幼儿的第二课堂，让幼儿在这里通过多种多样的方式感知、体验、了解家乡背后的故事和特色的典故。

于是在一个风和日丽的上午，孩子们走进了博物馆。工作人员热情地带领大家一个馆一个馆地参观。在"名人馆"，孩子们认识了泰兴的名人，倾听了泰兴的历史故事；在"城市建筑馆"，孩子们了解了泰兴的城市改革、历史建筑的变化；在"红色革命馆"，孩子们满怀敬畏地聆听了"黄桥战役"的故事，知道了"黄桥烧饼"的革命历史意义。参观结束后，孩子们依然沉浸在对家乡热烈的讨论中，深深地为自己是一名泰兴人而自豪。

二、将博物馆资源引入幼儿园

在主题活动的推进过程中，孩子们探访家乡的建筑，会问"庆云寺的房子为什么和别的房子不一样，它是用来做什么的"；漫步在绿树成荫的家乡小路上，会问"这条路为什么叫曾涛路"；品尝着家乡的美味，会问"别的地方也有黄桥烧饼吗"。他们需要更深入地了解家乡的历史人文故事，同时他们关注的侧重点也是有差别的。很显然，要满足每个孩子不同的需要，反复地跑博物馆是不现实的。

为了满足孩子们持续深入的探究欲望，帮助他们真正地迈入课程，老师和博物馆再次商量，将工作人员作为资源引入幼儿园。与此同时，他们带来的还有"黄桥战役"、泰兴规划图、名人简介手册等相关资料、图片、物品。

在幼儿园里，博物馆工作人员和孩子们一起将这些资料、图片、物品进行分类、整合，布置成一个"小小班级展览馆"，供孩子们随时随地翻阅、品读，推动课程向更深处升华。

---

① 陈彩霞：《博物馆帮我了解家乡美》，载《中国教育报》，2018-05-20。

三、让幼儿成为博物馆的小主人

博物馆资源的运用让幼儿的学习探究更精彩、更有意义。所谓"纸上得来终觉浅，绝知此事要躬行"，让幼儿参与博物馆活动，成为博物馆的小主人，进行展览、讲解，会将课程推向一个全新的高度。

于是，"小小讲解员"活动诞生了。孩子们在"家乡美"课程中积累了一些关于家乡名人、桥、路、小吃等方面的故事，他们先在自己班上的"小小博物馆"扮演"小小讲解员"，向同伴讲述家乡的故事，之后来到博物馆现场为中班的弟弟妹妹进行讲解。

在"育红娃娃 美丽泰兴"画展活动中，孩子们基于自己在游戏中进行的房屋设计、模仿古城重建、演绎历史故事、学做特色小吃等经验，用画笔绘出了自己心目中的家乡。我们带着孩子们的作品再次来到博物馆，借用一个小小的片区，在工作人员的帮助下布置了一个"育红娃娃 美丽泰兴"的画展，童趣十足的画面点亮了博物馆一角。

三、幼儿社会文化教育活动设计与指导的注意事项 ●●●

(一)活动目标要以情感态度和价值观的培育为主

社会文化的学习不只是传授文化知识，更重要的是激发幼儿的社会情感和心灵归属。有的教师开展社会文化教育主要采用灌输的方式，让幼儿学习大量的社会文化知识，而不注意让幼儿把握这些民族文化的特色和从中折射出的民族精神。[1] 这种做法不仅违背了幼儿社会文化教育的初衷，而且也违背了幼儿学习发展的规律，效果甚微，甚至适得其反。

因此，社会文化教育重在初步的启蒙，不能以记住相关社会文化知识作为活动的最终目标，重点是情感态度和价值观的培养。

(二)活动内容要注意文化的融合与创新

社会文化大多是历史留下来的传统，面对这些历史遗产，我们要注意结合时代发展的特点进行创新和传承。教师在设计与组织幼儿社会文化教育活动时，不要机械地、不加以改造地利用历史材料，或者简单地模仿其他幼儿园、其他教师的做法。例如，近年来不少幼儿园开设了地方文化的特色课程，但是很多幼儿园往往不加研究，不做考察，不考虑本地现有的文化资源和幼儿生活的实际经验，生搬硬套。在开设形式上，又过于注重外在形式，而不考虑幼儿的深度参与，扼杀了幼儿的创造潜能，影响了幼儿文化创新意识的萌芽。

另外，弘扬本民族的文化固然重要，但不能对本民族文化过分褒扬，也不能贬抑、忽视外来文化，要将本民族文化置于世界多元文化的背景中进行综合考察和客观评价。学习本民族文化的同时，要有多元的视野和胸怀，传承和创新民族文化。发展面向现代化、面向世界、面向未来的、民族的、科学的、大众的社会主义文化，激发全民族文化创新创造活力，增强实现中华民族伟大复兴的精神力量。

(三)实施环境要注意营造适宜的文化氛围

社会文化教育重点是幼儿社会情感的激发，适宜的教育环境有助于调动幼儿的感官体验，激发幼儿的社会情感。教师在组织活动前，要注意营造适宜的教育环境，让幼儿在潜移默化中受到

---

[1]　蔡迎旗:《多元文化中的幼儿民族文化教育》，载《山东教育》，2002(5)。

文化的熏陶。例如，教师设计"过新年"的教学活动时，可以提前在活动室贴春联、挂灯笼，并播放喜庆的曲子，营造过年的喜庆氛围。在该活动中，教师通过环境创设、作品欣赏、音频播放等方式，调动了幼儿的视觉、听觉、触觉等多感官体验，更有利于激发幼儿的学习兴趣。

（四）教育方法要注重体验与养成

社会文化较为抽象，幼儿只有通过亲身的体验与感受，才能从中获得滋养。因此，教师在指导时要注意方法的选择，不宜采用单纯的讲授法，不宜要求幼儿死记硬背，要注意采用视频、绘本、故事等手段，注重体验、参观等方法，以直观、形象的方式引导幼儿感知和体验社会文化。例如，引导幼儿了解民俗文化和传统工艺，教师可以组织幼儿参观博物馆，听取博物馆讲解员的专业解说，或者邀请民间艺人走进幼儿园，带领幼儿动手制作传统工艺作品，让幼儿在体验中感受。

活动案例

"豆腐"教学片段

教师："今天中午我们吃了什么呢？"

"饭。""大米饭。""还有菜。""饭、菜，还有水果。"

教师："都吃了什么菜啊？"

"有小白菜。""排骨汤。""我使劲吃豆腐。""今天豆腐最多了，豆腐炒肉。""是豆腐肉末，对不对？老师。"

教师："对，是肉末豆腐，那老师问小朋友一个问题，豆腐是怎么来的，豆腐是不是长在地里的？"

"才不是呢。""不是不是，老师错了。"

教师："那大家知道豆腐是怎么来的吗？"

"知道！""是豆子变来的。"

教师："豆子怎么变来的？"

"豆子磨成汤，就变来了。"

教师："小朋友真聪明，知道豆子磨成了浆之后变成了豆腐，那豆浆又是怎么变成豆腐的呢？"

"不知道。"

教师："那我们大家一起来看看应该怎么把豆子磨成浆，又怎么把浆变成豆腐，好不好？"

于是，教师把事先准备好的石磨和浸泡后的黄豆呈现在小朋友面前，大家分工后开始磨豆子。后来教师引导小朋友们过滤，过滤之后教师和小朋友一起把过滤好的豆浆交给了厨房的厨师，厨师帮助加热后又交还给了小朋友们，小朋友们和教师在厨师的指导下放了石膏，并等待豆腐的形成。这一过程大家又紧张又兴奋（因为要等30来分钟豆腐才能成形，教师便让小朋友们自由游戏），后来豆腐成形了，虽然因为量少，每个小朋友只品尝到一勺，但其中的喜悦却是无法用文字表达的。

（五）组织方式以游戏化和生活化为主

幼儿园应以游戏为基本活动，教学活动的组织切忌远离幼儿生活经验。教师在组织活动时，应注意游戏化和生活化，避免通过直接教学灌输社会文化知识。社会文化教育容易走入认知教育的窠臼，教师要注意挖掘社会文化中与幼儿经验有连接的部分，并以游戏的方式加以组织。例如，在"端午节"教学活动中，端午节的来源是幼儿不太熟悉的，但是很多幼儿都有吃粽子的生活经验，教师可以组织家长志愿者和幼儿一起包粽子、品尝粽子，让幼儿在游戏中体验节日的文化习俗。

活动案例

大班社会活动：快乐的年

苏州幼儿师范高等专科学校附属教育幼儿园　高志娟

【活动目标】

1. 知道春节是我国最重要的节日，了解年的来历。

2. 能说出过年的习俗，乐意分享过年时好玩的事。

3. 感受春节的热闹气氛，喜欢过春节。

【活动准备】

1. 春节习俗PPT、照片。

2. 幼儿自制关于春节的小海报。

3. 春节喜庆音乐(《恭喜恭喜》)。

4. 过年外出统计图。

【活动过程】

一、以音乐《闹新年》导入，激发幼儿的兴趣

师：小朋友们，刚刚听的歌曲唱的是什么？这是什么节日呢？

小结：新年，有时候我们也叫春节，是我国最重要的节日。

二、交流讨论，了解年的来历

(一)交流过年的经历

提问：你们过年的时候都做些什么好玩的事呢？人们是怎样庆祝的？

小结：新年的时候，我们会贴春联、穿红衣服、放鞭炮。

(二)分享年的来历

提问：那你们知道为什么要贴春联、穿红衣服、放鞭炮吗？

教师播放视频，介绍年兽。

提问：年兽最怕什么呢？人们做了什么事呢？最后怎么样？

小结：年兽最怕光、声响，还有红色。所以人们为了吓跑年兽，就用了贴春联、穿红衣服、放鞭炮等方式来过年。

三、出示过年习俗PPT，介绍中国过新年习俗

师：你知道过年的时候，我们都有哪些习俗呢？

(一)了解拜年时的习俗、礼节

师：大年初一我们会做什么事呢？(拜年)

师：给亲戚朋友拜年时，我们要说哪些祝福的话呢？我们可以做什么动作来祝福他们新年好呢？

小结：我们过年的时候要放鞭炮、贴春联，除夕夜要吃年夜饭，大年初一要穿上新衣服去亲戚朋友家拜年。这时候大人会给你们送压岁钱，我们要有礼貌地接过来，并说一声"谢谢，恭喜发财"。

（二）介绍过年新习俗——旅游过年

师：人们为了庆祝过年，都会放假。请你们说一说你们过年都去了哪里？做了什么开心有趣的事情？

幼儿带着自己的海报进行介绍。

教师进行统计，引导幼儿讨论：多少人去了老家，多少人出去旅游，多少人留在了家里？为什么？

四、结束活动

师：过年真好玩，小朋友们既能穿新衣、拜大年，还可以放假和家人一起外出游玩，做很多开心的事情，过年真开心。

【活动延伸】

1. 将幼儿制作的过年小海报张贴在教室中，进一步引导幼儿交流过年的经验。

2. 在图书角投放过年的相关绘本，供幼儿自由选择阅读。

活动案例

中班社会活动：爱在母亲节

安徽省合肥市幼教集团包河欣星幼儿园　李倩、胡娟

【设计意图】

在母亲节来临之际，为了丰富幼儿的社会情感，激发幼儿爱妈妈的积极情感，懂得尊重、关爱妈妈，感恩母爱。我们针对中班幼儿设计了"爱在母亲节"的社会活动。活动邀请妈妈们走进班级，让幼儿在与妈妈共同参与游戏的过程中体验、感受妈妈的辛劳。

【活动目标】

1. 感受与体验妈妈的辛劳，懂得关爱妈妈，感恩母爱。

2. 知道五月的第二个星期日是母亲节。

3. 动手为妈妈做一些力所能及的事情。

【活动准备】

请幼儿的妈妈提前来到教室；音乐《我的好妈妈》；气球若干；装扮材料。

【活动过程】

一、儿歌导入，引出活动主题

播放儿歌《我的好妈妈》，提问：你的妈妈为你做过哪些事情？

二、体验孕妈妈，感受妈妈的辛苦

师：今天，我们让小朋友当一回"妈妈"。

游戏规则：

1. 妈妈帮幼儿把气球放在肚子上，体验孕育的感觉；

2. 幼儿带着肚子里的"宝宝"一起脱鞋、穿鞋、玩游戏。

要求：游戏过程中气球不能掉出来，不能爆炸。

（刚把气球放进肚子里时，部分幼儿感觉很好玩。当弯下腰穿、脱鞋时，幼儿体验

到原来"大肚子"这么不方便，游戏还没结束，有幼儿的气球就爆炸了，游戏中体验到了妈妈孕育自己的不易，从而感受到妈妈在养育自己过程中的辛苦，产生爱妈妈的积极情感）

三、交流讨论，初步了解母亲节的意义

师：刚才扮演孕妈妈的感觉怎么样？

小结：大家当了一会儿的孕妈妈就这么辛苦了，妈妈孕育我们要十个月的时间，妈妈真辛苦。

师：你们爱妈妈吗？你知道母亲节吗？母亲节是哪一天？为什么要有母亲节？

小结：每年五月的第二个星期天就是母亲节，这一天是感谢妈妈的节日。这个星期天就是母亲节了，是所有妈妈的节日。你们可以在这一天用自己喜欢的方式感谢自己的妈妈。

四、装扮妈妈，表达对妈妈的爱

游戏规则：妈妈坐在椅子上，口令一发出，幼儿跑到自己妈妈的面前，开始用材料打扮妈妈，游戏过程中妈妈不能帮忙。

装扮结束后，播放背景音乐，幼儿和妈妈分组展示装扮成果。

【活动延伸】

回家帮妈妈做一件力所能及的事，母亲节的时候大声向妈妈说"我爱你"。

活动案例

大班社会活动：布老虎①

【设计意图】

布老虎是极具民族特色的儿童玩具，其最大的特点是用具有中国元素的色彩、图案、文字等表现老虎的特征，而这些中国元素又往往象征着平安与健康、强壮和勇敢，是孩子们了解民间艺术特征的载体。欣赏"布老虎"是我园"多彩的民间活动"的系列活动之一，其主要价值是在欣赏中寻找布老虎身上的中国元素，理解其独特的寓意，在感受中国民间艺术独特魅力的同时，体会中国元素在我们生活中的无处不在，从而萌发对民族艺术的自豪感和喜爱之情。本活动共分三个环节。第一环节，引导幼儿初步了解布老虎的由来，为下一环节欣赏布老虎做铺垫。第二环节，欣赏布老虎身上中国元素的运用，理解其独特的寓意。第三环节，迁移已有经验，寻找中国元素在生活中的运用，体会中国元素的无处不在，萌发对民族艺术的自豪感和喜爱之情。

【活动目标】

1. 感受中国民间艺术的独特魅力，体会中国元素的无处不在。

2. 欣赏布老虎的色彩、图案等特征，理解中国元素的独特寓意。

【活动准备】

1. 布老虎若干，大阿福、荷包、红包袋、福字、脸谱、肚兜、喜碗等含有中国元素的图片。

---

2. 视频、中国古典音乐录音。

【活动过程】

一、导入：布老虎来了

师（出示实物布老虎）：今天我带来了一样中国民间艺术家设计的艺术品。你们看，是什么？

师（小结）：这是布老虎，是中国民间艺术家模仿真老虎的样子，精心设计出来的一种民间工艺品。在北方地区，布老虎也是大人给孩子玩的一种吉祥玩具。

二、观察布老虎身上的中国元素

（一）提出观察任务

师：现在请你们去仔细看一看、找一找，布老虎身上有什么？这些东西都是什么样的？分别代表了什么含义？

（二）指导幼儿观察

1. 观察幼儿是否能发现布老虎身上的吉祥图案、色彩等，能否猜测其所表示的含义。

2. 观察幼儿能否发现不同的图案表现在布老虎的不同部位上。

（三）引导幼儿讨论布老虎的特征

1. 从色彩角度讨论。

关键问题1

师：你发现布老虎身上主要用了什么颜色？你在哪里找到了红色？

师：中国人一般什么时候用红色？红色代表了什么含义？

师（小结）：我们中国人在过年、过节或结婚祝寿等喜庆的日子里喜欢用红色。因为用红色喜庆、热闹、吉祥。

关键问题2

师：除了红色以外，你还看到布老虎身上哪些颜色比较多？（黄色）

师：中国人为什么喜欢在布老虎身上用黄色？

师（小结）：红色和黄色是我们中国人最喜欢的颜色，用它们来打扮布老虎鲜艳夺目，让人看了感觉喜洋洋的，非常吉祥。

2. 从图案角度讨论。

关键问题1

师：你在布老虎的什么地方找到了××？布老虎的××为什么要用××来表示？

师：布老虎的五官是用与老虎五官相似的图案来表现的，有着特别的美。

师：布老虎同一个部位用的图案都一样吗？这些图案告诉我们什么含义？

师（小结）：中国的民间艺术家真聪明，不仅选择了和老虎五官相似的图案，而且含义都很吉祥，具有浓郁的中国特色。

关键问题2

师：你还在布老虎身上发现了哪些有中国元素的图案？它们又告诉你们什么含义？

师（小结）：这些图案不仅漂亮，而且都包含了吉祥、祝福的含义。

3. 从文字角度讨论。

关键问题1

师：为什么布老虎身上会有×字？

关键问题2

师：布老虎身上只有×字吗？你还看到哪些文字？它们各表示什么含义？

师（小结）：汉字是我们中国特有的文字，许多文字也代表了吉祥和祝福，它也是中国元素之一。

师（总结）：在布老虎身上，我们找到了中国人喜欢的颜色、图案、文字等，我们称这些为中国元素。有了这些中国元素，布老虎成了人人喜欢的吉祥物。瞧，布老虎来了。（播放视频）

三、寻找生活中的中国元素

1. 引导幼儿讨论。师：我们在布老虎身上找到了许多中国元素，那这些中国元素是不是只在布老虎身上有？想一想生活中还有哪些东西上面也具有中国元素？（幼儿交流）

2. 播放 PPT 课件，引导幼儿欣赏唐装、肚兜、钱包、绣花鞋等。

四、教师小结，结束活动

原来这么多东西上面都有中国元素，中国元素在我们的生活中无处不在，创造这些中国元素的艺术家真让人佩服。

【活动延伸】

1. 区角活动：将布老虎投放到区角中，并通过画一画、说一说等方式，引导幼儿进一步欣赏布老虎的中国元素。

2. 家园合作：制作调查表，和家人一起寻找身边的中国元素。

本讲练习

【理论练习】

1.《3—6 岁儿童学习与发展指南》指出，利用（　　）等，适当向幼儿介绍我国主要民族和世界其他国家和民族的文化，帮助幼儿感知文化的多样性和差异性，理解人们之间是平等的，应该互相尊重，友好相处。

A. 民间游戏、传统节日　　　　　　　B. 区域游戏、亲子活动

C. 集体教学、小组合作　　　　　　　D. 节日活动、体育游戏

2. 教师在设计"过新年"的教学活动时，提前在活动室贴春联、挂灯笼，并播放喜庆的曲子，营造过年的喜庆氛围。教师这样做的目的是（　　）。

A. 采用游戏化的教学方式　　　　　　B. 注意营造适宜的文化氛围

C. 注意采用体验的教学方式　　　　　D. 美化活动室环境

3. 为了引导幼儿了解民俗文化和传统工艺，教师组织幼儿参观博物馆，听博物馆讲解员的专业解说。教师采用的主要的教学方法是（　　）。

A. 讲解法　　　　B. 参观法　　　　C. 讨论法　　　　D. 观察法

【实践练习】

1. 利用图书馆资源，或者在幼儿园见实习的机会，找到一两套幼儿园教师指导用书（教

参），统计其中社会文化主题教学活动的案例，进行分析与评价，并尝试进行新的设计。

2. 结合见实习，观察、记录并分析评价幼儿园开展的社会文化教育活动。

3. 利用网络资源，收集幼儿园社会文化环创资源，并建立相关的资源库。

· 第七单元检测题 ·

▶ 第八单元

▶ 幼儿社会教育活动的评价

▶ 单元导入

教育评价是根据一定的教育价值观或教育目标，运用可行的科学手段，通过系统地收集、分析和整理信息资料，对教育目标、教育过程和教育结果进行价值判断，为提高教育质量和教育决策提供依据的过程，如图8-1和图8-2中提供的信息。你是如何评价幼儿人际交往的呢？

图 8-1　师幼互动　　　　　　　　图 8-2　同伴交往

▶ 思维导图

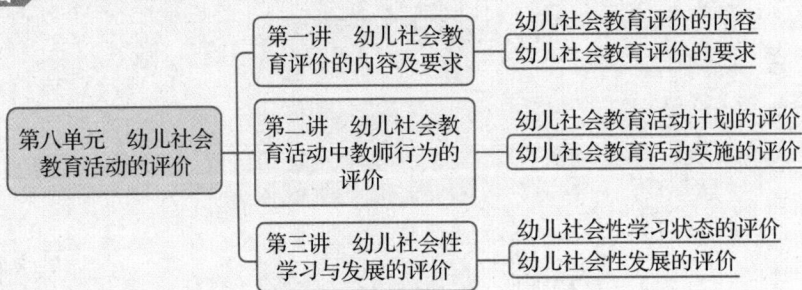

▶ 学习目标

1. 深化以幼儿为本的评价理念，形成正确的价值观。
2. 理解幼儿社会教育评价的内涵及意义，掌握幼儿社会教育评价的内容与要求。
3. 掌握幼儿社会学习与发展评价及幼儿社会教育评价的标准与方法。
4. 能运用所学知识对幼儿园各类社会教育实践进行有效评价。

▶ 典型案例

某幼儿园经常性地开展园本教研活动。一天，张老师组织了一次"百家姓"的集体教育活动，活动后张老师进行了说课与反思，园里组织了集体研讨。无论是张老师，还是参加研讨的其他教师，在对教育活动评价时，主要从执教教师的教态与教学组织实施等环节进行分析与讨论。参会教师发言时，大多关注本次活动目标的达成。

这样的教研活动好吗？幼儿社会教育活动应评什么，怎样评？

第一讲

幼儿社会教育评价的内容及要求

本讲微课

　　教育评价是教育活动体系中不可或缺的重要组成部分，是检验教育目标达成与否的关键所在，影响着教育活动的实施效果。因此要具备幼儿社会教育的评价能力就要了解什么是幼儿社会教育活动评价，评什么，怎样评？

一、幼儿社会教育评价的内容 ●●●

　　幼儿社会教育评价是以幼儿社会教育活动为对象，根据一定的标准，采用可行的评价技术和方法，对幼儿社会性发展的水平、幼儿社会教育活动的过程及其效果进行测定，做出价值判断的过程。教育评价是幼儿园教育工作的重要组成部分，是了解幼儿教育的适宜性、有效性，调整和改进工作，促进每一个幼儿发展，提高教育质量的必要手段。

　　幼儿社会教育评价内容是指对活动中教师行为与幼儿行为的评价。社会教育活动中教师行为的评价包括社会教育活动计划与社会教育活动实施的评价。幼儿社会性学习与发展的评价包括对幼儿社会学习状态与幼儿社会性发展水平的评价。

二、幼儿社会教育评价的要求 ●●●

（一）评价的目的——促进幼儿与教师发展

　　幼儿社会教育评价不是用来甄选幼儿或教师的优劣和应对上级的检查评估，而是为了促进幼儿的社会性发展和提高幼儿教师社会教育的能力，提高教育质量。因此，在评价时要紧紧围绕这两个中心。

（二）评价的态度——要客观、公正

　　幼儿社会教育评价应做到客观、公正。评价者对每位教师组织的教育活动的形式及特色应从多角度、多因素予以考虑，不以一次活动定优劣；对幼儿要有信心、以积极的态度，用多种形式去发现幼儿的闪光点，不因个人的好恶和个别数据轻下结论，使评价结果真正起到激励与促进作用。

（三）评价的过程——基于真实情境

　　幼儿社会性学习与发展的事实是在真实的教与学的情境中、在一日生活中或是在区域活动中表现出来的。因此，在幼儿真实的生活中了解和评估幼儿的社会性发展与需要，持续为幼儿提供适宜的学习支持，才能促进并引导幼儿社会性的发展。评价教师的行为要基于教育的情境性和不确定性以真实的课堂实录为依据，这样才能恰当地评价教师的社会教育行为是否适宜。

（四）评价的指标与方法——要科学

　　恰当确定社会教育活动的指标是评价科学性的保证。幼儿社会教育评价指标体系分为横向维度和纵向维度。横向维度包括对教师行为和幼儿行为的评价，纵向维度为教育过程性要素。两个维度相互作用构成社会教育活动评价的体系。

　　评价的科学性指要采用科学的评价方法。社会教育活动的评价主要以质性评价为主，适

度结合量化评价。质性评价如参与式观察、谈话、幼儿作品分析，以及与其他工作人员和家长的交流等方式了解幼儿的发展和需要；应关注幼儿在经验、能力、兴趣、学习特点等方面的个体差异，避免用单一的标准评价不同幼儿。

（五）评价主体、内容、形式——要多元

1. 评价主体的多元

评价是教师和幼儿共同合作进行的有意义的建构过程。《幼儿园教育指导纲要（试行）》倡导，幼儿既是评价的对象，又是评价的主体。在评价过程中强调幼儿的自评、互评，教师、家长以及其他有关人员的参与等多主体的评价。

2. 评价内容的多元

社会教育的评价内容，主要是对幼儿在多种学习形式与生活中社会性方面的表现进行综合性评价，同时还包括对教师社会教育行为、教育过程及结果的评价。

评价是一个持续过程，包含已有的发展和潜在的发展。评价反映的是幼儿不同的变化和成长历程，不能把一次活动中幼儿的社会性发展状况作为评价幼儿发展的依据。

3. 评价形式的多元

评价的形式包括过程性评价和总结性评价。在幼儿社会教育评价中，以过程性评价为主，过程性评价与总结性评价相结合。关注过程、强调教育过程与评价的整合，使评价自然而然地伴随教育过程的开展而进行，但并不意味着不要总结性评价。评价应注重幼儿主动建构学习的过程，及时发现幼儿萌发的智慧火花，适时给予鼓励和支持，促进幼儿学习，让幼儿真正成为学习的主人。

拓展阅读：《幼儿园教育指导纲要（试行）》指出评价考察的重点

（一）教育计划和教育活动的目标是否建立在了解本班幼儿现状的基础上。

（二）教育的内容、方式、策略、环境条件是否能调动幼儿学习的积极性。

（三）教育过程是否能为幼儿提供有益的学习经验，并符合其发展需要。

（四）教育内容、要求能否兼顾群体需要和个体差异，使每个幼儿都得到发展，都有成功感。

（五）教师的指导是否有利于幼儿主动、有效地学习。

▶ 本讲练习

【理论练习】

1. 名词解释

幼儿社会教育评价的含义

2. 幼儿社会教育评价的要求有哪些？

3. 如何理解评价主体、内容、形式——要多元？

【实践练习】

参与一次有关幼儿社会教育的教研活动。记录并评析教师评价的状况。

■ 第二讲
■ 幼儿社会教育活动中教师行为的评价

　　幼儿园的社会教育活动，是教师以多种形式有目的、有计划地引导幼儿生动、活泼、主动活动的教育过程。幼儿社会教育活动的教育形式丰富，既渗透在一日生活和环境中，又渗透在各领域活动中，还可以组织专门的社会教育活动。

　　在此，我们以幼儿园专门的社会教育活动为例，帮助学习者掌握幼儿社会教育活动的评价技能。评价幼儿社会教育活动中教师的教育行为，主要从活动计划与组织实施两方面进行。

一、幼儿社会教育活动计划的评价 ●●●

　　首先要通过阅读社会教育活动的方案来了解教师社会教育活动的思路。这一环节的评价主要包括：教育活动意图的评价，教育活动目标与内容的评价，教育活动准备、活动环节的设计评价。

(一)幼儿社会教育活动意图的评价

　　社会教育活动方案的确立，要考虑幼儿的先前经验、家庭背景、年龄特点以及个性特征。因此，教师必须确定幼儿在教育活动开始前应该习得的经验技能，然后才能协助幼儿创设一个适当的情境，使幼儿能从一开始就参与问题的探索。由此，该环节的评价主要侧重于活动主题产生的背景是否符合幼儿已有的经验与水平，是否与幼儿的真实生活紧密联系。以下列的教育活动为例。

　　教育活动"名字的故事"，就是引导即将进入小学的大班幼儿，以了解自己名字的与众不同为切入点，以蕴含着对幼儿美好祝愿的照片为媒介展开活动。通过大胆交流自己名字的故事，体会家长对自己的期望，增强自信心和自豪感；通过寻找班级中姓氏的数量及同姓人，学习统计的不同方法及感知中国姓氏的丰富多样；通过对自己和他人名字的探索，激发幼儿关心同伴及对认识汉字的兴趣，为幼小衔接做好准备。

(二)幼儿社会教育活动目标的评价

　　教学目标是教学的出发点和归宿，它的正确制定和达成，是衡量一个教育活动的主要标尺。所以，评价教育活动首先就要分析活动目标。评价社会教育目标，应全面、具体、有操作性，并且重、难点突出。

　　全面指一般教学目标的制定包含三个维度，即情感态度、能力、知识。具体指知识目标要有量化要求，能力、情感目标要有明确要求，具有可操作性和可检测性。适宜指确定的教学目标，能以《纲要》和《指南》为指导，符合幼儿的年龄特点和认知规律，关注本年龄段幼儿兴趣点和生活经验，且难易适度。

　　例如，"参观小学"的目标分别从幼儿的入学需要入手，关注其入学时的问题，帮助幼儿熟悉环境，体验小学生的生活，为其上小学做好心理准备。具体可分为以下三个目标。

　　第一，了解小学的作息时间，初步了解自己以后的学习生活。

　　第二，体验小学生的课堂学习，初步了解自己以后的学习方式。

第三，熟悉小学的环境与多种学习活动，喜欢小学。

又如，"京剧脸谱"的活动目标分别从情感、认知和能力三个方面提出了较为全面的目标。

情感目标：欣赏京剧片段，知道京剧是我国特有的剧种，有民族自豪感。

认知目标：初步感知京剧脸谱鲜艳的色彩和夸张的形象，知道不同色彩脸谱与人物之间的关系。

能力目标：尝试用不同的色彩和对称的图案设计脸谱，并能大胆地戴着脸谱表演。

(三)幼儿社会教育的内容评价

最有效的社会学习内容是根据社会教育目标确定的、粗浅的、启蒙的、幼儿感兴趣的、能够直接感知的、具体形象的内容。因此，社会教育内容既要符合幼儿的兴趣和现有经验，又要有助于形成符合教育目标的新经验；既要贴近幼儿的生活，又要有助于拓展幼儿的经验。要按幼儿的年龄特点和幼儿的需要，由浅入深，由易到难，有层次、有重点地去选择。因此，幼儿社会教育内容的评价是评价社会教育的内容与目标是否匹配，内容是否考虑到幼儿生活经验与心理发展水平的适宜性。例如，中班主题活动"妈妈肚子里的我"。

妈妈肚子里的我

在中班主题活动"我爱妈妈"中，教师组织了一次社会活动"妈妈肚子里的我"，试图通过大段文字讲述胎儿在母亲孕期内的不同变化，让幼儿了解自己母亲在孕期的辛苦。在活动的过程中，尽管教师除了讲解，也采用了看课件的方式展示宝宝在母体内的生活，但面对这个陌生而艰深的内容，幼儿的回答如"宝宝在妈妈肚子里长了根管子""它也像条带子"等，反映出他们难以理解教学内容。

评析：

由活动中幼儿的反应可以看出，这样的内容超出了中班幼儿的认知水平，脱离了他们的生活经验，无法为幼儿所理解，不适宜幼儿学习。因此，幼儿的社会学习一定要借助具体的情境、具体的事物，要了解幼儿已有的生活经验，让幼儿在参与、探索、交往和体验的过程中学习。

(四)幼儿社会教育活动准备的评价

幼儿社会教育活动准备的评价，主要包括对教育活动环境创设准备和幼儿经验准备的评价，有时还包括人员准备的评价。

1. 教育活动环境创设准备的评价

教育活动中物质与环境创设的准备，是幼儿园开展教育活动必备的条件之一。对教育活动中物质与环境创设准备的评价，主要是看教师能否为幼儿创设与教育活动和谐一致的物质环境和心理环境。具体标准有以下四点。

第一，室内外的环境能为幼儿提供有益的经验，有利于幼儿参与。

第二，教玩具及材料提供得当、充足。准备的材料种类丰富，且材料的利用率高；材料的提供与活动的目标要求、幼儿的发展水平相适宜，具备适宜的结构，有利于幼儿操作和变化创新。

第三，人际交往环境要民主、融洽。真正做到了解幼儿、尊重幼儿和满足幼儿，为幼儿营造安全、温馨的心理环境。

第四，充分、有效地利用家庭、社会中的各种有利因素，帮助幼儿在与环境的交互作用中健康、和谐地发展。

2. 幼儿自身经验准备的评价

幼儿自身经验是教育活动开展的起点，也是我们评价幼儿在活动中，通过体验与操作获得发展和建构具有个人意义经验效果的评价依据。所以，该环节主要看教师有无对幼儿相关经验的铺垫与交代。

活动案例

开鞋店①

在幼儿园中，教师对幼儿已有经验的了解主要通过谈话、讨论和调查等途径来获取。大班综合活动"开鞋店"源于班上一个小朋友的新鞋子。悠悠穿的一双新的粉红色的靴子，引起了班上小朋友的极大兴趣。大家你一句我一句，围着悠悠的鞋讨论得非常激烈，在自由议论的过程中，话题涉及了鞋的款式、功能，还提到温州鞋店里各种各样的鞋子。温州的鞋子全国有名，温州人的生意头脑也是温州人的骄傲。于是，一个来源于幼儿生活经验的有关鞋店的主题活动生发了出来。那么幼儿对于鞋子，以及开一个鞋店到底具有怎样的原有经验呢？我们根据幼儿的兴趣与关注程度，与幼儿共同讨论将要调查的问题，采用调查表的方式展开了调查。

• 鞋店有什么作用？你知道什么品牌的鞋子？

• 鞋店的柜台是什么样的？是怎么分类的？

• 鞋店里除了鞋子，还有什么？

• 鞋店里有哪些标记？是做什么用的？

• 开一个鞋店需要做些什么准备呢？

在调查中，我们了解到幼儿对鞋子的牌子、鞋店的作用等有粗浅的经验，但熟悉的程度参差不齐。班上有两名幼儿家里是开鞋店的，经验比较丰富。但是，其他幼儿对鞋店里的细节，尤其是开一个鞋店所需的材料比较模糊，经验比较缺乏。根据幼儿的现有经验，我们找出了主题教学的生长点：让幼儿在了解鞋店的基础上，通过集体协作来开一间鞋店。据此确定了适宜的教育目标，展开了相应的教学活动。

评析：

上述案例中教师在了解幼儿已有经验的基础上，又通过调查进一步丰富了幼儿有关鞋子的经验，为幼儿开展"开鞋店"的角色游戏提供了充分的准备。

(五)对幼儿社会教育活动过程的评价

幼儿社会教育活动过程是教师教学设计的重要部分，是检测教育目标是否能够落实与教学准备是否适宜的重要部分。因此该环节的评价要点主要从以下几个方面入手。

1. 活动思路——清晰

教学思路是教师组织教育活动的脉络和主线，它是根据教育活动内容和幼儿社会性发展的水平以及经验两个方面的实际情况设计出来的。它反映一系列教学措施如衔接过渡、详略、操作练习等环节的编排组合。

---

① 陈苗：《基于幼儿原有经验的有效教学之探讨》，载《小学时代(教师版)》，2009(7)。

教学环节的顺序要由易到难、由浅入深，层层递进，激发幼儿兴趣，满足幼儿学习的需要。下面，以"京剧脸谱"活动为例。

"京剧脸谱"活动中，教师通过"欣赏与了解京剧—欣赏与了解京剧脸谱—欣赏与了解脸谱图案"到"创作京剧脸谱"再到"脸谱化妆会"，遵循幼儿认知的需要与规律，由浅入深、由易到难，有层次地组织幼儿进行学习活动，了解京剧的这一社会文化内容。

2. 活动结构——合理

教学活动结构安排主要是时间分配和衔接的问题，要注意避免"前松后紧"或"前紧后松"的现象，指导与练习时间要合理搭配。幼儿个人活动、小组活动和集体活动时间分配要合理，要避免集体活动过多，关注个体时间过少的现象。

3. 活动材料——适宜

材料的提供要隐含教育意图，有适宜的结构。用于操作探索的材料应具有定向性（如弹性），不产生歧义；用于加工改造的材料要有丰富的变化可能性，提供的原型应当具有代表性，有利于幼儿的探索、发现和创新。

4. 活动方法——恰当

社会性教育是以发展幼儿社会性为中心的教育，其内容必然紧紧围绕幼儿的生活，所以在选择教育手段的过程中，应注重形式的多样性。一般采用以亲临社会的直接教育手段，以游戏方式的做中学等，通过幼儿主动体验，在活动中获得发展。

因此，教师对教育活动方法的评价应注意以下几点。第一，有目的地创设模拟情境与幼儿主动参与、自发生成与体验相结合。第二，有目的地选择传统教、玩具材料与采用现代化视听相结合。第三，根据教育内容组织集体活动与分组、个别活动相结合。第四，对于目标、内容与幼儿发展需要要有好的教育效果。

写出完整教案后，教师需要进一步思考和自我评价，从而让自己不断反省与提高。活动评价一般有两种形式：一种是采用文字叙述的方式，直接对活动的情况进行评价和分析；另一种是采用表格的形式。表格一般都是事先设计并打印出来，教师在每次活动后进行填写。

表 8-1 和表 8-2 两个表格，可以分别作为单元活动方案和具体活动方案的评价参照。

表 8-1　单元活动方案评价参照表

单元名称：　　　　　　　　班级：			
项目	内容	是	否
主题的选择	1. 是否符合幼儿的兴趣与需要		
	2. 是否包含多方面的教育价值		
	3. 是否涉及各个学习领域		
	4. 是否具有可行性		
目标	1. 单元目标是否符合幼儿教育的目的和课程总目标		
	2. 目标是否符合幼儿的发展水平		
	3. 目标是否包含认知、情感态度、动作技能三大教育目标领域		
	4. 单元目标与具体活动的目标是否吻合		

单元名称：	班级：			
项目	内容	是		否
主题的选择	1. 内容与目标之间是否对应			
	2. 内容是否符合幼儿的发展程度（难易度）			
	3. 内容是否符合幼儿的兴趣与需求			
	4. 内容是否包含主要课程领域			
	5. 内容是否顾及动静态的活动			
	6. 内容是否注意到了季节性与地方性			
	7. 内容是否注意到了文化的传承与介绍			
	8. 内容是否潜在含有歧视性倾向（性别、文化、阶层、种族等）			
方法	1. 采用的教学法是否能充分反映内容的特质			
	2. 教学方法是否符合幼儿的学习方式和特点			
	3. 活动流程的转换是否适宜			
	4. 教具或资源的使用是否适宜			
	5. 对活动过程中可能出现的问题是否有所准备			

表 8-2 具体活动方案评价参照表

项目	内容	是	否
目标	制定是否合理		
教具	准备是否充分		
	是否恰当		
活动主题	能否自然地引出活动主题		
	能否巧妙地激发幼儿的兴趣		
环节设计	是否为实现目标而服务		
	是否循序渐进，环环相扣		
	是否能突出重点，突破难点		
总结	是否紧扣活动目标，提升幼儿的知识经验		
	能否引导幼儿积极参与，师幼共同总结		
评价	活动目标是否实现		
	师幼互动是否融洽		
	是否善于引导幼儿思考		

　　需要说明的是，之所以采用表格的方式，是为了能对所评价的项目一目了然。但是大多数情况下，幼儿园教师还是习惯用文字叙述的方式对活动过程进行逐一评价、分析。在幼儿园教育实践中，教师采用哪种方式进行活动评价，由教师自己根据实际需要、能力和水平确定。在下面我们所列举的教育活动设计案例中，大部分还是采用文字叙述的方式来进行活动评析。

二、幼儿社会教育活动实施的评价 ●●●

　　(一)社会教育活动实施各环节的评价

　　社会教育活动实施过程的环节，大体包括导入环节、基本环节与延伸环节。并且不同的环节，评价的关注点也不同。

　　1. 导入环节

　　教育活动的导入环节是教师进行教育活动的首要环节。在进行教育活动时，如果导入方式设计得巧妙而恰当，就能在顷刻间引起幼儿的兴趣，使幼儿迅速进入精神兴奋状态，并在好奇心的驱使下产生强烈的探究意识，从而为新的探索活动做好心理准备。这个环节主要评价的是教师导入策略对激发幼儿学习兴趣和唤醒幼儿已有的经验的作用。

　　2. 基本环节

　　在这个环节主要评价以下几方面的内容。第一，幼儿参与和思考的积极性和反馈情况。第二，活动中师幼互动、幼幼互动情况。第三，教师的指导是否有针对性；教师的自我监控和调节自觉性如何；教师材料的提供是否隐含着教育意图，是否有适宜的结构。第四，用于操作探索的材料是否具有定向性(如弹性)，不产生歧义；用于加工改造的材料是否具有丰富的变化可能性；提供的原型是否具有代表性，是否有利于幼儿的探索、发现和创新。

　　3. 延伸环节

　　活动结束后，要先评价教师是否有活动延伸，再评价教师使用的活动延伸方法是否具有可操作性，能否在不同的空间如活动区、家庭、社区，不同的时间有所体现，是否对幼儿长期的发展起到了积极的作用。

　　总之，在社会教育活动实施过程中，有关幼儿教师行为的评价要在活动的导入环节引起幼儿参与学习的兴趣。在活动过程中要充分保证幼儿的自由活动时间，采用多种方式尽量让每个幼儿有动手操作的机会，引导幼儿顺利开展活动，并提高解决具体问题的能力。在幼儿遇到困难时，教师要及时加以示范和指导。

活动案例

名字的故事(大班)

【活动过程】

一、照片导入，激发幼儿交流自己名字故事的兴趣

呈现幼儿的照片，引导幼儿自主讨论、讲述自己名字的故事。

二、鼓励幼儿大胆交流自己名字的故事

引导幼儿交流自己名字的含义，感知自己名字的与众不同，体会家长对自己的期望。

幼儿在交流自己名字故事的同时，在黑板上找出自己的名字。

三、引导幼儿发现名字里的秘密

1. 教师分享自己名字的故事，引导幼儿感知男孩与女孩名字的不同。

2. 知道中国的姓名姓在前，名在后。学习用不同的方法统计本组幼儿姓氏的数量，及每个姓氏中同姓的数量。

3. 观察发现姓名中字的数量的不同，引出中国姓氏中的复姓。

4. 引导幼儿交流讨论关于姓氏的传承。感知姓氏是一代一代传下来的，中国的传统是随爸爸姓，但是也有幼儿随妈妈姓。

5. 中国姓氏知多少。出示《百家姓》图片，介绍中国姓氏有数百种，因此叫"百家姓"。激发幼儿进一步探索有关中国姓氏的兴趣。

四、把自己名字的故事画下来与大家分享

用绘画的方式把自己名字的含义画出来并与大家分享。

【活动延伸】

1. 与家长一起查询、了解和自己同姓的了不起的中国人还有谁。

2. 通过《百家姓》的录音、文字卡片等了解中国姓氏的丰富。

在上述活动环节中，教师通过照片导入，引发幼儿学习的兴趣与积极性。在活动中让幼儿分享自己名字的含义，同时通过在黑板上找自己的名字，增加幼儿对文字辨认的兴趣，提高幼儿的参与性。教师通过分享自己名字的秘密，让幼儿进一步关注姓与名中的秘密。师幼互动密切了师幼的关系，在和谐温馨的氛围中，促进了幼儿的学习与发展。活动过程中，在教师的引导下，幼儿始终能够保持对名字秘密的探索兴趣，找出其中蕴含的社会知识和文化知识，丰富了自己的社会经验。在活动延伸中，通过各种学习活动，进一步丰富幼儿的相关经验，满足幼儿对该话题继续探究与学习的兴趣。

(二)实施过程中教师教学基本技能的评价

教师教学基本技能是有效开展幼儿教育活动的前提条件。对教师教学基本技能的评价主要包括教师教态、教师语言、教师对教具材料的操作等。

教师活动中的教态，应该是明朗、快活、富有感染力的，仪表端庄，举止从容，态度热情，热爱幼儿，师生情感融洽。

教学也是一种语言艺术。表达要精确简练、生动形象，提问有启发性。教学语言的语调要高低适宜、快慢适度、抑扬顿挫、富于变化。

教师熟练运用教具和多媒体是保证教育教学活动节奏顺畅、教学环节连贯，幼儿思维环环推进，教学活动一气呵成的重要因素，有时即使是有经验的教师在这个环节出现小纰漏也会影响活动的效果。

活动案例

想办法让你开心(说课PPT)

幼儿园中班社会活动说课稿《想办法让你开心》是根据说课的基本要求，即说教材(来源)、说目标、说准备、说重难点、说教学过程、说教法与学法等环节进行的学生的教学反思。虽有些稚嫩但是反思的思路还是比较清晰的，如果想了解如何进行自我反思就可以参考。扫描二维码就可以看到。

▶**本讲练习**

【理论练习】

1. 幼儿社会教育活动中对教师教育行为的评价包括哪些部分？

2. 对幼儿社会教育活动计划（方案）的评价包括哪些环节？

3. 在幼儿社会教育活动中对教师教育实施过程的评价包括哪些部分？

【实践练习】

一、评价下面社会教育活动实施情况

中班社会活动——来吧，我的朋友（天津市南开区第五幼儿园）

一、活动目标

1. 尝试运用不同的方法结交新朋友。

2. 在体验交往的过程中感受有朋友是一件幸福的事情。

3. 能大胆表达自己的想法。

二、活动重点

能运用已有经验大胆结交新朋友，体验交往的乐趣。

三、活动难点

在活动中尝试运用不同的方法结交新朋友。

四、活动准备

（一）经验准备

1. 幼儿在活动前期阅读过绘本《特别的客人》，知道有朋友很幸福。

2. 活动前期与幼儿谈话，了解幼儿平时交朋友的方法。

（二）物质准备

1. 幼儿户外运球游戏的视频。

2. 幼儿日常友好相处的情景照片等。

3. 师幼一起布置"我们都是好朋友"主题墙饰。

4. 创设有利于幼儿交往的活动区环境等。

五、活动过程

（一）通过观察视频及照片，引导谈话——如何交朋友

1. 观看幼儿户外运球游戏的视频，引导幼儿发现同伴合作游戏的有趣与快乐。

2. 播放幼儿与新来的小朋友交朋友过程的情景照片，引导幼儿讨论如何交朋友。

指导策略：结合幼儿已有经验，教师进行梳理，提升幼儿相关经验。

（二）体验活动——结交新朋友

1. 邀请中一班小朋友来做客，鼓励两班幼儿大胆结交新朋友。

2. 教师、小朋友互相介绍、互相认识。

3. 幼儿运用新经验自由结交新朋友。

指导策略：教师观察、抓拍幼儿进行交往游戏，结交朋友，并适时给予指导。

（三）交流分享——介绍新朋友

请幼儿介绍自己的新朋友，并大胆讲述在交朋友过程中发生的有意思的事。

指导策略：启发幼儿说出结交新朋友的感受。

（四）结束

和新朋友一起跳舞，在音乐游戏中结束活动。

六、活动延伸

在日常生活中，鼓励幼儿到幼儿园其他班结交新朋友，并把发生的有趣的事和班里小朋友分享。

评价要求：

1. 根据以上教育活动过程的结构与思路，评价活动实施的情况。

2. 用下列表格（表 8-3），评价以上教育活动过程中教师与幼儿的表现情况。

表 8-3 "来吧，我的朋友"活动过程中教师与幼儿的表现情况

	教师	幼儿
导入环节		
基本部分		
延伸部分		

二、学生自己组织一次社会教育活动，并进行评价

1. 评价者：自己、同学、指导教师。

2. 反思与评价内容：教育活动方案与教育活动实施。

教育活动参考评价表参照表 8-4 来进行。

表 8-4 教育活动评价表

单位		姓名		序号				
活动名称								

评价项目	评价内容	评价等级				项目得分
		A	B	C	D	
活动目标 （10分）	1. 情感与态度、能力、知识与技能等目标明确、恰当。	5	4	3	2	
	2. 体现教育内容与幼儿的适宜性，目标达成情况好。	5	4	3	2	
活动内容 （10分）	1. 内容科学、严谨，适合本班幼儿实际，重、难点突出。	5	4	3	2	
	2. 注重幼儿的年龄特点和兴趣需要，有利于师幼互动、幼幼互动，体现创新意识。	5	4	3	2	
活动方法及手段 （20分）	1. 教法灵活，能调动幼儿学习的积极性和主动性，关注幼儿学习兴趣和各种能力的培养。	10	8	6	4	
	2. 能恰当运用教具、学具或多媒体手段进行辅助教学，活动组织效果好。	5	4	3	2	
	3. 善于创设恰当的情境，有利于幼儿情感、态度、能力的培养。	5	4	3	2	
活动过程 （35分）	1. 活动环节安排合理，知识衔接自然。	5	4	3	2	
	2. 注重知识的发生、发展过程，体现学法指导，师幼互动、幼幼互动积极、融洽，活动信息反馈及时，应变能力强。	10	8	6	4	
	3. 在突破重、难点的方式上有所创新。	10	8	6	4	
	4. 评价具有激励作用，重视过程性、发展性和差异性。能体现面向全体，因材施教。	10	8	6	4	

续表

评价项目	评价内容	评价等级				项目得分
		A	B	C	D	
教师素质（10分）	1. 教态自然，仪表端庄大方，语言表述清楚、富有激情和感染力。	5	4	3	2	
	2. 教师的基本功娴熟，能准确把握时间。	5	4	3	2	
学习效果（15分）	1. 活动气氛活跃，幼儿积极主动地参与学习的全过程，并在学法上有所收获。	5	4	3	2	
	2. 大多数幼儿能在活动中愉快地构建知识，并能简单地运用。	10	8	6	4	
评价人		总 分				

第三讲

幼儿社会性学习与发展的评价

　　幼儿 B 和幼儿 C 正在角色区的化妆盒里翻找东西，幼儿 A 在一旁观察幼儿 B 和幼儿 C 的行为。A 走过去加入他们的活动。她拿起一个长一些的材料放在头上，说："看，我是女皇。"B 和 C 朝她笑笑，继续在盒子里找材料。B 找到一个长一些的材料并模仿了 A 的动作，说："现在有两个女皇了。"C 仍然在盒子里找着，但他找不到任何相似的材料。"我也想要。"他说。C 来到 A 跟前，用手一把抓下 A 头上的材料，说："我想要。"A 大喊："不，这是我的！"A 和 C 开始因为材料而争吵。正在这时，成人进行了干预。

　　从以上的观察记录中显示了幼儿社会性发展的什么水平和需要？为支持幼儿的发展你认为成人应该做什么？[①]

一、幼儿社会性学习状态的评价 ●●●

　　对幼儿社会性学习状态的评价具体内容包括学习态度、学习能力和学习方法，以及完成学习任务的质量和进步程度。

　　最主要的是评价幼儿的学习方式和学习成效，也就是目标达成度的高低，即幼儿通过什么方式来学习和感悟教学内容，幼儿能不能用自己的话对教学内容进行再表达。这主要从幼儿的情绪状态、参与状态、注意状态、交往状态、思维状态、生成状态六个方面进行评价具

---

① Sheila Riddall-Leech：《观察：走进儿童的世界》，112 页，北京，北京师范大学出版社，2008。

体可见表 8-5。[①]

表 8-5 幼儿在教育活动中的学习状态评价表

项目	表现	评价	
		是	否
情绪状态	具有浓厚的兴趣		
	能长时间保持兴趣		
	自我调节和控制学习情绪		
	学习过程愉悦		
	学习愿望不断得以增强		
参与状态	幼儿全员参与学习活动		
	积极主动地投入思考，踊跃发言，兴致勃勃地参与讨论和发言		
	自觉地进行练习		
注意状态	幼儿始终关注讨论的主要问题，并能保持较长时间的注意力		
	幼儿的目光始终追随发言者(教师或幼儿)的一举一动		
	幼儿的倾听全神贯注，回答具有针对性		
交往状态	整个课堂气氛民主、和谐、活跃		
	幼儿在学习过程中友好分工与合作		
	能虚心听取他人的意见，尊重他人的发言		
	遇到困难时幼儿主动与他人交流、合作，共同解决问题		
思维状态	幼儿围绕讨论的问题积极思考、踊跃发言		
	幼儿回答问题的语言流畅、有条理		
	善于用自己的语言阐述自己的观点		
	幼儿敢于质疑，提出有价值问题并展开争论		
	幼儿的回答或见解有自己的思考或创意		
生成状态	幼儿全面达成了学习目标		
	幼儿的学习能力、实践能力和创新能力得到增强		
	有满足、成功和喜悦等积极的心理体验		
	对未来学习充满了信心		

---

① 朱安安：《关注幼儿发展的幼儿园教师教育活动评价》，载《时代教育》，2016(4)。

二、幼儿社会性发展的评价 ●●●

(一)幼儿社会性发展的评价指标

幼儿社会性发展的评价内容十分丰富。在此,我们主要参考《3—6岁儿童学习与发展指南》(以下简称《指南》)中的社会领域学习与发展的指标。在使用时,我们要注意《指南》不是"量表",不是用作筛选幼儿的工具,而是开展教育的行动纲领,是对幼儿的期望,是观察、了解幼儿的"参照"。因此,在学习《指南》时,幼儿教师不能直接拿它作为评价工具去评价幼儿,而应以其为参照,在具体实施过程中去探索出适宜的评价策略,在持续、有序、动态的评价过程中,为幼儿的成长搭建阶梯,推动幼儿全面发展。

幼儿品德与社会性发展评价量表[①](表8-6)划分的三个等级标准对应幼儿园小、中、大班三个参考年龄。在使用本量表时,可以根据园所的实际情况、班级教育计划和幼儿的实际情况进行选择和修改。

表 8-6 幼儿品德与社会性发展评价量表

项目	内容	等级标准		
		一	二	三
自我系统	自我认识	知道自己的姓名、性别和年龄	知道自己的爱好	知道自己的优缺点
	自信心	完成简单的事情或任务时有信心	完成稍有难度的任务时有信心	完成没有做过或有较大难度的任务时有信心
	独立性	在教师鼓励和要求下能独立做事	自己能做的事情不请求帮助	喜欢独立做事情和独立思考问题
	坚持性	能有始有终做完一件简单的事	能坚持一段时间完成稍有难度的任务	经常能在较长时间内主动克服困难,实现活动目的
	好胜心	在感兴趣的活动中努力做好	在竞赛情境及他人同时进行的活动中努力争取好成绩	做任何事都努力争取好结果
情绪情感	表达与控制情绪情感	情绪一般较稳定,经劝说能控制消极情绪	一般情绪状态较好,能用较平和的方式表达情绪;一般能自己调节与控制消极情绪	一般情绪状态良好,能用恰当的方式对待不同情境做出适宜的情绪反应
	爱周围人	热爱、尊敬父母	亲近班里的老师和小朋友	关心父母、老师和小朋友,喜欢帮助他们做力所能及的事
	爱集体	喜欢幼儿园,愿意参加集体活动	在教师引导下,能关心班里的事,为集体做好事	能主动关心班里的事,为集体做好事,维护集体荣誉

① 白爱宝:《幼儿发展评价手册》,65～68页,北京,教育科学出版社,1999。

续表

项目	内容	等级标准		
		一	二	三
文明行为	礼貌	在成人的提醒下能使用礼貌用语	能主动使用礼貌用语	能在不同情境下主动使用礼貌用语，举止文明
	诚实	不说谎话；不随便拿别人东西	做错事能承认；拾到物品主动交还	做错事能承认，并努力改正；不背着成人做被禁止的事
	合作	能与小朋友一起游戏	喜欢与小朋友合作游戏和做事	能成功地与小朋友合作游戏和做事
	遵守规则	经提醒能遵守规则	能自觉遵守规则	能自觉遵守并维护规则
交往行为	与教师交往	对教师的主动交往能做出积极反应	有时能主动与教师交往	常主动发起与教师的交往
	与小朋友交往	对小朋友的主动交往能做出积极反应	有时能主动与小朋友交往	经常主动发起与小朋友的交往
	与客人交往	见到客人不害怕、不回避	对客人的主动交往有积极反应	能主动与客人交往
	解决冲突	与小朋友发生冲突时，经教师帮助能和解	能用适宜的方式自己解决与小朋友的冲突	能帮助解决其他小朋友之间的冲突

(二)幼儿社会性发展的评价方法[①]

1. 观察法

观察法是指教师或评价人员在自然状态下有目的、有计划地对幼儿行为进行直接观察，从中获得评价资料，然后根据这些资料进行科学分析判断的方法。由于幼儿的社会性发展主要表现在其社会性行为上，因此观察法是幼儿社会性评价中最普遍使用的方法。它有助于幼儿教师通过日常教育活动，收集幼儿社会性发展的有关信息。

"幼儿社会性发展的评价方法"微课

观察幼儿的社会行为，可根据不同的目的选择不同的观察方法。其中，时间抽样法和事件抽样法是常用的方法。事件抽样法是观察者事先确定观察目的，选择某种或某类事件作为观察目标，在观察中等待该事件的发生并仔细观察事件全过程的方法。例如，采用事件抽样法观察幼儿在游戏中社会性的发展。

争执事件的观察[②]

美国研究者达维以40名2~5岁的幼儿为观察对象，其中男童19人，女童21人，观察过程是争执事件一发生便使用秒表计时，并按事先拟订的观察计划将记录内容填写到表格中。

---

① 向海英：《幼儿社会性发展评价方法初探》，载《山东教育科研》，1997(5)。
② 杨爱华：《学前教育科学研究》，116页，南京，南京师范大学出版社，2001。

表 8-7　幼儿争执事件记录表

儿童	年龄	性别	争执持续时间	发生背景、起因	争什么（玩具、领导权）	争执者所扮演的角色（侵犯者、报复者、反抗者、被动接受者）	结果	影响

　　达维经过三个月的观察，记录了 200 例争执事件，发现在这 200 例事件中，68 例发生在室外，132 例发生在室内。平均每小时发生争执事件 3～4 次。争执事件持续 1 分钟以上的只有 13 例，平均争执时间在 24 秒。室内比室外的争执时间短。男童多于女童。几乎所有的争执都伴有动作，如推拉、冲击等。争执的原因大多是对物品的占有，大多能自行平息。往往是年幼者被迫服从，或是年长者自愿退出。争执平息后无耿耿于怀、愤恨的症候。

　　事件取样法是在自然情景中进行的观察，它比时间取样法的研究范围更广。它既可获取有代表性的行为样本，又可观察行为事件的全过程，还可得到与行为事件有关的背景材料，有助于分析行为事件的因果关系。此外，研究者还能根据预先制定好的行为事件编码记录，目标明确，资料集中，整体化程度较高。但是，幼儿在不同时间、不同场合发生的同类行为有时具有不同的含义。因此，运用事件取样法应特别注意记录与分析行为事件发生的情境与背景。

　　另外，轶事记录法也是在幼儿社会教育活动中经常采用的方法。轶事记录法是观察者将自己感兴趣的，并且认为有价值的、有意义的幼儿行为和反应，以及表现幼儿个性的行为事件，用叙述性语言随时记录下来，供分析幼儿的行为所用。轶事记录法应以单一事件的简短描述为主，教师应有目的地选取需要特殊帮助的幼儿，以获取有价值的信息。记录要尽可能全面，包括行为发生的背景、事件过程、幼儿的行为，以及他的语言、音调、面部表情等情绪变化，还有与之相联系的其他在场幼儿的活动。教师应尽可能避免主观性的判断，而对幼儿行为进行客观的描述，不做评价和解释。

活动案例

轶事记录法观察记录

　　观察对象：小宝　　　　　　性别：女　　　　　　幼儿年龄：2 岁 2 个月
　　观察地点：社区花园　　　　时间：上午 9：00—9：30　　观察者：母亲
　　观察日期：2015-05-14
　　2 岁第一个星期第一天
　　小宝要吃棒棒糖。爸爸说："马上要吃饭了，不行！"小宝又重复了一次："妈妈，我要吃棒棒糖。"妈妈说："你要吃棒棒糖我就看你平板电脑了。"小宝忽然"哇"地一声大哭起来，眼泪"啪嗒啪嗒"往下掉。妈妈无奈，把小宝抱起来，跟爸爸说："别哭别哭，让爸爸给拿棒棒糖。"爸爸拿了一块棒棒糖给她，她不哭了。
　　2 岁第一个星期第二天
　　奶奶带小宝到小区的小花园玩，奶奶带着小宝先在小花园里走了走。后来，奶奶看到在小花园的角落里，有一个小男孩和奶奶正在看一只流浪猫喂它的孩子吃奶。奶奶就跟小宝说："咱们也去看小花猫吧。"小宝说："好。"小宝就跟着奶奶过去了，看小花猫正在吃奶，小宝扭过头来笑着跟奶奶说："看它吃奶呢。"这时，那个小男孩听到了小宝的话，扭头看见了小宝，他转过身来，照着小宝的胸脯就推了一下。小宝本能地往后退了两步，没有哭。小宝站稳之后，她又往前走了两步。小男孩看到了，就又推了她一下，她又本能地退了两步。

观察法的优点是得到的材料比较真实，但由于没有控制条件，比较被动，有时并不能及时完成观察任务。同时也会受观察对象、观察者自身等因素的制约。

2. 情境测验法

情境测验法是指在教育实际中，按照研究目的控制和改变某些条件，将幼儿置于与现实生活类似的情境中，由教师观察在该特定情境中幼儿社会性行为的方法，又叫自然实验法。相对于观察法，情境测验法是评价者主动创设测验的情境，可控性比较高，因此材料的收集效率也就比较高。

活动案例

交往策略情境测验[①]

儿童的交往活动会受到所处的社会复合体的影响。因此创设三种活动情景：玩拼图、玩棋子、玩娃娃家。条件有三种：互动的(与不认识的人玩)、关系的(与熟悉的人玩)、群体的(与自己选择的一组朋友玩)，组合成三个情境。

1. 互动的：将被试与另一个不认识的个体放置到一段持续时间的、玩拼图的活动之中，观察被试交往策略行为的表现。

2. 关系的：将被试与另一个熟悉的个体放置到一段持续时间的、玩棋子的活动之中，观察被试交往策略行为的表现。

3. 群体的：让被试自发组成，可选择要好的朋友的集合体，进入玩娃娃家的活动之中，观察被试交往策略行为的表现。

依照互动的、关系的、群体的不同维度，将同一被试分别安排进入三个情境不同的活动之中。

被试进入实验情境后的指导语：小朋友，今天请你们一起在这里玩拼图(玩棋子、玩娃娃家)的游戏，你们想怎么玩就怎么玩，很开心的哦，开始玩吧！主试由研究者担任，实验的操作均在设计的情境中进行，时间为 10 分钟。随机安排被试进入实验情境。

3. 谈话法

谈话法是主试通过与幼儿面对面的交谈，收集幼儿社会性发展资料，然后根据这些资料进行科学分析判断的方法。谈话可以是纯语言的，也可结合图片、图画故事等进行。例如，在研究儿童道德判断时，科尔伯格使用的"两难故事法"就是谈话法。

---

① 庞建萍：《不同情境条件下幼儿交往策略的实验研究》，载《心理科学》，2007(6)。

活动案例

幼儿理解人际问题测验[①]

向被试呈现两张图片，一张画的是一个小朋友在哭，另一张画的是两个小朋友在打架，问幼儿："这（两）个小朋友在哭（打架），你说，他（们）为什么哭（打架）?"幼儿说出一个原因后，接着问："你认为还有什么不同的原因让他（们）哭（打架）?"直到确信幼儿想不出别的原因为止。

评分标准：不同种类的原因每类计 1 分，同一类的不同表述计 0.5 分，完全相同的不计分。累计幼儿提出的原因分数，将总分作为幼儿理解人际问题起因的能力得分。

预测人际问题解决后果能力测验[②]

向被试呈现两张图片，一张画的是一个小朋友抢另一个小朋友的自行车，另一张画的是老师讲课时两个小朋友在说悄悄话。在主试说明图片的内容后，问幼儿："他们这样做，会发生什么事情?"幼儿回答后，问："还有可能发生什么不同的事情?"直到确信幼儿想不出别的结果为止。

评分标准：每说出一种不同的结果计 1 分。累计幼儿说出的结果分数，将总分作为其预测人际问题解决后果的能力得分。

谈话法的程序是制订谈话计划—设计谈话记录表—按照谈话计划进行谈话—整理谈话记录。谈话法的优点是能比较快捷地了解幼儿社会性发展中某些难以表现出来的认识问题，为全面评价幼儿社会性发展提供丰富资料。

4. 档案袋评价法

在幼儿社会教育评价实践中还有一种被广泛应用的方法就是档案袋评价法。档案袋评价法本质上是一种作品取样系统，主要记录的是教室里的真实性表现，按照一定的指标，教师和幼儿可以共同选取，也可以分别选取幼儿作品，然后收集起来，由教师进行整理和分析，并放在幼儿触手可及的地方以方便他们翻阅。

档案袋评价法主要评价的是幼儿发展的过程，是一种过程性评价。这种方法能帮助教师发现幼儿学习的过程，展示幼儿的个性特征和学习特点，能展示幼儿发展的全貌，也是幼儿自我评价和自省的平台。能帮助教师形成对幼儿的合理预期，提出适当的教育目标，选择合适的教育方法。

档案袋评价法最核心的内容是确定收集哪些方面的材料。通常来说，一切可以反映幼儿发展过程的材料，包括幼儿作品、观察记录、测验检核表、他人评价和自评材料等都可以作为收集对象。至于把哪些材料放进档案袋里，可以让幼儿选择，并说明理由，同时教师也要选择典型材料放进档案袋。当幼儿的选择和教师的选择不一样时，教师要把两者都放进档案袋。

档案袋评价的使用需要幼儿教师有较系统的教育评价理论修养，尤其是对档案袋评价方法的基本了解与掌握。档案袋评价是一种质的评价方式，具有主观性，标准化的客观性较

①② 王美芳、张栋玲、隋莉晖：《不同社交地位幼儿的人际认知问题解决技能特点比较研究》，载《学前教育研究》，2009(10)。

低，难以评定分数，缺乏有效的评定标准，只适用于过程性评价。因此，档案袋评价应与其他的评价方式结合起来成为一种多元的评价方法，而不是取代其他评价方法。

拓展阅读：学习故事

学习故事是由新西兰学前教育学者卡尔提出来的一种方法，目前对新西兰、澳大利亚、英国、美国等地的幼儿教育甚至中小学教育的评价产生了较大的影响。学习故事既是一种评价儿童的方法，又是一种研究方法。它是在真实情境中完成的结构性观察和记录，能提供一种反映儿童发展的持续性画面，能用来记录和交流儿童学习的复杂性。学习故事作为一种研究和评价的方法，强调情境、地点以及相关人员在儿童学习中的作用。它所关注的是儿童能做什么，而不是他们不能做什么，这样能够清楚地展现儿童的长处和兴趣。在学习故事当中不会轻易看到儿童的不足。它是一种手段、一种评价方式，为促进学习而评价。

学习故事，一定要有故事的名称、故事发生的时间、作者及幼儿的名称，这是一些背景信息。需要注意部分可以是照片、文字或者文字配照片；识别部分是分析，或者评价"通常我们会这样说""我觉得怎样的学习在这里发生了""在这里我看到了怎样的学习""我在××身上又看到了什么样的学习"关注儿童能做的和他(她)的优点。回应部分是机会和可能性，在这里教师会，但只是一种可能性不是绝对的，最后是家长或者儿童的反馈，即家长及儿童看了这个故事有什么想说的。

学习故事三部曲：注意—识别—回应。

注意——注意儿童的学习过程，注意儿童学了什么，怎么学的，为什么学？

识别——儿童用什么样的方式进行学习，带着什么样的情感，带着什么样的学习策略，还有什么样的心智倾向？

回应——可以是环境的创设，可以是材料的支持，也可以是等待，提供进一步机会和可能性。它的核心是儿童，一切以儿童为主。

教师的反思：

我今天进行的回应能不能促进儿童进一步的学习，这个学习故事需不需要再调整。一次的"注意—识别—回应"不是终点，它可以引发儿童的进一步学习，所以学习故事是可以被检验的。一个学习故事形成一个新的学习循环。

5. 社交测量法

社交测量法指研究者通过某种特定方法，以了解某一特定团体的社交结构以及该团体内人际交往模式的方法。这种方法有多种不同形式，如提名法、配对比较法、社会关系量表等。

据研究，适用于幼儿同伴关系的社交测量法主要有以下两种方法。

(1)提名法。提名法是社交测量法中最主要、最常用的方法。具体的操作是让每一被试根据某种标准(如最喜欢和谁做好朋友或最不喜欢和谁做好朋友，为什么)，从同伴团体中选出若干名成员(一般为3～5名)。标准可以是正反两方面，最后对提名结果进行统计分析，找出幼儿班集体的社交结构。同时，还需要对幼儿的择友标准进行分析，以查明不同年龄班幼儿择友标准的变化。

(2)配对比较法。配对比较法是指向被试提出某种标准，并将同伴配对呈现在被试面前（可以是名字或照片），让被试对每一对同伴做出比较和选择。指导语为："这两个小朋友中你最喜欢和谁玩，为什么？"标准同样可以是反面的。经过配对比较后，可计算出某一幼儿被接受和被拒绝的次数。该方法的优点是团体中每个幼儿均有机会获得比较，缺点是用时长。

社交测量法的优点是能在比较短的时间内得到较多的幼儿同伴关系和同伴交往情况的信息，能够了解不同年龄班幼儿的社会结构和择友标准的发展特征，为教师的教育提供重要的参考。在使用此方法时必须注意，社交测量法只能提供幼儿被同伴接受和拒绝的信息，而不能解释其他因果关系。又由于幼儿年龄小，在做判断时易受情境或某一特定事件的影响，因此在做分析和结论时，还应与其他研究方法相结合。

综合以上幼儿社会性发展的评价法，不难发现各有其特点，研究者应根据具体的研究内容选择相应的方法。必要时应多种方法同时使用，以提高观察的信度和效度。此外，对幼儿社会性发展的评价还应结合不同年龄阶段幼儿认知发展的特征进行。

教育活动极其复杂，任何一种教育评价方法都不可能是万能的。每一种评价方法都有自己的特点、长处和缺陷，都有特定的适用范围和界限。多种方法的结合使用，如质化评价方法与量化评价方法、自我评价和他人评价、形成性评价与总结性评价的结合，既可以充分发挥各种评价方法的优势和特长，又可以互相弥补各自的缺点和不足，从而使评价的结果更加客观、公正。

拓展阅读：学会拒绝，尊重自我

天津市北辰区引河里幼儿园　邓珺

一、引言

一方面由于中国传统观念的影响，幼儿总是理所应当地认为不能拒绝别人，一定要学会分享，随之而来的就是幼儿面对"被拒绝"时不会处理和化解；另一方面幼儿的自我意识开始萌芽，有了更多自己内心的想法。在这两方面矛盾的作用下，幼儿遇到问题，心中常常有两个小人在打架，一边呼喊着我们要顺从，一边呼喊着我们要自我。

教师或者家长很难一味地用"一刀切"的方式来处理他们的问题。只有尊重幼儿，将他们看作平等的个体，重视他们的内心需求，引导幼儿爱自己、尊重自己，这样才可以让幼儿在伤心的时候，说不原谅；在不是在以快乐分享为前提的情况下说不分享；在为了保障自己权益的情况下说不；在为了自身安全时说不。

二、背景

心理学研究表明，幼儿存在着强烈的自我中心意识，他们的认识水平属于缺失型，尚未成熟，他们只会考虑自我满足的需要。基于幼儿这种特点，他们"犯错"的频率非常高。成年人常常用"以和为贵""恭敬谦让"，引导幼儿学会分享，"分享"成为幼儿解决矛盾冲突的万能武器，可是幼儿内心的真实感受被忽视了，"分享"自然也变了味。

三、事件的记录

镜头一：孩子，没有说不出口的"不"！

益智区中，小宇正在和旻旻争夺一套玩具。那是一套适合一个孩子玩的玩具，我想这两个孩子一定都喜欢这个玩具。于是，我问他们："孩子们，需要我的帮忙吗？"小宇说："老师，这套玩具是我先开始玩的，我还没玩够呢，他就来抢我的玩具。"旻旻说："老师不是说要分享吗，他应该跟我分享啊。"小宇辩解道："可是我还没有玩完呢，我这张卡片上的任务才刚做了一半，我想玩完了再给他。"昊昊抢着说："可是老师上课的时候，还有爸爸妈妈都说了，要跟小朋友分享玩具。"说这话时，他的脸上带着仿佛已经有点胜利了的微笑，而小宇却低下头，嘟囔着说："可是我真的想自己先玩完啊。"我很诧异，他为什么不勇敢表达自己的心里想法，"孩子，把你的想法大声说出来啊。"我在心里大声说，"说出来你的想法啊，快说啊，你可以说不的！你可以说出你的想法，可以与小朋友一起去商量，怎么样制定规则，怎么样才能够解决问题。"可是他没有。那一句小声的嘟囔也好像在空气中散了……

镜头二：孩子，为什么你不说"不"？

我与配班老师说好，请她暂时回避，留下我与孩子们独处的空间。一会儿，我们班的电话铃声响了，我没有去接，有孩子好奇地问我："老师，电话响了，你怎么不接呢？""因为班里只有我一个老师啊，我不可以离开你们哦！"一会儿，又有一个其他班老师过来，问我可不可以照看一下他们班的孩子，她急需去趟卫生间，我很坚决地说："不好意思，我们班里只有我一个老师，你找其他人帮忙吧！"班里半天都没有发出声音，我也在焦急地等待孩子们的反应。当然了，刚才的电话和老师的求助都是我设计好的，终于，一个稚嫩的童声响起，犹如天籁："老师，你不帮那个老师，她不就尿裤子了吗？""因为我有更重要的事情要做啊，我要陪你们，跟你们在一起，保证你们的安全。所以，为了你们的安全，我对电话铃声说'不'，对其他不重要的事情说'不'！"

镜头三：孩子，你可以说"不"！

"孩子们，有的时候，你们也可以说不！"听到我这样说，孩子们不知所措地睁大了眼睛，好像有点难以接受。琪琪说："妈妈让我睡觉的时候，我要是说不想睡，妈妈就会生气！""对啊，对啊，我说不吃饭妈妈也会不高兴！"孩子们七嘴八舌地说着他们被拒绝的"不"。"孩子们，不是什么时候都可以说'不'哦，想不想知道，什么时候说'不'是管用的呢？我有一个好方法，你们要不要学？"我卖了个关子，跟孩子们一起分享了一个可爱的故事——《不要随便顺从别人》。

我们也借由书中的内容，与班级幼儿的家长，开展了"家长讨论圆桌会"，会上家长们畅所欲言，互相探讨与分享，大家都在"尊重幼儿想法"这一点上达成一致。

镜头四：孩子，你可以解决"不"！

几天之后的美工区中，琛琛弄坏了思思的彩泥月饼，孩子们七嘴八舌地告诉我发生了什么，琛琛垂下脸，思思挂着眼泪，我搂住他们俩说："你们俩想一想，要怎么做？"琛琛深呼吸了一下，真诚地对思思说了一句"对不起"，思思思索再三，转头看向我："可是我不想原谅他！"别看"纠纷"还没有解决，可是我的心里乐开了花，他们终于有勇气说"不"了！琛琛没有听到"没关系"不知如何是好，在我的鼓励下，琛琛了解了思思的想法，做了一个最漂亮的彩泥月饼送他，看着他们俩紧紧坐在一起，商量着怎么完成下一个作品的默契样子，思思的"没关系"已经用不上了吧！孩子们已经了解了，"对不起"的真正意义不仅仅是道歉，而是用行动去改变，真正的"对不起"，是心里的，而不是嘴上的！

四、事件的分析与解决的方法

（一）原因

认真分析幼儿行为产生的原因，主要分为以下几个方面进行。

第一，家长与教师经常提醒幼儿学会分享，或者别人说了"对不起"要说"没关系"，让幼儿形成了惯性思维，认为只要是拒绝别人的要求都是错误的，不能分不同情况做不同的处理。

第二，幼儿心里的真实想法和感受经常被忽略，所以不敢大胆表达自己的想法。

第三，幼儿面对别人的拒绝会手足无措、伤心难过，面对这样的情绪，自己无法调节和排解，也不知道怎么做才能够获得谅解，解决问题。

（二）采取以下措施

1. 尊重幼儿说"不"的权利

"听话"是好孩子的标准吗？答案是否定的。家长和教师尊重幼儿的心理需求，将幼儿当作平等的个体去看待，遵循他们内心的想法，允许和鼓励他们将心中的想法表达出来，尊重他们的自我，慢慢帮助他们形成内心强大的自我。在这个过程中，家长与教师共同配合，引导幼儿了解我可以说"不"，有的"不"可以说，有的"不"不可以！

2. 重视社会性学习，学会礼貌拒绝

社会规则约定俗成，怎么变成一个合格的社会人，是幼儿成长过程中必不可少的一步。通过界限教育，引导幼儿发展健康而强大的自我，学会礼貌拒绝，保护自己也不伤害他人，不违反规则，能充分感受自信和幸福。

3. 认同自我，接受"被拒绝"

挫折是人生的一节必修课，从幼儿时期学会接受"被拒绝"，与挫折友好共处，对于幼儿品德的健全发展有至关重要的作用。当"拒绝"来临时，我们怎么样控制好自己的情绪，怎样将负面的情绪转变为积极改变的动力，将小小的自我发展为坚强、勇敢的自我。

五、评论与反思

"爱自己、尊重自己"这是很难做到的，幼儿阶段自我意识开始萌芽，是人社会性发展的重要时期。在这个时期，幼儿学习怎样与人相处、怎样看待自己、怎样对待别人。在这一时期，通过界限教育，引导幼儿学会拒绝，尊重自我。在这个过程中，教师一定要和家长一起行动，在日常生活中，关注幼儿情绪和心里的真实想法，将幼儿当作平等的个体，接受他们的意见，引导他们接纳自己的情绪，这样他们才能发展出健康而强大的"自我"。与此同时，学会拒绝，尊重自我，大胆说"不"，勇敢面对"不"！

本讲练习

【理论练习】

一、简答

对幼儿在教育活动中学习状态的评价包括哪些方面？

二、名词解释

1. 观察法

2. 谈话法

3. 情境测验法

4. 档案袋评价法

5. 社交测量法

三、填空题

1. 在评价幼儿社会性的方法中最为常用的方法是_____。

2. 观察法在幼儿社会性观察中常用到的两种方法是_____和_____。

3. 社交测量中又有三种常见的方法：_____、_____、_____。

【实践练习】

在幼儿园中观察记录幼儿攻击事件，并做出分析与评价。具体观察记录表格如表 8-8。

表 8-8　幼儿攻击事件记录表

观察时间：　　　　　　观察地点：

观察对象的年龄：　　　　观察对象的性别：　　　　观察者：

编号	时间	地点	发生背景	做什么，说什么	行为性质	结果
1						
2						
3						

分析与引导策略：

·第八单元检测题·

参考答案

· 课后练习答案 ·

· 单元检测题答案 ·

参考文献

1. 白爱宝. 幼儿发展评价手册[M]. 北京：教育科学出版社，1999.

2. 陈帼眉，姜勇. 幼儿教育心理学[M]. 北京：北京师范大学出版社，2007.

3. 陈帼眉. 学前儿童教育与发展评价[M]. 北京：北京师范大学出版社，1994.

4. 陈会昌. 幼儿社会化训练[M]. 太原：希望出版社，2000.

5. 管旅华.《3—6岁儿童学习与发展指南》案例式解读[M]. 上海：华东师范大学出版社，2013.

6. 甘剑梅. 学前儿童社会教育[M]. 北京：中央广播电视大学出版社，2007.

7. 李焕稳. 幼儿社会教育[M]. 北京：北京师范大学出版社，2015.

8. 李季湄，冯晓霞.《3—6岁儿童学习与发展指南》解读[M]. 北京：人民教育出版社，2013.

9. 刘吉祥，刘志宏. 幼儿园社会教育活动设计与指导[M]. 长沙：湖南大学出版社，2013.

10. 李幼穗. 儿童社会性发展及其培养[M]. 上海：华东师范大学出版社，2004.

11. 李贵希. 幼儿社会教育与活动指导[M]. 北京：北京师范大学出版社，2014.

12. 林崇德. 发展心理学[M]. 北京：人民教育出版社，2009.

13. 邱学青. 学前儿童游戏[M]. 南京：江苏教育出版社，2009.

14. 裘指挥. 幼儿社会教育与活动指导[M]. 北京：高等教育出版社，2014.

15. 施燕，韩春红. 学前儿童行为观察[M]. 上海：华东师范大学出版社，2011.

16. 王小英. 主题活动与幼儿成长[M]. 长春：东北师范大学出版社，2011.

17. 王振宇. 学前儿童发展心理学[M]. 北京：人民教育出版社，2004.

18. 王晓戎. 学前儿童社会教育[M]. 西安：陕西师范大学出版社，2018.

19. 邢莉莉. 幼儿社会教育与活动指导[M]. 武汉：武汉大学出版社，2015.

20. 杨丽珠，吴文菊. 幼儿社会性发展与教育[M]. 大连：辽宁师范大学出版社，2000.

21. 张明红. 学前儿童社会教育[M]. 上海：华东师范大学出版社，2008.

22. 张文新. 儿童社会性发展[M]. 北京：北京师范大学出版社，1999.

23. 张丽丽，贾素宁. 学前儿童社会教育与活动设计[M]. 北京：科学出版社，2016.

24. 赵忠心. 家庭教育学[M]. 北京：人民教育出版社，2001.

25. 赵旭莹，周立莉. 幼儿园综合主题活动——设计技巧与优秀案例[M]. 北京：中国轻工业出版社，2014.

26. 周梅林. 学前儿童社会教育活动指导[M]. 上海：复旦大学出版社，2009.

27. 朱智贤. 心理学大词典[M]. 北京：北京师范大学出版社，1989.

28. 曹圣楠. 认知方式及其相关理论的探析[J]. 社会心理科学，2002(1).

29. 陈思秀. 生态式幼儿园区域活动的有效指导策略[J]. 现代教育科学，2008(5).

30. 成静. 大班"我们的社区"主题活动[J]. 早期教育，2002(2).

31. 丁芳. 论观点采择与皮亚杰的去自我中心化[J]. 山东师范大学学报，2002(47).

32. 高曲. 团体游戏为幼小衔接做准备[J]. 长春教育学院学报，2015(3).

33. 李生兰. 学前儿童社会领域教育中的地理资源透析[J]. 早期教育，2006(5).

34. 李生兰. 幼儿园社会教育路径探寻[J]. 幼儿教育，2005(12).

35. 王美芳等. 不同社交地位幼儿的人际认知问题解决技能特点比较[J]. 学前教育研究，2009(10).

36. 徐铭泽. 幼儿区域游戏中教师指导行为的问题与对策[J]. 大连教育学院学报，2014(6).

37. 向海英. 幼儿社会性发展评价方法初探[J]. 山东教育科研，1997(5).

38. 徐慧，张建新，张梅玲. 家庭教养方式对儿童社会化发展影响的研究综述[J]. 心理科学，2008(94).

39. 杨丽珠，杨春卿. 幼儿气质与母亲教养方式的选择[J]. 心理科学，1998(1).

40. 杨伟鹏. 社会主题绘本教学促进幼儿亲社会行为发展的实验研究[J]. 教育学报，2014(12).

41. 虞永平. 论幼儿园课程中的主题[J]. 学前教育研究，2002(6).

42. 虞永平. 幼儿园社会领域课程刍议[J]. 学前教育研究，1997(5).

43. 邹晓燕. 幼儿园社会教育活动的目标设计[J]. 幼儿教育，2010(18).

后 记

为适应学前教师教育发展的需要，我们从 2011 年开始研究和编写这套学前教师教育系列教材。2012 年陆续完成第一轮编写和出版，2016 年基本出齐。随后，我们根据教育部印发的《教师教育课程标准（试行）》和《中小学和幼儿园教师资格考试标准及大纲（试行）》，分析了教材使用情况，调研了毕业生参加幼儿园教师资格证考试和就业之后的情况，从 2018 年开始修订本套教材，到 2021 年基本完成。本套教材包括本科、三年制高专和五年制高专 3 个系列。每个系列又包括综合素质类课程（不含思政课）、教育类课程、艺术类课程。作者来自 40 余所设有学前教师教育类专业的高中专骨干院校，共计 473 人；主审专家来自 26 所本科院校和科研院所，共计 42 人。全套教材设立了编委会，总编为彭世华，副总编为皮军功、郭亦勤，成员为开设有学前教师教育专业的高中专骨干院校领导和专业负责人。特别感谢庞丽娟教授对本套教材编写和审定工作的精心指导与专业引领。

本套教材修订过程是与对学前教师教育的系统研究结合进行的。全体编写人员认真学习了《3—6 岁儿童学习与发展指南》《教师教育课程标准（试行）》《幼儿园教师专业标准（试行）》《中小学和幼儿园教师资格考试标准（试行）》《普通高等学校师范类专业认证实施办法（暂行）》等文件精神，充分吸纳学前教师教育学科的新成果，改革课程设置，调整教学内容，进一步提高教材的科学性、时代性和丰富性，以适应学前教师教育发展的迫切需要。

为确保教材的编写（修订）质量，全体编写人员严格按照"研制人才培养方案→确定册本→研制大纲→讨论修订内容→确定体例和样章→撰写初稿→主编审核反馈→修改二稿、三稿→主编统稿→主审审稿"的程序进行，完善了综合素养类课程、教育类课程以及艺术类课程的课程设置，梳理、确定了各课程知识点，对课程学时进行了科学安排。

北京师范大学出版社出版教育类教材，包括本、专科共用的《学前儿童发展心理学》《学前教育概论》《学前儿童卫生保健》《幼儿游戏与玩具》《幼儿园课程》《幼儿健康教育与活动指导》《幼儿语言教育与活动指导》《幼儿社会教育与活动指导》《幼儿科学教育与活动指导》《幼儿数学教育与活动指导》《幼儿音乐教育与活动指导》《幼儿美术教育与活动指导》《幼儿园班级管理》《学前教育研究基础》《幼儿园教师道德修养与专业发展》《幼儿园教育技术》。

高等教育出版社出版综合素养类教材，包括三年制、五年制专科共用教材《信息技术》《幼儿教师口语》《幼儿美术赏析与创作》；三年制高专《大学体育》《美术基础》；五年制高专《美术》《历史》《地理》《数学》《物理》《化学》《生物》《体育》；五年制高专《英语（一、二、三、四）》；三年制、五年制高专共用《英语（五、六）》。

语文出版社出版综合素质类语文教材，包括三年制、五年制高专共用《大学语文（上、下）》《幼儿文学（上、下）》；五年制高专《语文（一、二、三、四）》。

上海音乐学院出版社出版艺术类教材，包括三年制、五年制高专共用《基本乐理》《视唱练耳（上、下）》《音乐赏析》《儿童歌曲钢琴即兴伴奏》《幼儿歌曲弹唱》《幼儿歌曲赏析与创编》《幼儿舞蹈创编与赏析》；三年制高专《钢琴基础（上、下）》《声乐基础》《舞蹈基础》；五年制高专《钢琴（一、二、三）》《声乐（上、下）》《舞蹈》。

为支持教师使用本套教材，各出版社还建设了相应的教学资源。编委会认真开展教学研究，并不断征求教材使用意见，定期开展教材修订。为服务教师教学与学生学习，编委会组织研发了学前教师教育课程试题库、《幼儿园教师资格证》考试复习试题库和在线课程，详见"幼学汇"网站(www.06yxh.com)。

《幼儿社会教育与活动指导(第3版)》由李焕稳、焦敏、毛秀芹担任主编。具体编写分工如下：郑州幼儿师范高等专科学校魏艳红负责第一单元的编写，贵州铜仁幼儿师范高等专科学校高曲负责第二单元的编写，济南幼儿师范高等专科学校毛秀芹负责第三单元的编写，湖北幼儿师范高等专科学校焦敏负责第四单元的编写，湖南阜阳幼儿师范高等专科学校朱龙凤、天津师范大学李焕稳负责第五单元的编写，湖南幼儿师范高等专科学校刘映含、天津师范大学李焕稳负责第六单元的编写，合肥幼儿师范高等专科学校陈睿负责第七单元的编写，天津师范大学李焕稳负责第八单元的编写。最后，本书由李焕稳、焦敏和毛秀芹统稿。彭世华、李家黎、喻韬文参与了前期总体规划和编写组织工作。

本套教材编写和修订过程中得到了许多专家的帮助和指导。编者参阅了有关幼儿教师培养方面的资料，因各种原因无法联系到原文作者，未能一一注明。在此，谨向原著作者表示诚挚的谢意。

由于时间紧张，加上编者能力和水平有限，书中难免存在不足之处，恳请各位读者批评指正。

学前教师教育系列教材编写委员会